用经营企业的理念和方法 管理婚姻和家庭

EXTRAMARITAL AFFAIR

How to Save Your Marriage Step by Step

婚外情治理

复旦 MBA 手把手教你挽救婚姻

朱身勇 著

中国发展出版社
CHINA DEVELOPMENT PRESS

图书在版编目（CIP）数据

婚外情治理 / 朱身勇著. -- 北京 : 中国发展出版社，2019.1（2025.12重印）

ISBN 978-7-5177-0941-1

Ⅰ. ①婚… Ⅱ. ①朱… Ⅲ. ①婚姻问题－研究 Ⅳ. ①C913.13

中国版本图书馆 CIP 数据核字(2018)第 299867 号

书　　名：婚外情治理
著作责任者：朱身勇
责 任 编 辑：钟紫君
出 版 发 行：中国发展出版社
联 系 地 址：北京经济技术开发区荣华中路 22 号亦城财富中心 1 号楼 8 层（100176）
标 准 书 号：ISBN 978-7-5177-0941-1
经　销　者：各地新华书店
印　刷　者：北京博海升彩色印刷有限公司
开　　本：710×1000mm　1/16
印　　张：16.5
字　　数：260 千字
版　　次：2019 年 1 月第 1 版
印　　次：2025 年 12 月第 7 次印刷
定　　价：69.00 元
联 系 电 话：（010）68990535　68360970
购 书 热 线：（010）68990682　68990686
网 络 订 购：http://zgfzcbs.tmall.com
网 购 电 话：（010）68990639　88333349
本 社 网 址：http://www.develpress.com
电 子 邮 件：10561295@qq.com

自　序

致所有不离不弃，致所有渐行渐远

结婚，谁不是奔着一辈子去的？

结婚，谁不是承诺一生只有你一人？

结婚，谁不希望彼此扶持，走过风风雨雨再见彩虹？

结婚，谁不渴望夫妻同心，其利断金？

结婚，谁不希望和睦相处，友好协商？

结婚，谁不认同对妻子要包容、迁就和大气？

结婚，谁不默认对丈夫要小鸟依人、温柔和可爱？

结婚，谁不许诺会勤劳、创富、幸福、美好、欢乐和热情？

可是，结婚之后，一切都慢慢地变了，有的夫妻变得比以前悲催了，有的夫妻变得比以前陌生了，有的夫妻变得比以前可怕了。夫妻俩吵吵闹闹，分分合合，鸡毛蒜皮，争强斗胜，冷酷无情。一家人你看不惯我，我看不上你，丈夫嫌弃妻子，儿媳唾弃婆婆，丈母娘埋怨女婿，妻子责怪丈夫。

也就在这个时刻，悄悄地，静悄悄地，婚外情人出现了。

你以为是婚外情人找上门来了，你以为婚外情人不要脸了，你以为丈夫好色管不住下半身了，你以为自己年老色衰了……

其实，你以为的都是错的。你以为是自己出了问题，反求诸外人；你以为丈夫错了，但根源还是你错了，你为何会选这样的人？你为何会让婚姻走到这个程度而无能为力？

其实，你以为你错了，但你何错之有？就算你错了，丈夫就有理由找婚外情人，婚外情人就有理由来破坏婚姻吗？你大概要纠结了，你大概要抑郁了，你大概要疯了。怎么办？你内心在呼喊：我该怎么办？

离婚！离婚！离婚！这是大多数女人都会萌生的念头！但离婚能解决这段婚姻的问题吗？你只是切断了这段婚姻的法律正当性，你的感情无法立马切断，你甚至一辈子无法切断对这段婚姻的依恋。

离婚，其实只是解决这段婚姻感情的一个手段，根本无法击中婚姻感情凋谢的根源。你的婚姻瓶颈是婚外情人的介入吗？你的婚姻感情问题是换一个对象就能解决的吗？

当前，社会快速发展，生活高成本运转，人们极端渴望成功，人际交往的空间范围越来越大，人际亲密渴求越来越强烈。因此造就了社会的躁动、人性的浮躁、心态的浮夸，这些进一步导致了社会家庭加速破裂，离婚率高企，大城市的离结率普遍达到了40%以上。而在这样高的离结率里面，婚外情和婚外性又是离婚的主要因素，大概占比60%。人人身边都有离婚者，人人都可能认识拥有婚外情或婚外性的已婚者，这就是社会的现实，这就是婚姻的焦虑所在。

现在的婚变，除了社会造就的原因，我们的父辈也可能给我们埋下了离婚的种子，甚至可以说婚姻不幸福的种子。我们的父辈，他们生活成长在一个物质匮乏的时代。他们的婚姻有多少是相亲相爱一家人，又有多少能够好聚好散，散了也不伤害彼此和波及孩子呢？

父辈的辛苦不一而足，有的是异地婚姻，有的是为了生活而凑合的婚姻，有的是一辈子都在暗地里闹离婚，可表面上还要维持，因为丢不起那人。有的夫妻形同陌路，有的夫妻互相视如仇敌。是的，这就是我们很多人的原生家庭。

我们这一代人的小半辈子，其实也是动荡变化的。改革开放的四十年是快速变化的四十年，一切都在推陈出新。我们历经了小学、中学和大学的变化，我们从一个小地方迁移到另外一个或小或大的地方，人际关系全新、文化全新，我们的思想更是变化飞快。

我们的人生境遇也是光怪陆离，有的同学已经成为土豪，有的同学还在生存线上挣扎；有的朋友早就娶妻生子，有的朋友还孑然一身；有的同事离婚数次，有的网友还是大龄剩者。你会突然发现，身边有男同性恋，再转身，你又会发现周围有女同性恋。

我们面临的这些，都会影响我们的婚姻。那是因为，我们是最容易被影响的人。

如果我们变了，变成一个顾及自己真实感受的人，变成一个关注爱人真实生活的人，变成一个意志坚定的人，那么这一切都会发生变化。

我们学习了很多技能，考了很多证。但我们的生理卫生知识，有的是靠道听途说获取，有的则靠自我摸索。我们青少年时期被杜绝恋爱，要好好读书。我们一工作就被逼着去相亲，婚姻路上还没走稳当，则被逼着怀孕生孩子。

是的，我们缺失了爱情这门实践课，我们也从未学过婚姻管理这门理论联系实际的课。

我们的父母以为爱情婚姻是自然而然的，所以他们或许能侥幸幸福，而我们则必定要补上这些缺失的课，以我们的肉身和感情去亲身体验，甚至付出生命的代价。

朱身勇

2023年3月20日于上海

目 录

第一章 为婚外情人画像…………………………………………………… 001

第一节 什么时候容易产生婚外情 ………………………………… 002

婚姻的生命周期：恋爱期、新婚磨合期、婚姻甜蜜期、婚姻平淡期、婚姻冷冻期、婚姻破裂期／婚姻的发展周期：情欲阶段、爱情阶段、同频阶段、伙伴阶段、友爱阶段、和谐阶段、共生阶段

第二节 婚外情人为什么而来？婚外情的分类 ……………………… 004

求感情／残缺的家庭／求慰藉／求钱财／求高帅／求事业／求报复／求婚姻／求怀孕／求疗愈创伤

第三节 婚外情人的爱情是什么样子的 …………………………… 014

你的丈夫／正宫的你／婚外情人

第四节 婚外情人能“活”多久 ……………………………………… 019

共存阶段／反依附阶段／独立阶段／共生阶段

第五节 婚外情人之结局 ……………………………………………… 020

你求着丈夫回归家庭／丈夫选择回归家庭／妻子接受丈夫回归家庭和婚姻期／疗愈婚外情伤／夫妻重建婚姻期

第二章 丈夫找婚外情人了………………………………………………… 025

第一节 丈夫会找哪些人做婚外情人 ……………………………… 027

未了的旧情人／熟人／闺蜜／同学／陌生人／婆婆／非人

第二节　丈夫找了婚外情人之后会有哪些表象 ………………… 033

突然忙碌起来，不回家了 / 突然和你说，他喜欢某类女生 / 性爱减少了很多 / 突然容光焕发 / 开始重视隐私 / 背着家人做事 / 体味变了

第三节　丈夫会在何时找婚外情人 ……………………………… 036

孕期、哺乳期 / 男人升职发财时 / 男人的价值存在感缺失时 / 女人变糟时 / 婆媳关系恶化时 / 犯花心病时 / 犯疑心病时 / 婚后无交集时 / 异地婚时 / 性爱不和谐时 / 婚后成长差距拉大时 / 婚姻生活平淡时 / 夫妻冲突不断时 / 子女教育不一致时 / 身边哥们有婚外情时 / 被女人扑倒时 / 婚后被压抑时 / 发生重大事件时

第四节　男人劈腿的15种类型，丈夫的婚外情是真爱吗 ……… 049

性瘾型劈腿，无论他娶谁都劈腿 / 激情劈腿，偶尔因情或事劈腿，然后及时上岸 / 暧昧型劈腿，跟熟人因暧昧劈腿能止损 / 无性型劈腿，因夫妻性事不和而劈 / 无爱型劈腿，因夫妻感情寡淡而劈腿 / 冲突型劈腿，因夫妻失和而劈腿 / 瘙痒型劈腿，因夫妻感情瓶颈而劈腿 / 夹板型劈腿，因双亲干扰而劈腿 / 基因型劈腿，祖孙三代人都劈腿 / 孕期型劈腿 / 创伤型劈腿 / 补偿型劈腿 / 觉醒型劈腿 / 无能型劈腿 / 生育型劈腿

第五节　丈夫为什么不跟你提离婚 ……………………………… 061

社会压力 / 家庭牵绊 / 与妻子有感情基础 / 婚外情并不如希望的那么美好 / 只是为偷吃 / 财产损失 / 内心纠结

第六节　丈夫为什么要跟你离婚 ………………………………… 065

无爱无情无望 / 无性无能无动 / 爱上了婚外情人

第三章　婚姻怎么了 ………………………………………… 071

第一节　夫妻俩的爱情 …………………………………………… 073

外貌之爱 / 友情之爱 / 游戏之爱 / 占有之爱 / 实用之爱 / 利他之爱 / 痴迷之爱 / 性欲之爱 / 冲动之爱 / 完美之爱

第二节　夫妻俩的爱情冲突 …………………………………… 081

爱的表达冲突／旧情冲突／生活冲突／性爱冲突／发展冲突／界限冲突／财物冲突

第三节　男友向我求婚了 ……………………………………… 094

怀孕了求婚／闪电结婚／水到渠成的求婚

第四节　妻子的家庭 …………………………………………… 098

父母感情类型：恩爱稳定型／平淡和睦型／冲突打架型／纠缠不宁型／冷漠僵尸型／分居离婚型

家庭教养类型：权威型，接受+控制／专断型，拒绝+控制／放纵型，接受+容许／忽视型，拒绝+容许／混乱型，接受+拒绝，控制+容许

个人成长史：忽略抛弃型的成长史／严厉控制型的成长史／否定比较型的成长史／唠叨无力型的成长史／温暖热爱型的成长史

第五节　丈夫的家庭 …………………………………………… 110

男尊女卑的家庭／女强男弱的家庭／鸡犬不宁的家庭／出轨隐忍的家庭／离家出走的家庭／异地婚姻的家庭／动荡不安的家庭／和谐友好的家庭／幸福交互的家庭

第六节　夫妻俩的婚姻生活 …………………………………… 116

爱的幸福／繁忙的婚礼／婚姻生活来了／一切那么和谐／偶尔吵架／交流少了／他说他其实有点累／婚姻有点烦人／性生活有点少了／回家晚了／家里冷了

第七节　婚姻中的矛盾冲突 …………………………………… 125

婚礼冲突／蜜月冲突／怀孕冲突／哺育教育的冲突／事业发展的冲突／婆媳冲突／社交冲突／前度纠缠／感情热度下降／感到空虚寂寞冷／怀疑开始了／他出轨了／你出轨了／你想离婚／你的纠缠

第四章　如何面对婚外情人……………………………… 139

第一节　感觉丈夫有婚外情人 ……………………………… 141

丈夫已经很久没有跟自己过性生活了／丈夫经常晚回家，甚至不回家／丈夫与自己没话说／丈夫给手机加密，频繁使用手机聊天／丈夫上缴的钱减少／丈夫的穿着发生了变化／丈夫心情起伏不定

第二节　要不要发现婚外情人 ……………………………… 144

为何要找出婚外情人／发现婚外情人，会对你造成哪些影响／丈夫搞婚外情，谁会支持你，谁会支持丈夫／发现婚外情人，对你在法律层面有什么益处／你未来的婚姻打算

第三节　要不要揭露婚外情人 ……………………………… 148

你为何不敢揭露丈夫的婚外情／丈夫为何搞婚外情／你的资源／婚外情会伤害哪些人／你的人生规划／你的情绪／为挽救婚姻所做的付出

第四节　发现婚外情人后的应激反应 ……………………… 154

第一反应：不可能／第二反应：天塌下来了，整个人垮了／第三反应：一定要保卫这个婚姻，不能让这个家破了，不能让丈夫跑了／第四反应：你是受害者／第五反应：丈夫不爱你了，甚至是丈夫从来就没有爱过你／第六反应：孩子怎么办／第七反应：你很失败

第五节　如何与丈夫谈婚外情人 …………………………… 158

确定婚姻困局：你们的婚姻现状／梳理你们过去的婚姻生活和爱情／梳理夫妻双方行为模式

要跟丈夫谈婚姻的意义：男人为何要婚姻／男人获取婚姻的力量／婚姻的使命

要跟丈夫谈家庭的功能：夫妻功能／父母功能／夫妻的港湾功能

跟丈夫谈婚外情：跟丈夫面对面谈婚外情／跟丈夫谈婚外情满足了婚姻的不足部分／跟丈夫谈婚外情的真正满足／跟丈夫谈搞婚外情的纠结

跟丈夫谈与婚外情人的爱情：跟丈夫谈婚外情人的处境／跟丈夫谈婚外情的归宿／跟丈夫谈与婚外情人的分离／跟丈夫谈婚外情人的难舍难离

第六节 如何与外人谈婚外情人 …… 176

按照影响力来分 / 按照面子来分 / 按照与你的距离来分

第七节 如何面对婚外情人 …… 179

关键是要遵循“三心”大原则：感恩之心 / 不伤害之心 / 让婚外情人死了转正之心
然后是做三个“准备”：了解婚外情人的准备 / 准备一份友善 / 准备一份耐心
再然后是做三个收尾：谅解婚外情人，不要让她背负内疚 / 安置好婚外情人 / 处理婚外情人的婚外情伤

第五章 如何面对丈夫 …… 187

第一节 要不要调查丈夫 …… 189

梳理你们的婚姻生活及其矛盾 / 确定是离婚还是解决婚姻冲突

第二节 要不要揭露丈夫的婚外情 …… 191

你不需要把证据摆在他面前 / 你不需要跟他的父母或领导说，只跟他本人说 / 揭露丈夫，不是要去强迫丈夫立刻回归家庭，而是让他无法逃避婚外情

第三节 要不要发泄痛苦 …… 193

找谁去谈婚外情创伤 / 寻找婚姻管理导师的帮助

第四节 要不要追问细节 …… 195

是怎么相识的 / 是怎么发生感情的 / 跟婚外情人是怎么相处的 / 是怎么做爱的 / 是怎么交流的 / 丈夫对你的感受

第五节 要不要原谅丈夫 …… 198

不要第一时间告诉他，你要原谅他 / 原谅他，不需要设置他离开婚外情人、回归婚姻的先决条件 / 原谅之前，需要把你的感受告诉他 / 让丈夫走进你的内心，原谅才是有效的 / 原谅丈夫是个过程，丈夫履行承诺需要时间

第六节　要不要惩罚丈夫 …………………………………… 202

谩骂／一哭二闹三上吊／性惩罚／剥夺钱财／写保证书／不信任／自己出轨／离婚／自杀／杀他

第七节　要不要分居 ………………………………………… 205

要承认他对婚外情人的感情／要陪伴丈夫度过这个婚外情的高潮顶部及凋谢过程／待他如客

第八节　要不要陪伴丈夫 …………………………………… 207

接受丈夫的移情别恋／以爱为基础的付出／要建立夫妻的连接

第九节　要不要离婚 ………………………………………… 210

缔结婚约之时，本身没有感情基础，或者没有强需要的目的性／即使丈夫不发生婚外情，你也打算离婚／夫妻之间矛盾、冲突、危机不可解决／夫妻之间存在厌恶及恨，没有意愿在一起生活了／人生发展转向

第六章　如何面对自己及其他人……………………………… 215

第一节　丈夫婚外情是你的错吗 ………………………… 216

婚外情的对错思维／婚姻里面的对错观／夫妻之间对错思维的伤害

第二节　丈夫有婚外情，是你自己不好吗 ……………… 220

男人婚外情后的三类心理：指责妻子不好、抱怨被妻子压制、自责／一起修复婚姻，能修复就一起笑傲江湖，不能修复就一别两宽，各自欢喜

第三节　丈夫婚外情让你丢人吗 ………………………… 222

不要把亲密关系的事件放到社会关系里去评价

第四节　丈夫婚外情，你如何跟他人交代 ……………… 223

父母／孩子／亲朋好友

第五节　丈夫婚外情对你的伤害 ………………………… 226

三个“否定”／毁坏你的婚姻和家庭／伤害做妈妈的，也就是伤害了孩子

第七章　如何应对丈夫的婚外情……………………………… 231

第一节　稳定情绪 ……………………………………………… 232

释放负性情绪／要认识婚姻现状／要确定婚姻出路

第二节　梳理婚姻生活 ………………………………………… 236

对人的梳理／对事的梳理／对情的梳理／对房事的梳理

第三节　挖掘婚外情的根源 …………………………………… 237

底层情感需求／原生态家庭／表达模式／性爱模式／事业发展模式／互动模式／异性相处模式

第四节　婚姻匹配分析 ………………………………………… 241

心理健康／婚姻人格／婚姻模式／沟通模式／婚姻防御机制／矛盾冲突模式／亲子教育观／父母观／日常生活观／人际观／房事态度

第五节　婚姻抉择 ……………………………………………… 246

你们夫妻之间有没有感情基础／要看你们婚姻的发展、发育怎么样／要看你们婚姻里的满足度、满意度怎么样／我们存在的这些矛盾冲突能不能解决，婚外情能不能解决／夫妻关系存续下去的意愿

第一章
为婚外情人画像

情人的到来，无影无形。那么，谁是婚外情人？

情人，是一个俗称，也是第三者的代称。情人，在我这本书里是特指跟已婚男人谈情说爱的女人。这里面的男主角，要发生婚外情或婚外性，而里面的女主角，也乐意发生婚外情或婚外性。她们想借此取得物质利益，或者是晋升便利，或者仅仅是享受男人带来的愉悦，或者试图逆袭、挤掉原配变成新妻子。

第一节　什么时候容易产生婚外情

任何一个婚姻里面出现情人，都不会是无缘无故的，打个恶心的比方，就是苍蝇不会叮无缝的蛋。试问，世上有谁的婚姻不会出现或大或小的缝隙，谁的婚姻不会出现或多或少的矛盾冲突呢？所以，当婚外情人来到你的家，你不必感到惊愕，也不必感到无助。

在婚姻里面，遵循着一个规则：生命周期，也就是婚姻生命周期。每一段婚姻，都有自己的生命轨迹，任何人都无法阻止。它是你人生的一个阶段性体现。

婚姻生命周期包括恋爱期、新婚磨合期、婚姻甜蜜期、婚姻平淡期、婚姻冷冻期、婚姻破裂期。

在恋爱期，两个人实际上是非夫妻关系，而是情侣关系，是要进入婚姻的，因而是双方关系最稳固的时刻，这段时期一般不容易发生婚外情。

新婚磨合期，夫妻之间矛盾冲突不断，甚至一辈子磨合不好，是夫妻关系最不稳定的时期，也最容易发生激情离婚或产生婚外情。

在婚姻平淡期，男人也好，女人也罢，比较容易发生婚外暧昧，或有几个相熟的异性，比较谈得来，甚至是心有灵犀一点通这类的红颜或蓝颜知己，进一步发展就变成婚外情了。

在婚姻冷冻期，夫妻关系比较纠缠，夫妻感情冰冷，却又心理冲突不断，因而是第二个容易发生婚外情的阶段。

在婚姻破裂期，夫妻关系完全破裂了，彼此心身疲惫。实际上，在此期间，发生婚外情的都比较少，夫妻双方都渴望早点解脱，休养生息，以便再次恋爱。

在婚姻里面，还存在着另一个规则：发展周期，也就是婚姻发展周期。婚姻发展周期是伴随着人的成长和需求发展而变化的，是阶段性的，也就是说，婚姻是一个阶段一个阶段地发展的，是台阶式发展的。

婚姻发展周期分为这样几个小周期：情欲阶段、爱情阶段、同频阶段、伙伴阶段、友爱阶段、和谐阶段、共生阶段。在某个阶段，婚姻会历经婚姻生命周期的几个阶段，也有的会全部经历。每对夫妻会历经不同的时期，婚姻中的每个人也会处于不同的发展时期。

夫妻双方发展时期不同步，则婚姻发展周期不同步，从而出现对婚姻的不同作用力。婚姻发展周期由婚姻生命周期的几个阶段构成，每个婚姻发展周期会满足某个阶段夫妻的需求，当这个阶段不能满足夫妻的需求时，则要在此阶段的基础上进行婚姻需求调整，也就是进入婚姻发展周期的另外一个阶段。

当夫妻处于婚姻生命周期的平淡期，就应该开始酝酿婚姻发展周期的另外一个新阶段。这样夫妻历经的磨难、风险小；等到婚姻冷冻期，夫妻要再迈上婚姻发展周期的新阶段，这对夫妻基本上要“九死一生”，或者脱几层皮；一旦进入婚姻破裂期，那么婚姻就不仅仅是九死一生了。

下面，我们来看看我做的一个案例：

小P结婚7年，一直和丈夫过着幸福的生活。

他们的相遇属于传奇。在出差的大巴上遇到了多次，然后感觉冥冥中要发生什么，彼此都没有搭话。但后来再次相遇时，出差的大巴发生了车祸，属于那种生死一线的经历。那个男人在车祸时表现出男人的镇定、勇敢和细心。他第一个抱她出来，把外套披给了她，然后又去救其他人。她就这样动心了，爱上了他。

恰巧的是，他们都单身。后来一起经历了创业，从普通人奋斗到现在的小土豪，也有了一个聪明懂事的女儿。他们一起创业，一起装修房子，一起度假，一起浪漫，无话不谈。争吵很少，基本上都是男人顺从小P。小P也会给男人做很多事，舍得为男人花时间、花金钱、花心思。男人经常说，要是没有小P，创业不会那么顺，也不会发展得那么好，重大的关键决策都让小P拿捏准了。男人也非常感恩，尤其是他自己投资巨亏之后，更是感念小P的英明神武。小P夫妻彼此也非常信任，男人有很大的空间。女人基本上围绕事业、孩子和男人，没有自己的圈子。

有一天，小P的女儿拿爸爸的手机玩游戏，突然收到一条短信。女儿拿给小P看。小P看了短信，一下蒙了。翻看了那个号码的所有短信后，她知道男人在外面有女人了。

小P带着哭腔问我，为什么好好的幸福婚姻，丈夫还要出去找婚外情人呢？

小P的婚姻，其实是进入了婚姻生命周期的甜蜜期跨到平淡期的时候。表面上一切都非常好，但两个人的好都处于浅表，两个人的冲突再造没有形成过，感情没有深入发展，两个人的彼此联结比较弱。夫妻两个人的关系维系，靠的是新婚后的婚姻惯性前进。

小P丈夫的个人发展顺风顺水，见多识广，内心需求从原来的美貌女性，转变为事业发展的伙伴。也就是说，小P丈夫的婚姻发展周期，进入了伙伴阶段。而小P的人生发展则是从职业女性变成了职业家庭妈妈，她的存在价值就是妈妈的角色，妻子的角色弱化得很厉害，事业伙伴关系则一直没有建立。小P完全不了解丈夫的事业，因为丈夫不让她参与，所以小P也没有去关注，行业感知、商业感觉都很弱，公司管理经验的分享，更是无从谈起。

小P的婚姻发展周期，可能还处于爱情阶段或同频阶段。他们的婚姻已经进入夫妻核心需求不匹配的阶段了。小P夫妻的婚姻，要进入一个新的婚姻发展周期，正好借婚外情人入侵之机开始了。

第二节　婚外情人为什么而来？婚外情的分类

婚外情人侵入人家婚姻家庭，到底是为了什么呢？很多人会说，还不是婚外情人看中了人家的钱财吗？也有很多人说，婚外情人还不是看中人家丈夫很好吗？这种认知都是很片面的，把婚外情人完全功利化了、物欲化了，而且丑化了。一旦妻子对丈夫的婚外情人的认知片面化了，那么就无法有针对性地采取措施对付婚外情人了。

一、求感情

可能大家看到我写下感情两个字的时候，作为合法妻子的你会感觉到非常愤怒，做婚外情人的也配谈感情吗？这样道德败坏、破坏人家家庭的女人，也配谈爱情吗？但是，无论你是否承认感情这一点，都要明白婚外情人是个女人，你丈夫是个男人，一个女人和一个男人之间会发情，这就是感情。

虽然表面上看起来，他们之间完全是非正常男女关系，完全不顾家庭、不负责任，但或者你丈夫喜欢上婚外情人，同时，婚外情人也喜欢上了你丈夫，虽然我在用“喜欢”两个字，避免使用“爱”，但他们之间的感情往往超越了喜欢，只是我怕用烂了“爱”字。当然，很多人其实不懂得爱的内涵。

我做过上千例婚外情的案例，大多数婚外情人对男人都有比较深的感情，男人对婚外情人也有比较真的感情。无论婚外情人是主动的，还是被动的，甚至是被骗的，到后来，她都会带着感情投入婚外情中；也无论丈夫刚开始是抱着玩弄女性的心态，还是寻找妻子替代品的心理，到了后来，把婚外情人与妻子进行了全面比较之后，丈夫大都会对婚外情人产生真切的感情。

而女人，一旦和男人上床发生性关系之后，对事情的看法就会发生质变。女人往往把性和爱关联起来，往往在上床之后就会注入感情。这也是为什么有些女生明明知道被已婚男人骗上了床，但还是无法抽离的原因之一。

作为妻子，应该去了解男人的性心理。他们在性心理上其实是非常非常脆弱的，可能你在某次性爱中开了他一个玩笑：你有点软，甚至弄疼了我；或者在性爱之后，丈夫问你感觉怎么样，你很轻蔑地说：也就那样。这些都会导致他的性爱不满足。男人的性与爱常常是分离的，男人的性是人的动物化，纯粹是源自基因的原始动力，而男人的爱是人的人性化，是对异性的一种浪漫情绪的井喷。没有必要因此担心男人会不忠，这是人类的进化优势选择。其实，女人也一样有人类的进化优势选择。

当然，不排除有些女人入侵你的婚姻家庭，纯粹就是为了骗你丈夫的钱。其实，女人能够骗到你丈夫的钱，仅仅说明你丈夫动了真情，而且陷入了女骗子精心编织的婚外情陷阱，让你丈夫得到了虚幻的感情满足。

你可能要问，为什么婚外情人和丈夫会发生感情呢？首先，大多数婚外情人感情处于空窗期或低能区，她们要么挑剔男人，要么男人没有满足她，要么她等到了挑动她的心弦、懂她的人，要么她能量低潮期处于感情低能区。而你丈夫呢，大多是对感情平淡麻木了，又不甘心，要么是夫妻关系焦灼了，要么是事业遇到瓶颈了，要么是性欲长期得不到心理需要的那个节拍。你说，这样的男女，因缘际会碰撞一下，不会火花四射才怪！

那你又要问，婚外情人与丈夫的这种感情到底是真还是假？其实不用去论证他们之间的感情真假，因为他们两个人都投入进婚外情了。真假不重要，真金白银投入了，时间也投入了。人的精力、时间是有限的，投入到外面去了，家里自然就少。你和孩子真切感受到了冷落甚至孤独，真切感受到被抛弃了。

那你还要问，丈夫和婚外情人的感情能持续多久呢？我就等他们感情凋谢的时候来收场，不是很好吗？在后面章节，我会详细分析，这里先稍微点一下。

在感情里面，遵循一个这样的规则：爱情生命周期。所有的爱情生命周期分六个自然阶段：激发、交往、热恋、冲突、凋谢和分手。你想等他们的感情凋谢来收场，你以为他们收场了就有你的机会吗？等到人家自然分手了，你们夫妻的婚姻生命周期可能都已经结束了。

另外，婚外情在无压力状态下，可以发生十几年甚至终生，你能等到何时？你的等待过程有多痛多苦呢？你的孩子等得起吗？

二、残缺的家庭

我2014年做过一个婚外情人困扰的案例。

女孩是个大学生，谈过三个男朋友，都是已婚男人，年龄都是四十来岁。这些男人的特点都基本一致，抽烟，高而壮，白而帅，对女人有点粗暴，但又很关心体贴女人。这个女大学生的困扰并不是要由婚外情人变成妻子，而是现在这个男朋友在和妻子闹离婚，要舍弃正在怀孕的第二任妻子，离婚了再来娶这个女大学生。女大学生已经明确表示，只谈恋爱不谈婚姻，但这个已婚男就是要离婚娶女大学生，如果不嫁就闹到学校里来。

其实，这个女大学生的目的非常清楚，就是和已婚大叔谈恋爱，绝对不去破坏人家的家庭，一旦发现就坚决分手。这次遇到这个玩真的、爱冲动型的荒唐男，女大学生也不知所措了。

后来我给她分析发现：她的爸爸就是白而帅，脾气很大，事业很忙，经常忙到三更半夜回家，在她两岁多时，她妈妈劈腿了，她爸爸一怒之下离了婚。离婚之后，她妈妈带着她，常常说起她爸爸多么好，多么白多么帅。每次她爸爸来看她，都给她带来极大的开心和满足。虽然她总是盼望，但爸爸来看她的次数却很少。后来，她妈妈和男朋友闹分手了，她妈妈更加常常说起她爸爸的好，偶尔说，你爸爸就是脾气太大，太不懂疼人。再后来，她妈妈去找前夫复婚，闹得她爸爸还打了她妈妈，甚至把她们母女赶了出来。再往后，她爸爸重新娶了妻子、生了孩子，就几乎不来看她们母女了，只是按月付抚养费。

这导致这个女大学生对她父亲又爱又恨，又渴望又讨厌。其实，她要的不是爱情，而是父情，是父爱。

最后，我建议她和父亲和解，写一封信给她爸爸，把多年积压在心里的感情向父亲表达出来。后来她父亲找到她，跟她深谈。她爸爸也打电话给我，我告诉他，应该和女儿说明，他其实一直都爱她，只是因为他和她妈妈的感情困局，才不得不如此绝情。她是无辜者，在这个困局中受到了不公平的对待，要告诉女儿“你有你的人生，你有你的爱情，你有你的幸福，我真心祝福你，你永远是我的女儿……”经过几次这种敞开心扉的父女对话，这个女大学生现在懂得了，她是她自己，有自己的人生道路，而不是父母的恶化感情的传递者，更不是继承者。

三、求慰藉

人，是需要感情慰藉的，尤其是一个温柔听话的女人，在婚姻和感情不满足、不开心的时候，这样的女人为了慰藉是愿意奉献肉体的。

我曾经做过一个这样的案例。

M结婚五年，夫妻俩是大学同学，一同创业快五年了，现在可谓是事业小成，有别墅，有豪车，还有一个聪明的儿子。婆媳关系不是太好，但还算过得去，毕竟婆婆能过来带小孩。但是他们结婚之时，女方父母给了男方一些刁难，要求的礼金有点为难了婆婆和丈夫。虽然最后结婚了，大家不提这个事情了，但种下了一个恶因：没钱就不那么容易娶妻子。

婚后两个人共同创业，一起忙于事业，交流的也都是事业，很少沟通男女感情。生完孩子，事业全都是丈夫一把抓，妻子也渐渐退出了事业核心圈。除了周末抽空陪小孩半天，夫妻俩只有在床上才能碰面，而且很多时候是一个睡着了，一个刚来睡。

这个妻子一直很能干，脾气比较大，也比较强势，公司事业发展前期都是靠妻子在推动发展，丈夫往往是技术上支持。妻子虽然生完小孩不去公司了，但是对于丈夫还是那样呼来唤去。妻子带孩子的这几年，公司业务发展突飞猛进，男人完全独当一面，也显示出了一个男人的气魄和能力。丈夫常常抱怨妻子太强势了。

妻子某天夜里起夜，撞见丈夫在厕所里用微信语音和一个女的聊得很火。妻子抢下手机，把他们两个人的语音都听完了，完全疯掉了。

真实的情况是，那个婚外情人的婚姻不幸福，一年都难得有几次性爱，丈夫好吃懒做，没有什么本事。婚外情人长相一般，皮肤也一般，但是身材好，很温柔，很听话，对于男人是完全的依附和服从，特别渴望一个强大的、有事业的、有点霸气的男人。

这两个已婚的男女，就是在彼此抱怨自己的婚姻爱人的情况时，擦出来了巨大的火花。这个婚外情人还从千里之外来到这个男人的城市，和他在酒店里缠绵温存，昏天黑地。

男人很快跟妻子认错，并表示一定不会离婚，这个婚外情人也是已婚的女人，很可怜的，很温柔很听话。这个男人说，两个女人他都要，分开哪一个都舍不得。他还说，那个婚外情人也不会离婚，她很依赖他。

婚外情人不仅仅是单身者的专利。婚外情人作为已婚者，也很容易做别人家庭的婚外情人。为什么呢？这样的婚外情人往往感情不顺利，婚姻不幸福。她们往往并没有很好的感情基础就结婚了，等到结婚后，一下就进入生育阶段，生了孩子，婆婆马上卷入到生活中来，一下引发婆媳大战，加上与丈夫感情不好，沟通不畅，甚至丈夫向着婆婆，一下子就孤立无援了。所以，这些女人在带小孩的时候，就会选择手机上网，要么用微信，要么用QQ，开展网络社交。她们的名字常常会带一个娘字，表明自己是个有娃娃的已婚女人。面对这种女人，有些男人特别愿意去勾引，以打发无聊的生活。

他们往往也是已婚男人。为什么呢？他们知道已婚女人和未婚女人其实差异不大，加上他们对自己的妻子有种种不满，与这样的已婚女人交往，更加容易得到共鸣。在这种非一见钟情的状况下，得到的有力心理撞击，会特别有知己之感。最关键的是，这种男人非常清楚，这个女人是妻子的补充品，而不是替代品。

四、求钱财

以肉体换取金钱的叫窑姐，以爱情换取金钱的叫拜金女。现代社会，只有失足女了。但现在有一些女性，她们以爱情的名义获取她们渴望的钱财，甚至只是一个包包。她们并不是和男人谈什么爱情，也不轻易和男人上床。她们有选择性地挑上一些中小企业老板，知道他们婚姻已经疲惫了，于是主动送上去给小企业老板追求。这是她们设计出的最佳方略。

小Y的丈夫劈腿了，劈腿对象是公司里刚来了半年的行政助理。丈夫是这家公司的老板。后来才知道，公司本来是不缺行政助理的，这个人是在招聘销售的时候挑中的。这个婚外情人应聘时，明确表示不做销售，只是来做行政或者秘书的。她穿着入时，半裸酥胸，丝袜短裙，波浪烫发。是的，就这样因人设岗，招聘进来了。

小Y找到我做她的婚姻管理私人顾问，问我该怎么办。具体的分析省略，小Y在我的指导下与丈夫深谈了几次，后来丈夫要开除婚外情人，婚外情人找丈夫闹，最终赔钱了事。婚外情人也再未联系她丈夫。

对于图钱的婚外情人，作为妻子的你，其实应该感到万幸，这是最容易处理的婚外情人，对你丈夫也是一个好的教训，对于你们的婚姻也是一次可以承受的考验。切勿因此急躁离婚，而失去了挽救婚姻的良机。

五、求高帅

常言都说，窈窕淑女，君子好逑。古语却说，食色，性也。综合起来，就是漂亮女人或者帅哥，都是异性所喜爱的。只是因为中国的传统文化约束了女性对于男性追求的胆气，她们只能害相思病了。

当下中国女性也在改革浪潮里面，随波逐流。有一些女性经济独立、思想成熟，开始主动大胆追求高大帅气的小伙子，甚至大叔，满足自己的爱美之心。

深圳的小兰，多次的恋爱对象都是帅哥，高大威猛，对于不帅男从不来电。经历了多次帅哥的失恋，小兰还是不改初心。因为工作关系，广州的某供应商的高姓主管对接小兰的工作。小兰对于高某是一见倾心，因为高某实在太帅：个头长相十分接近吴彦祖，而且比吴彦祖肌肉多。一来二去，小兰主动扑倒了高某。小兰总是故意把高某安排在周末去深圳。高某几乎半年没有周末休息，妻子、孩子意见很大，高某自己也感觉腻味了。

后来高某提出分手，小兰还不同意，扬言高某要是不和自己好，以后就不采购高某公司的产品，还要闹到高某家里，甚至一度说自己怀孕了。高某通过朋友介绍，找我协助其分离婚外情人。

可能很多人以为，男人搞婚外情人是一件特别开心的事情。其实，当婚外情人是一种拖累和负担，甚至是威胁的时候，当搞婚外情人失去了自由和轻松，甚至激情的时候，搞婚外情人就变成了抱着随时爆炸的煤气罐，婚外情人成了烫手山芋。

作为妻子的你，遇到婚外情人莫要惊慌失措，更不要急火攻心，也不要怒火喷发，而是要搞清楚自己的爱情和婚姻，搞清楚自己的人生和未来。婚外情人是易耗品，妻子是耐用品，而丈夫不过是妇女用品。

六、求事业

事业，在当下来说，无论男人也好，女人也罢，都是安身立命的关键。尤其是在当前，女性处于弱势商业地位，要取得一定的事业发展，可不是那么一件简单的事情。

我们可以看到，邓文迪通过婚姻，一步一步从普通护士变成了美国人，再由美国商学院MBA变成默多克的妻子，在娱乐界占有了一席之地。所以，无论是在北上广这样的一线国际大城市，还是在其他城市，都有一批女性通过自己的爱情也好，色相也罢，快速提升了自己的事业值。

上海的梅太太，通过微博找到我，请我做她的婚姻管理私人顾问。原来，她和丈夫是大学同学，夫妻两人，前期依靠梅太太挣钱，供丈夫考研究生读博士，丈夫也是人才，几年打拼下来，做了某上市公司的事业部总经理。公司新进了一个女大学生，长相一般，声音温柔，皮肤白皙，身材魔鬼，颇有心机，有事没事找梅先生早请示晚汇报，懂的也装不懂，教了上手很快，做事效率很高。一来二去，两个人竟然开了房。后来，梅先生给这个女大学生租了房子，刚好在他上班的沿途，方便每天接送。当然，梅先生肯定会没完没了地周末加班、晚上加班。

这个女大学生也很优秀，在梅先生的扶持下，半年里面，居然业务进入了前三名，一时引起公司轰动。梅太太偶尔给丈夫清理公文包，竟然发现了一张买安全套的水单，自然是大闹一场，然后夫妻闹离婚，考虑孩子小就先搞分居。

后来，通过猎头的关系，别的公司把婚外情人挖走了。婚外情人工作能力确实强，在新公司里面已经是副总经理了，担负起年度上亿的销售重担。工作的繁忙，加上这个婚外情人更加看重事业，自然就分手了。

虽然梅太太在我的协助下分离了婚外情人，但是梅太太最后却坚决要离婚了。梅先生此刻成为了热锅上的蚂蚁。

其实，从梅先生和梅太太的婚姻匹配来说，他们两个人也算是蛮般配的，双方都能彼此满足底层需求，夫妻两人感情也很深，一同建立起来了这个家。但是，这样般配的婚姻也一样有腻味的时候，也一样有开小差的时候。

男人，有的时候以为是自己有魅力，吸引住了小女生。其实，他们不知道，是小女生在利用男人。

七、求报复

也许，起报复心的女人多少有点心理不健康吧，而且后期还没有去自我修炼，更没有去找心理咨询师疗伤。其实呢，当女人去报复男人的时候，通过伤害别人来伤害自己。很少有女人明白这里面的动力关系，大家好像只是知道，报复他人其实是在伤害自己。

四川的小婷，快到40岁了，但看起来却也只有30岁左右。在这样一个年龄逆袭的背后，却是自己婚姻所遭受的背叛。结发夫妻17年了，女儿都上大学了，儿子也上高中了，丈夫却找了婚外情人，而这个婚外情人偏偏是小自己七八岁的闺蜜。闺蜜寻死觅活闹离婚，小婷不停劝慰，但闺蜜还是离婚了。然后，小婷就发现丈夫和闺蜜的关系不对路。

其实，丈夫和小婷的闺蜜已经暗暗上床四五年了。当知道实情之后，小婷彻底崩溃了，迅速跟丈夫离婚，一双儿女也不要了，独自一个人去到北京发展。小婷像着了魔一样，在北京的一年多时间里，前前后后和四五个已婚男人打得火热，开房了，同居了。有一次还有两个已婚男人同时来出租屋，并且打了起来。

小婷通过微博找到我，问我她是不是特别特别的坏。因为有一个孕妇知道丈夫和小婷开房了，一气之下流产了。这个给予小婷的震动非常大。我一句话点醒她，你不过是报复你丈夫和闺蜜，事实上你的报复对他们无效。你生活在报复里面，就是在断送自己的生命。

八、求婚姻

有些单身女人，看哪个单身男都看不上，但是一看到人家的丈夫就满眼放光，尤其是看到闺蜜晒夫妻恩爱，更是恨不能直接把闺蜜丈夫夺过来做自己的丈夫。这些女生一般来说是大龄女性，而且特别渴望结婚，曾经被男生伤害过，或者觉得单身男生不成熟，因而会特别考虑已婚男人。请大家看我辅导过的案例。

一个年龄三十几岁的大龄单身女小柳，有过几次恋爱，但都失败了，总感觉单身的男生不够顾家、不够体贴、不够懂女人，而且不够成熟稳重。后来看到闺蜜晒幸福，就动了心思。她的闺蜜经常晒丈夫烧一手好菜、做亲子活动、送礼物等等。这个女生就特意加强了与这位闺蜜丈夫的互动，发现这个男人还真的如闺蜜晒图一样，就更多私下约会起来。后来约会多了，发现男生对自己妻子颇多抱怨，也表达出对该女生的好感，女生就遐想起来，觉得自己一定比闺蜜更好，也更会疼这个男人。后来两个人竟然谈起恋爱了，一次酒后两人开房了，一发不可收拾。

两个人就这样地下情发展了二三年，最后被女生一再逼离婚，男生没有办法，就和盘托出，说只是想做情人不想离婚。女生几乎崩溃，大闹男生家庭及单位。最后找到我，才得以从这段感情里面走出来。

有些离婚的女人，迫切想要解除离婚带来的痛苦、压力和恐惧，就会特别渴望结婚，但是考虑到自己结过婚，甚至带着小孩，就会尤其考虑已婚男人，她们会觉得这类男人最可能成为自己的丈夫，因而会主动进攻已婚男人，哪怕收到一点点已婚男人的好感，都会觉得对方看中了她。

离婚一年多的G女士带着一个六七岁的女儿，相亲了好多次，要么被人嫌弃，要么自己瞧不上，有时又想要复婚，但是前夫也不太积极，双方都有点心灰意冷。某天和供应商田经理吃饭，看到其脸上有道抓痕，就特别关心起田经理。一来二去，知晓田经理过得不幸福，夫妻经常吵架，有个三四岁的儿子。G女士觉得自己比田经理的妻子更好，要是田经理离婚了娶自己会更加幸福，因而加紧攻势，很快两个人沦陷上床，最后被田经理妻子发现。田经理妻子像换了一个人一样，对丈夫好得不得了。田经理考虑再三提出分手，G女士死活不肯分手，闹到田经理单位。后来田经理找到我，希望我辅导G女士跟他和平分手。

这一类的婚外情人，往往是自己对婚姻认识不清，对已婚男人产生了片面的好感，或者感觉更容易搞定，因而产生了非分之想。其实，已婚男人哪里有那么好，哪里有那么容易搞散离婚再来娶你啊！离婚再婚，那是要脱两层皮的事情啊！

九、求怀孕

越来越多的女生不想结婚，但渴望做妈妈。这些女生要找男朋友比较容易，但要么是嫌弃单身男借精之后比较麻烦，要么是单身男自己也不肯轻易借精而承担后果，所以这些女生就瞄准了已婚男人。她们觉得已婚男人乐意借精，没有什么后顾之忧，而且又已经做过爸爸，有做父亲的经验，最为关键的是，这些男生看起来都比较优秀，基因会比较好。

我曾经辅导过一个这样的未婚妈妈，她偷偷借了那个已婚男人的精子，后来怀孕，被男人逼着打胎，她只好逃到国外生下孩子。回到国内后，她发现爱上了那个男人，而男人再也不理她，弄得她痛不欲生。

十、求疗愈创伤

在某种特定的心理创伤里面，女性会寻求爱或者性来麻醉自己。但这个行为是潜意识层面的，并非她们主动出击。只是她们表现出来的状态是那么楚楚动人，犹如受伤后温柔的小动物，会让男人疯狂地去追逐她们。一旦男人去追求，她们也会猛烈疯狂地沉浸在这种爱中，会更加猛烈地用肉体来回应男人，但这不是真正的男女之间的性爱，而是疗愈性的性爱！

如果你看过美国的电视剧《婚外情事》，你就会明白。我略微给大家讲述一下这个疗愈性的情人艾莉森的故事。

艾莉森因为幼子溺水死亡，在深深自责的同时，也在责怪直接照顾幼子的丈夫，导致夫妻之间无法交流，原来开朗活泼的女人变得内心阴郁。幼子的死亡成为他们夫妻之间的禁忌，成为了夫妻之间的一个障碍！艾莉森对丈夫封闭了自己，丈夫只能隐忍，直到后来爆发。

艾莉森在餐厅做服务员，诺亚带着妻子、孩子去这个餐厅吃饭。孩子吃到果核，差点噎死，艾莉森和诺亚一起挽救了这个孩子。因为这个事件，他们两个人就有了联结，也是这个事件打开了艾莉森的心。诺亚受不了老丈人的经济援助及丈母娘的干预，加上自己的事业一直没有起色，新工作又遇到瓶颈，在这种状态下，他需要出去呼吸自由的空气。两个人的特殊心情，遇到这个事件，导致他们犹如老房着火，一发不可收拾。

所以，作为妻子的你，一定要搞清楚这个婚外情人的家庭背景，她父母的感情模式，婚外情人的成长历程。每个婚外情人都有不同的人生，她和你丈夫发生的感情，都不是无缘无故的。婚外情人和你丈夫的感情是你们夫妻感情的镜子。只有你搞清楚了婚外情人为何来到你丈夫的身边，你才能够更好地挽回丈夫、挽救婚姻，否则你会出错牌，搞砸可以挽救的婚姻。

第三节　婚外情人的爱情是什么样子的

作为正宫的你，一听到丈夫出轨了，大概首先的心理反应就是想要离婚。这个王八蛋居然还在外面搞女人，肯定是这个男人不爱自己了。然后略微冷静下来，则是满怀愤恨，想想自己为这个家操碎了心，尽心尽力，为了孩子也放弃了自己的事业，甚至为了这个家还要忍气吞声，跟着丈夫受尽了各种委屈。现在虽然人老珠黄，但家富了，家庭人际关系也理顺了，本想着可以和丈夫开始幸福的时光。

然后，进一步冷却心里的愤恨，女人常常会开始自责，会去看看自己哪里做得不到位，想要去改，哪里做得不妥当，立刻去认错。直到最后完全冷静下来，发现自己怎么做，丈夫都是不回头。

此刻，女人才开始问，丈夫和这个婚外情人是不是有真感情了，是不是产生了真爱情？最后，心里会和这个婚外情人进行一下全方位的比较，甚至会发现婚外情人并不如你漂亮，起码与你年轻的时候比，没有你漂亮，大概在性格特点上，或者穿衣打扮上比现在的你好很多，不免有点泄气，但还是不甘心。突然又会冒出来那个念头，这个婚外情人真的有爱情吗？

婚外情人的爱情到底是怎么样的呢？其实，婚外情人也是女人，是女人就会有女人的爱情。婚外情人的感情，不会因为她是你们婚姻的第三者而变化。也许你会认为婚外情人都不怀好意，都具有特别的目的性，想要收获你们打拼世界后赢得的胜利成果。

但是，你不妨来看看婚外情人与你丈夫之间的感情，到底是怎么发生的。

一、你的丈夫

你的丈夫，也许是一个风流成性的男人，那么你早先选择他时，就应该预料到这样的男人迟早是要出轨的。风流成性的男人，显然很懂女人心，很懂如何快速赢得女人的欢心。他会主动寻找女人下手，他下手找女人不是因为你不好，而是无论你如何做，他都要出轨。他的名言就是：女人在那里，我就犹如登山家一样，为什么要登山，因为山在那里！

你的丈夫也许与你结婚也就一两年，你呢，刚刚怀了孩子，挺着大肚子，妊娠反应导致人很焦虑烦躁。或者你已经生下小孩，所有心思都在孩子那边，冷落或者完全忽略了丈夫，甚至你还会抱怨丈夫对你不管不顾，一点没有帮上你什么。他的性欲如同累积要爆发的火山，随时准备天崩地裂，他充满了性能力，对于女人极度渴望，也对女性极度敏感，当然也非常大胆。此时的他，色胆包天，哪里还管什么家庭的妻子、孩子，哪里还记得男人的责任。女人的一点点风吹草动，你丈夫都能够及时捕捉，犹如饿虎扑食一样把女人拿下。

你丈夫也许正和你闹别扭，感觉到苦闷和抑郁，又无处排解，突然找到女人谈了起来，彼此非常投机，感觉这个女人完全懂他，一下产生了悸动，感情的天平一下就偏到她那里了，就开始约会了。如果对方颜值不是负数，一般很快就会去开房，干柴烈火起来。

这种女人来自哪里呢？要么是网络上的女网友，要么是女同事，要么是女供应商，要么是女同学，甚至是女路人。

你的丈夫也许已经人到中年，事业有了，人也显得稳重，开始有点男人魅力了。他的感情需求已经在变化，平淡的感情、纷繁的工作、零碎的家务，让他特别渴望新鲜的空气。要么他会主动去寻找红颜知己，然后一不小心脱衣解带攻入本垒；要么是别的女人看到这样一个有魅力的成功男人，主动投怀送抱了。

总之，无论你丈夫处在什么状况，他的本质都是一样的，他在婚姻中内在是匮乏的，他需要第二春来激发人生。

二、正官的你

对于爱情，你充满了憧憬，觉得这个男人就是你这一辈子的男人，这一辈子都要与他在一起。同时，你也庆幸自己找到了这样一个好男人，也觉得婚外情不可能发生在你身上，所谓一锤子买卖、万事大吉了。甚至，你还会到处去夸赞自己的丈夫是如何如何对你好，如何如何关爱家庭，如何如何喜欢小孩。总之，天下男人唯有你丈夫是最好的。于是，你身边的女人就开始注意你的丈夫了，甚至包括你的闺蜜。

天下女人都是这样，最缺的衣服是今天要穿出去的衣服，最缺的男人就是别人用起来最舒服的男人。

你也许新婚刚刚开始，很快就与丈夫进入新婚综合征阶段。与丈夫在磨合期发生各种不自在、各种不对付，甚至产生各种大小矛盾，从而导致闹离婚。

此时的你，对丈夫很失望，对爱情很绝望，对婚姻很怀疑。

孩子，你百分之一百地用心。从怀孕伊始，你就开始学习，开始教育丈夫要如何育儿。怀孕时，你怕性爱会影响胎儿；生完了娃，你全身心在带孩子，带孩子已经耗去了你全部体力，无心做爱，有时候仅有一点体力想做爱，又怕吵醒小孩，或者怕父母听到你们做爱的动静。你呢，在内心渴望丈夫的支持和分担。你更希望自己的丈夫不是个发情的雄性动物，应该体谅你，从而禁欲一段时间。

也许你和丈夫已经是老夫老妻，实际上你们才结婚三五年，你不再美容保养，不再修饰，也不再健身，甚至不再读书。当然，你也很少关心丈夫的事业。你和丈夫聊的总是家长里短，有广度，但没有什么深度，也没有什么意义。

也许你和丈夫已经走过了千山万水，陪同丈夫看尽了繁花似锦的风景，感觉婚姻已经是一马平川了，洗尽铅华、平平淡淡才是真爱。

总之，你对爱情已经放松了警惕，你对雄性的丈夫没有了激情，你的感情已经在凋谢但你毫无觉察，你甚至对丈夫产生了习惯性的依附。

三、婚外情人

婚外情人也许是个年轻的姑娘，刚刚大学毕业，对外界的一切都充满好奇，对大叔充满了敬意和好感，甚至会对大叔的僵尸婚姻产生极大的同情心。

婚外情人也许曾经饱受前男友幼稚的摧残，刚离开那个男人，但还陷在感情里纠缠不清，非常渴望一个男导师帮她一把。

婚外情人也许大龄单身，渴望一段真感情。对大叔具有天然的亲近感，但很多大叔已婚，或者隐婚。

婚外情人也许已婚，但自己的感情很寡淡，甚至一潭死水了，到处寻找可以倾诉的对象。也许她对自己的丈夫全然误解，但对其他男人却能极好地理解、尊重、体谅。

总之，婚外情人在感情上处于空窗期，正值感情荒芜，亟待男人来耕耘。

在你、丈夫和婚外情人的三方作用下，你觉得婚外情人的感情是否真实呢？婚外情人的感情是不是爱情呢？

显然，婚外情人的感情不外以下几种：

A. 是真诚的；

B. 是相互带火花的；

C. 是顺带物质化的；

D. 是彼此满足需求的；

E. 是爱情，也许是主动的爱情，也许是被动的爱情，也许是坦诚的爱情，也许是被骗之后舍不得的爱情。

爱情在斯滕伯格看来，由三个元素组合，激情、亲密和承诺。激情是情欲的部分，这个部分更多是人的动物性的一面，这个部分让人着迷。在婚外情方面，这是占据很大部分的，大概有五六成。亲密，是引发男女相互感觉温暖、温情依附性的部分，让彼此的心性拉近，感受到对方是灵魂伴侣。这个部分，在婚外情方面，大概有三四成。承诺，则是对这个感情期望的时间长短，渴望彼此在一起的决心和意志。往往婚外情的承诺，都是具有欺骗性的，起码是故意迷惑对方。大多数人在婚姻选择破裂的时候，都会有畏难情绪，只有少数人会非常果决，越果决的人越容易兑现爱情的承诺。

爱情在三种元素的组合下，有七种爱情：迷恋式爱情，只有激情；空洞式爱情，只有承诺，缺乏激情和亲密；浪漫式爱情，有激情和亲密，缺乏承诺；伴侣式爱情，有亲密和承诺，缺乏激情；愚蠢式爱情，只有激情和承诺，缺乏亲密；完美爱情，有激情、有亲密、有承诺；喜欢式爱情，只有喜欢、亲密，在一起感觉很舒服，喜欢对方美好的样子，可以一起开心，却不能一起共同熬过痛苦。

婚外情式的爱情，在婚外情人方面来说，她们往往刚开始时搞浪漫式爱情，然后逐渐渴望加入承诺；而对于男人来说，他们往往是迷恋式爱情，只图激情，当激情不得就会用承诺去迷惑女人，跟女人搞愚蠢式爱情，进一步发展为浪漫式爱情，绝少发展为完美爱情，也就是说，要对女人发展激情和亲密，而且要给予女人一个渴盼的承诺。婚外情中，婚外情人与男人体验到的爱情，其实是有彼此的落差的，这个落差发展一段时间之后，他们之间就会发生冲突了。很多婚外情的仇杀、伤害，都是因为婚外情人的爱情要追求承诺。

作为正宫的你，看到了婚外情人爱情的天然缺陷吗？这个缺陷就是承诺。即使婚外情人在和男人激情之后，进入亲密灵魂阶段，但是要进一步追求承诺，则还需要纠缠，甚至很难开口去承诺一辈子的爱情。当然，男人这个时候如果发出承诺，也往往是要拉住婚外情人，不想分离，以承诺离婚的形式来绑架女人，甚至给出具体的时间，常常是两个月、三个月，或者半年。当然，有些比较傻的男人会说，要给他一年或两年时间，更傻的会说给他三五年时间，而且时间到了，也会要求再次宽限时间，一旦逼得太急，男人就要对婚外情人撒泼了，要么分手，要么动杀机。最终，能实现承诺的不到一成。

第四节　婚外情人能“活”多久

既然婚外情人的感情，能够证明是爱情的一种，那么婚外情人的爱情，自然也就遵循着爱情生命周期和爱情发展周期。

爱情常常因为激情而发生，因为亲密关系而心心相印，因为承诺而变得牢固难破。激情能够维持多久呢？普通爱情的激情大概是18个月，热恋期也就6至12个月。但是，婚外情的激情会持续时间更长一些，这里面最重要的效应，类似于罗密欧朱丽叶效应。也就是说，有人暗暗地反对他们恋爱，他们则因为偷情的这种变态刺激，而变得更加享受婚外情爱情带来的深度满足。具体多长时间，没有人做出科学测量。

婚外情人的恋爱也一样经历四个阶段，第一个阶段是共存阶段，时刻要求在一起，分分钟都想在一起，这个阶段因为是婚外情，婚外情人和男人常常会在白天和深夜发出相思苦，这个阶段会比较长；第二个阶段和第三个阶段分别是反依附和独立阶段，也就是两个人互相有点腻味了，彼此要点自己的空间，想做回自己。这个阶段对于婚外情来说，就显得特别脆弱，一旦闹分手，往往会处于纠缠拉锯状态，这个阶段往往比较容易被发现。

可能大家觉得奇怪，为什么不是第一个阶段容易被发现呢？因为这个阶段两个人时刻想在一起，两人的心理和行为比较同步，不易被发现。而第二第三个阶段，因为双方在闹腾，人的情绪波动是很大的。再加上婚外情的压力和家庭的拉扯，在双重压力下，男人往往会出现纰漏。

第四个阶段为共生阶段，正如前面所述，婚外情人许下终身的时候，男人往往想撤退了，偶尔逼急了也会哄哄给个承诺。这个阶段的婚外情，往往是女人失去理智，而男人则已经心生离意，不想继续玩下去了，婚外情成鸡肋了。

婚外情人在你的婚姻里面，到底能够“活”多久？我经手的个案中，有婚外情持续了二十多年的，持续三五年、七八年是很常见的。持续时间由三个因素决定：首先取决于这段婚外情的形式，也就是婚外情人的感情与男人的感情之间，供需关系的冲突和平衡。其次，这很大程度取决于你的谈判能力、婚外情情伤疗愈能力、感情修复能力和婚姻再建能力。最后，还取决于家庭资源的利用力、自己的婚姻管理能力、双亲和子女的影响力和外力的影响力。

总之，没有压力，婚外情是不会自动凋谢的。

第五节　婚外情人之结局

我们先来看几个婚外情人结局的案例。

A. 小瓶的丈夫出轨了，搬出去住了，他的借口是和人合伙做生意，每周回家一趟看看孩子和老妈，不和小瓶同房。小瓶和婆婆的关系很好，每次小瓶丈夫回来，婆婆都要把她儿子教训一顿。她丈夫刚开始还有点愧疚，但到后面也成了老油条，油盐不进。丈夫最终回来了，在外面住了整整一年才回家。但是小瓶和丈夫的关系并没有好转。丈夫也和婚外情人不再来往。

B. 小王和丈夫感情挺好，丈夫和别人一起合伙开公司。丈夫要经常跑外处理业务，一年难得回家几趟。刚开始还经常电话、微信联系，后来几乎没有电话、微信了。小王觉得丈夫有外遇，但苦于没有证据。丈夫偶尔回家看看孩子，和小王同房之后，晚上就离开。春节的时候，小王和丈夫去父母家拜年，父母和丈夫面对面开火了，这个年都没有过好。小王丈夫自此就提出离婚，以后再也不和小王同房。小王后来打电话发短信，丈夫都不回，小王带着小孩去他所在的另一个城市，也找不到人。最后，小王竟然听邻居说，看到她丈夫和一个女人就住在隔壁小区。小王一个人苦苦挣扎了两年多，最后终于爆发了，带了人把丈夫和婚外情人打了一顿，并且报了警，随后向法院提出离婚。

C. 小花和丈夫是相亲认识的，很快在一起了，怀孕后就登记结婚了。随后厄运开始，丈夫在小花怀孕的时候就提出离婚，小花不同意，然后遭到殴打，小花忍了。之后，丈夫不回家。后来，有一天一个女人来敲门，她也挺着肚子。两个大肚子女人就在出租房里厮打起来，最后小花流产了。小花还是不甘心，不断去寻找丈夫，但再也没有找到。据说，丈夫带着婚外情人和孩子回过一次老家。最后，小花和丈夫离婚了。但是，婚外情人后来也被抛弃了，她带着孩子来找过小花，说找不到丈夫了，实际上他们并没有领结婚证。

D. 小陈和丈夫结婚将近二十年，女儿都上大学了。小陈最近发现丈夫手机不离身，而且夜里老是起夜，半夜也不睡觉。小陈通过朋友调出来丈夫的手机通话记录，还有丈夫的开房记录。是的，丈夫出轨了，对方是一个比自己女儿大不了几岁的研究生，还是心理学专业的。小陈大闹一场，丈夫居然闹自杀，吃了一瓶安眠药，最终抢救回来了。经过精神科医生鉴定，据说是得了抑郁症。女研究生继续陪伴着小陈的丈夫，而小陈则选择了分居。半年多后，女研究生找到小陈痛哭起来，说自己怀孕了，但是小陈的丈夫坚决要求她打胎。再后来，小陈的丈夫重新回归家庭，但是小陈感觉到寒意阵阵，婚姻成为了巨大包袱。小陈想要离婚。

婚外情人的结局到底会怎么样？

70%的婚外情人，在他人的婚姻期内选择离开，无论是被动还是主动。剩下30%的婚外情人也不见得就转正了，而是在正宫选择离婚之后，其中大概有三分之一也会选择离开，也就是说婚外情人能够转正的概率，其实也就在20%左右。这20%转正的婚外情人的婚姻，常常还会同样面临婚外情人。

表面上看，婚外情人在婚外情里面获取的是如火如荼的爱情，激情四射，新鲜缠绵，但其实在内心里，婚外情人一样也是备受煎熬，除了少数女人嚣张跋扈，挑战甚至轰赶正宫，大多数婚外情人一样经受婚外情的精神压力：自我道德谴责，父母的反对、不支持，甚至担心自己被男人玩弄，见不得光的爱人和互动，甚至婚外情几年都无法拨开云雾见天日，有的甚至压力大到闹自杀。怀孕、堕胎会伴随一部分婚外情人，个别婚外情人甚至会遭到正宫的殴打，谩骂则还是较轻的伤害。

婚外情人离开了，婚姻修复才刚刚开始。有不少人其实度过不了婚姻重建，要么继续着僵尸婚姻，要么最终选择离婚。

作为正宫的你，可能还不知道治理婚外情、挽救婚姻要经历的五个阶段，但你必须要掌握。

第一个阶段是你求着丈夫回归家庭。

尽管这个阶段你愤恨到要离婚，甚至崩溃到要自杀，但是冷静之后，考虑到父母、孩子、家产等，当然还有一部分女人会考虑自身情况，比如感觉到自己人老珠黄了，又带着孩子，收入又不够，对未来很害怕，往往选择妥协，乞求丈夫回归。

第二个阶段是丈夫选择回归家庭。

在外面搞婚外情，婚外情人也有了，也就那样，自己也不是那种勇敢的人，受到外界压力，诸如父母、亲朋，甚至组织和领导，最后只能背负恶名，抛弃婚外情人回归家庭。当然，这也不是一蹴而就的，往往会发生和婚外情人反复纠缠，甚至会天真地期望妻子和婚外情人同时保持，谁也不想失去。在这个反复的过程中，婚外情人也失去了信心，而妻子也可能对自己丈夫失去了信任。男人往往在这个时刻心里会显得空空荡荡、无着无落。

第三个阶段是妻子接受丈夫回归家庭和婚姻期。

很多女人之前就期望丈夫回归，但是等到丈夫真正回归家庭之后，自己才会开始认真思考这个男人对家庭、对婚姻、对自己产生的伤害，才会思考与这个男人的婚姻还有没有未来。女人在这个期间会很纠结，到底要不要这个男人呢?甚至在这个过程中还会在生理和心理上对丈夫产生排斥。女人只有真正通过了这个时期，才算是打破了婚姻的恶性循环，开始稳定下来。是不是过了这关，婚姻就能美好起来了呢？显然不是。

第四个阶段是疗愈婚外情伤。

对妻子来说，一是感觉过去的爱情不是真实的，过去的婚姻生活也是虚假的，感觉深深被骗，而且没有想到被骗了这么多年，自己好傻好天真；二是感觉现在自己完全没有吸引力了，没有了青春，没有了美貌，没有了身材，什么都没有了，事业再怎么样都没有用，自己为家庭的付出都是错误的，自己完全没有了价值，好后悔自己无怨无悔的付出；三是感觉婚姻没有了未来，丈夫可能回不来了，回来了也保不齐还会再出轨，这个家也散了，孩子在这样的家庭不会幸福，对于未来感到非常丧气和渺茫。

对丈夫来说，一是内疚，深深感觉做错了事情，无法再来面对家人和亲朋；二是自尊心、自信心没有了，害怕面对妻子，总感觉低人一等，做什么事情也都无所谓；三是过去自己受到了妻子那么多的压制、漠视，或者丈母娘的不公平对待以及社会的压力，完全没有人能够理解，全部都是责怪他一个人。

很多人无法理解，怎么丈夫搞婚外情，他还受到伤害，这不是胡扯吗？但我这样写出来了，你还觉得是胡扯吗？你不觉得丈夫其实也是婚外情的受害人吗？

当然，在婚外情里面，做妻子的既是受害人，也是施害方，做丈夫的既是施害方，也是受害人。

当然，那个婚外情人其实也是受害人和施害方。

那么怎么来疗愈婚外情伤，我后面会跟大家具体讲。

第五个阶段是夫妻重建婚姻期。

很多治理婚外情、挽救婚姻的心理咨询，都缺乏这个步骤，以为夫妻和好就万事大吉了。可能夫妻双方也都要做一些小调整，比如以前对丈夫忽略的，开始抓紧照顾丈夫了，比如以前对妻子大吼大叫的，开始变得温柔一点了。

这些小调整可以缓和一下婚外情造成的夫妻双方不信任，但不能解决核心的问题：婚姻重建。

婚姻重建，要构建被破坏了的夫妻信任，要构建以前缺乏的婚姻规章制度，要构建夫妻共同体，还要构建夫妻沟通模式，同时修复夫妻性生活等方面。

那么，发生过婚外情的婚姻到底怎么来重建呢？我在后面会跟大家来分享。

第二章

丈夫找婚外情人了

小Z通过朋友（我的客户）找到我，希望我能帮助她挽救婚姻。小Z说，他们夫妻本来感情很好。丈夫创业，一路都很顺利。她辞职做家庭主妇，为丈夫生了一双儿女，料理家务，照看双亲。一家人其乐融融，有恋爱时的小情调：周末常常看电影；有婚前的共同愿望：游遍祖国。虽然有时丈夫工作压力大，偶尔念叨几句公司的烂事，自己帮不上忙，也不好多嘴，可以说事业基本上是丈夫一个人在扛。

婚姻的转折点是小Z的妈妈生病住院，做女婿的跑前跑后，病房里的其他病人都羡慕死了，护士、医生和病人都说小Z的妈妈好福气，有这么好的女婿。有个病人阿姨说，要是她有这样的女婿就心满意足了。那个阿姨要了小Z丈夫的电话，说希望自己的女儿毕业了去他那边工作，会很放心。

结果，这个生病的阿姨让女儿认识了小Z的丈夫，一来二去他们熟悉起来。直到小Z收到法院一纸传票，丈夫提出要离婚。小Z一下被击溃了。因为小Z一直都感觉丈夫与自己的感情很好，从来没有想到过自己的婚姻会被婚外情人狙击。

我和小Z说，与其问丈夫为什么找婚外情人，不如问丈夫找了什么样的婚外情人，这样更有建设意义。因为这样来面对特定的婚外情人，更有针对性，更懂得婚姻里的夫妻双方到底出现了什么状况。针对不同的婚外情人，可以采取不同的措施加以应对。

其实，任何一个丈夫，都不会无缘无故地找婚外情人。每个找婚外情人的丈夫，都是为了满足自己婚姻里不能满足或者很难满足的某个欲求。当然，也不是每个有这种不满足感的男人，都会被激发出婚外情，因为这也要看每个男人的自控力，以及婚外情的可及性。

在婚姻里面，妻子遇到丈夫劈腿搞婚外情人，务必要冷静，要搞清楚婚外情发生的场所、目的和路径，这是打败婚外情人和挽救婚姻的关键一步。

第一节　丈夫会找哪些人做婚外情人

一、未了的旧情人

男人，对旧情总是具有特殊的情怀，这种记忆会伴随一生。尤其是婚姻里面有或多或少的不快，或者情绪处于高潮或低潮时，都会容易激发出这种情怀。

男人对未得到的旧情，总是抱有极大的热情、猜想，甚至是渴望。但是，我可以明确告诉大家，90%以上未发生的旧情，再燃起来都是令人失望的，不会达到你当初所渴求的那种满足，因为你现在的欲求的阈值已经提高了。

男人对曾经得到过的旧情，也会带有某种遗憾或愧疚，总希望多少再去补偿一下或去证明自己的价值，尤其是女方过得不好的时候。事实上，试图去补偿发生过的旧情，在心理上很难协同起来。男女之间的感情就是如此，不对等的时候，那种感情总会让人产生怪异的感觉。

小F的丈夫的婚外情人，是他初中时懵懂爱慕过的一个女人。那个女人现在四十多岁，有着中年妇女的臃肿，满脸的黄褐斑。除掉金丝眼镜所显示出的一点书卷气，那个女人，可以说完全没什么可取之处。而小F呢，30多岁，保养得很好，皮肤白皙，身材凹凸有致。

经过分析，小F的丈夫其实是为了圆当初青涩男孩的那个梦想，当初她就是他的女神，高不可攀。如今，小F的丈夫事业上也有所成就，而这个女人是大学教授，正处在离婚状态。所以，当他再次见到以前的梦中情人时，一股勇气油然而生，三下五除二就推倒了她。但推倒了之后，才发现初中时候的梦想破灭了，只是不好意思断绝关系，只好渐渐疏远。

小F发现丈夫有婚外情人之后，跟丈夫大闹，找婚外情人去谈判，结果反而加强了丈夫跟婚外情人的紧密关系。

后来小F找到我。我为小F分析了其丈夫找那个女人的圆梦心理，以及其心理满足程度较低，初恋得手后失望情绪较大，等等。而那个女教授的心理需求，是想找一个懂她而不是有钱的男人。自己以前瞧不起的男同学，现在变成小土豪。这在知识富足的女教授眼里，其实是上不了层面的。女教授只是因为离婚寂寞，又因为是过去爱慕自己的同学，所以才顺势而为，并非真实的爱情。

小F只需要修复自己对丈夫的嫌弃之心，而不用在争取丈夫回归这条路上花很大精力。

二、熟人

搞点事业的男人，其实没有那么多时间去外面寻找女人，也没有那么多精力去分辨女人。找婚外情人毕竟不是找一夜情，都会考虑一定的安全性。因此，很多男人找婚外情人是从熟人下手的。

这种熟人关系，包括公司内部关系、工作外部联系、邻里关系、老乡关系、各种短训班同学，等等。这些关系都因为在特定地点有固定的时间接触。

在婚姻内部，夫妻接触久了会有疲劳感，所谓日久生厌。而在婚外，异性之间接触久了，会因为彼此了解而生出情愫，又会因为接触久了而吐露一些自己感情、生活或事业的不顺，也会因此而产生感情。男人与女人之间的感情最容易在强弱关系之间迸发。

这种熟人之间的婚外情，常常是明知对方已婚，而因为某种利益或渴望，主动卷入到已婚男的婚外情人角色里。

比如小R的丈夫，就是利用自己是公司中高层领导的身份，跟女下级发生了婚外情。这种婚外情，往往带有很强的功利性。男人通过地位而处于强势，而婚外情人处于弱势，通过这种强弱势差，女人获取工作便利，甚至是发展的机会，而男人则往往获取肉体上的回报。

某种程度上，上下级关系的婚外情，男人在心里其实已经把女人当作猎物而不是爱物。然后，日久生情，彼此之间这种微妙的工作关系，会形成相互的挟制。

三、闺蜜

闺蜜不是熟人，闺蜜比熟人对你和你的婚姻了解更多，甚至介入你们夫妻日常生活更多。所谓闺蜜，就是闺房里面的无须提防的女性朋友。你们两个人具有相互的吸引力，彼此能够满足，甚至有互补的特点；你们彼此掌握他人不知的私密事件，坦露私密情感、情绪和需求，包括你个人对世界的态度和对世界的认知，甚至彼此连性爱都会谈论得很详细。

闺蜜会了解你的情史，了解你和丈夫之间的喜怒哀乐，了解你和丈夫的感情发展历程，也了解你们夫妻之间的矛盾冲突，也会从中调解你们俩的矛盾。闺蜜还了解你丈夫的优势和擅长，还会给你出谋划策，教你如何抓住丈夫的心。闺蜜还很早就认识你丈夫了。

闺蜜往往是这样搭上你丈夫的：

首先，是你总去炫耀你的丈夫，这里好，那里体贴，偶尔跟丈夫吵架，还要闺蜜来评评理；

接着，要么是闺蜜单身，寂寞孤独，春心又有点荡漾，苦苦寻觅丈夫而不得；要么是闺蜜已婚，但和丈夫时常吵架，夫妻不和，而且吵着吵着吵冷了，彼此冷漠，闺蜜觉得丈夫不疼人，不懂女人；

紧接着，是你忙着给闺蜜出主意，闺蜜也会按照你的方法做，但是总是不对路，然后你会说我男人也有各种不是。这不免让闺蜜嗅到你丈夫的气息，因为你说的你丈夫的不好，在你闺蜜那里完全就不是个事儿；

然后，也许是你闺蜜见过你丈夫了，你丈夫或者是出于礼貌，给你闺蜜留下联系方式，或者是当面加了微信、微博。这是一个闺蜜正式入侵你们婚姻的关键性的第一步；

再然后，是你丈夫会偶尔去互动一下你闺蜜，你闺蜜也会去互动一下你丈夫，甚至偶尔相互抱怨一下自己的爱人，或者说说自己的心情。于是相互关心起来，有时甚至感觉神来一嘴，彼此特别能聊到自己的点位。好吧，你丈夫和你闺蜜已经开始暗生情愫了；

最后，他们第一次跨过你，开始偷偷地约会起来了，开始没完没了地在微信或者QQ上聊天。

时间过得很快。对他们两个人来说，时间过得很充实，心里很有感觉，但是有点不开心，害怕未来。他们俩的奸情就这样偷偷地开始了，而你还浑然不觉，直到你成为知道真相的最后一个人。

四、同学

这类同学往往是初中同学、高中同学，或者大学同学。以前，也仅仅是有点熟悉，并没有什么春心。时隔多年，再次聚会，突然平添了几分亲近，也不像过去那么拘谨，反而放得开了，打情骂俏，瞎起哄、瞎表白起来。

本来是开些玩笑，不想却点燃了爱情火药桶。其实，这样的同学要么是单身，要么是处于感情不佳的状态，要么就是处于感情瓶颈平淡期，所以才会出现网络上热传的“同学会，拆散一对是一对”。网络上流传的一个热门事件是，重庆某女士的两任丈夫，都是参加同学会而被女同学夺走的。

五、陌生人

与陌生人的婚外情，往往是属于激情式的。异性之间，如果没有激情这个原始动力，哪里那么容易勾搭成奸呢？当然，女骗子除外。陌生人的来源在哪里呢？一是传统的互联网，二是移动互联网上的社交工具，三是路上的路人甲。

在传统互联网和移动互联网上搞婚外情，往往都是有预谋的勾引，已婚男心里已经泛起婚外情的涟漪，甚至都有周密的计划，然后采取大海捞针式的地痞流氓方式：我想和你开房，你愿意吗？略微雅致一点的，还很有耐心倾听妹子的心声，为妹子做些心理按摩，然后女性会感觉他们彼此是一路人。

最为激情的莫过于路上的邂逅，遇到一见钟情的路人甲。路人甲往往拥有令已婚男眼睛一亮的外貌，或者令已婚男心里咯噔一下的气质。这往往是已婚男的无心偶遇，是可遇不可求的路人甲。这种偶遇不论是哪一种形式，本质上都是欺骗女性、隐瞒已婚的事实。

已婚男点燃了女性的爱火之后，自然就会开房，然后偷偷同居。在这个过程中，女性会发现上当受骗，跟已婚男产生了所谓的爱情。已婚男则会给出各种理由，述说自己婚姻的不堪和对该女性的爱。于是，在这种爱情攻势下，在虚假的婚姻不堪的掩盖下，女性乖乖就范，被动成为已婚男的婚外情人。

小Y正在怀孕。因为对怀孕期性爱的害怕，从确定怀孕后，她就再也没有和丈夫尝试过性爱。小Y在和我的讲述过程中说，她辛辛苦苦地怀孕，呕吐得要死，腰酸，躺着难受，而丈夫却还想要和她做爱，纠缠了一个多月，始终没有得到，丈夫放弃了。

丈夫开始上QQ、玩微信。因为自己身体不适，没有太在意。丈夫也一直陪着做孕检，生产的时候也陪着，也协助喂养孩子，只是略微有点心不在焉。

直到小孩满了周岁，小Y开始想要与丈夫性爱，但是丈夫并不是很积极，本来以为是生产后体形没有恢复的原因。但是一次偶然，她发现丈夫的QQ不对路。在QQ里，她看到丈夫加了几十个女性的QQ，说话露骨，甚至下流。其中还有两个女人直接和丈夫以夫妻相称，而且还去开了房。

小T结婚3年，与丈夫矛盾不断，经常吵架。小T先于丈夫使用微信，然后教丈夫使用微信。很多次吵架之后，不能面对面说的话，变成了在微信上说，效果很好。两个人吵架次数减少，但是两个人面对面的时间也减少了，哪怕是在一起，彼此也都是对着微信。

在随后的几个月里，她发现丈夫经常晒照片、晒思想，尽力呈现一个好男人的形象。后来，丈夫提出离婚。丈夫说，使用搜索附近的人的时候，找到了现在的婚外情人。

婚外情人是一个大龄女，完全投入进来了，对丈夫好极了。两个人能非常投机地谈论很多东西，虽然也有争吵，但彼此都会有让步或妥协。婚外情人除了年龄比小T大三岁，在其他方面全面领先。小T和丈夫离婚一年后，丈夫又来找小T要求复婚，小T犹豫不决，担心前夫改变不了劈腿的德性，又纠结自己年龄不小，以后很难找到合适的人。因此她找到我，请我做她的婚姻管理私人顾问，把脉一下复婚的事情。

小C和丈夫结婚8年，有个5岁的儿子。丈夫经常出差，照顾不了家里，回到家就非常累，小C和丈夫常常吵架，丈夫烦得不想回家。在一次出差的高铁上，丈夫遇到了一个离婚的女性。两个人居然一拍即合，如久旱逢甘霖、他乡遇故知一般，开始恋爱了。

丈夫开始了双城生活。主城是妻子、孩子，副城是情人。妻子发现丈夫回家不累了，但是也不干活，要么上网，要么玩手机。一次带小孩出去玩，因为玩手机还导致小孩被车撞了。妻子夺下手机想砸了，但止住没有砸，一看里面的短信、微信，还有QQ，全是那个婚外情人与丈夫的甜言蜜语，以及对未来的美好憧憬。小C瘫软在地，丈夫随后提出离婚，并且马上草拟好了离婚协议，净身出户，收拾了自己的几套衣服，一去不还了。小C连丈夫的人影都找不到。

六、婆婆

婆婆成为夫妻之间的“第三者”，这是网络上经常报道的。婆婆通常要求自己的儿子，一周之内必须有几天到婆婆那边吃饭，甚至要住在婆婆那边。婆婆介入夫妻关系，往往也能够破坏夫妻感情，甚至直接摧毁夫妻婚姻。

婆婆拉住自己的儿子不放，往往有特殊原因，可以挖掘到心理深层的内部动力。仔细去梳理，会发现婆婆往往和自己的儿子相依为命，或者从小就过分关注孩子，或者婆婆的夫妻关系不正常，从而把自己的儿子当作自己的丈夫（心理层面），最终自己的儿子得不到心理成长，而成为巨婴丈夫，离不开自己的妈妈，而婆婆也离不开自己的儿子。这是由于亲子关系过分紧密，从而导致分离不彻底，或者无法分离。

七、非人

我们常常以为丈夫心不在妻子身上，是因为在外面有女人，而实际上还有一类男人，他们心不在家，却是因为某些嗜好。比如有的男人会沉迷网络游戏，有的男人会沉迷加班工作，有的男人会沉迷赌博，还有的男人会沉迷社交，他们都不和其他女人发生肉体或情感关系，他们和非人发生关系。

比如香港一位艺人，就沉迷社交，忽略了妻子和家庭，与妻子分居多年。比如现在大多数人都会有手机依赖症或者手机瘾，离开了手机就会感觉难受，时刻抱着手机，上厕所离不开，洗澡也无法离开。睡觉前，要看最后一眼手机，起来第一眼也是看手机。

遇到这类丈夫，要赶紧找心理咨询师，甚至心理医生进行干预治疗。

第二节　丈夫找了婚外情人之后会有哪些表象

一、突然忙碌起来，不回家了

小蓝和丈夫结婚多年，一直很幸福。但是最近半年，丈夫总是说工作应酬多，要凌晨两三点才回家。突然有一天，男人说，我们离婚吧。小蓝说为什么啊？男人回答说，我感觉到前途渺茫。然后，这个男人就不和小蓝说话，但他在小蓝的要求下也进行性爱。最后，小蓝偶然发现了男人的手机短信，他才承认自己出轨了。

实际上，男人不用去欺骗女人，你有没有出轨，婚姻生活会说话。你的生活突然不正常了，总是不着家，你怎么可能会没有事情呢？人啊，表现出不正常，只有三个原因，第一是身体突然查出重病，再坚强也会出现失态；第二是有了婚外情，人逢喜事精神爽，婚外情是体验型的，肯定会表现出来；第三是事业变故。而身体变故和事业变故，男人常常是会待在家里面，而不是跑到外面去，因为这两种变故，男人更加需要家里人的支持。当然，也有些人怕给家里人带来压力，偷偷自己一个人扛起来，憋在心里不说，装作若无其事。

婚姻变故，喜欢上了别的女人，男人要装作若无其事，压抑住自己的欢喜，其实也是很难受的，所以男人会选择逃离，不在妻子身边，尽量把自己嵌入到别的地方，比如去玩游戏，或者努力工作。因为有婚外情，自然这个男人回家会减少，在家里的时间会减少，在家里与家人的互动会减少，尤其是与妻子的互动会更加减少，而对于年幼的孩子往往会口头上关心，但陪伴的行动会减弱，可能物质给予会增加。

二、突然和你说，他喜欢某类女生

有一天小白的男人和小白说，我还蛮欣赏那个小七的。小白不以为意，她有什么好的呢？身材一般，相貌一般，能力一般。唯一不同的，就是特别温柔、白皙嫩滑。直到有一天，小白出差提前回家，小白的丈夫和小七正在床上。

由于女人绝对信任他，所以说出来可以避免自己憋得难受；有时候，会以开玩笑的形式来宣泄一下，很容易被女人忽略。但正是女人的忽略和信任，导致他很大胆，所以才会拉着别的女人来婚床上大战。婚床大战，迟早会被发现的。

三、性爱减少了很多

小潘和我说，最近丈夫不给力，总是无心做爱。以前一周三四次，现在变成了一个月二三次，而且每次还很累。我给了她三个建议，一是提高性爱技巧，学几招新鲜的，普通女人很少会用的；二是看看精液排出量；三是感受他的性爱特异性。

使用之后发现，新技巧令他有新鲜感，精液排出量小，性爱感受和以前不太一样。我推测可能她丈夫有事。果然，后来小潘在丈夫的微信里发现了痕迹和线索。

人的性能力其实还是有限的，尤其是年过35岁之后的男人。精力上有变化，产量上更会有变化。这个无法掩盖。除了性爱的次数和精液排出量变少之外，再细致一点，你会发现丈夫的性爱技巧也有一些变化，性爱时间、性爱姿势和性高潮的抖动都会发生变化。当然，如果你神经比较大条，应该比较难以发现的。性爱，是两个人互动的结果，不是一个人能够左右的。

四、突然容光焕发

晓晓的丈夫将近五十了，脸色比较暗淡。但在去年，他开始用洗面奶了，注意白头发了，衣服和鞋子也开始讲究了。整个人感觉好像年轻了十岁。晓晓问他，怎么现在开始打扮起来了。丈夫回答说，公司业务发展需要。最终，晓晓发现丈夫和公司里的离异女同事发生了恋情，女生35岁。

男人，要发生这些日常生活的改变，其实很难。因为没有什么动力，能让他改变几十年来的生活习惯。生活习惯的改变，需要很大的决心，需要很强的紧迫感，而且所得到的实惠和好处，要超过这种改变所付出的努力和成本。

一个人不会无缘无故地去改变自己的行为，一则是有行为的习惯性路径依赖，二则是行为保持稳定有利于人处于舒适区，不容易感觉到紧张和压力，三则是行为改变需要很大的努力和补偿，如果努力不够，补偿不到位，人很难去改变长期的习惯，去养成新习惯。

五、开始重视隐私

May和丈夫结婚之前，丈夫就很重视隐私，很少让May看手机、钱包、电脑，甚至不让May关注其微信。他的理由是，他需要个人空间和隐私，没有必要和May分享这些，希望保持一定的神秘感。一次偶然，丈夫在家接了一个时间比较长的电话，结果May刚好要上网找个东西，然后就发现了一个私人影像文件夹，里面全是丈夫与别人做爱的照片或DV。这是以前就有这些隐秘的情欲，不想让别人知晓。May是好奇害死猫，而May的丈夫则是不懂云储存的悲哀。

Anna和丈夫是高中同学，结婚二十几年了，小孩都已经上高中了。自打丈夫开过一次家长会之后，他就开始给手机上密码，给电脑上密码，还把邮箱和QQ密码也给改了，手机也一刻不离开自己身边，连洗澡都要带上手机。后来儿子和妈妈说，看到爸爸和女同学的妈妈手拉手逛街。Anna找人把丈夫的QQ和邮箱密码破译了，然后发现，原来丈夫真的是在参加家长会的时候，认识了儿子的女同学的妈妈，结果搞起了婚外情。

六、背着家人做事

Lily跟我讲述，她丈夫喜欢背着她做事，她问我该怎么改变丈夫的这个行为，因为她总是感觉不安。他们结婚快三年了，她想要小孩，但丈夫还要玩。有一天晚上，她偶然听到丈夫的微信语音，有个女人在说，“老公，我好想你”。

其实，在家里，一般人的电话或语音，有什么不可以公开的呢？而且一般情况下，电话都是比较短的，尤其是异性之间，大概就是某个事情，确认一下，问一下。

七、体味变了

Mary的鼻子很敏感，她能闻出很多别人闻不到的气味。她的丈夫有轻微的狐臭，一般人是闻不出来的。Mary很喜欢这个气味，感觉很雄性。最近几个月，她发现丈夫的体味发生了变化，不是那个味道了。开始没有注意，直到有一天闻到了一个熟悉的女人的淡淡香味。Mary直接去问了那个女人，她承认了，坦承仅仅是喜欢她丈夫，没有打算要破坏他们的婚姻，会断掉关系。果然，后来丈夫的体味又恢复了。

虽然我们人类的鼻子退化得很厉害，但是女人对男人的特殊气味还是具有某种敏感。这种类似生物性信息的气味会透露出男人的婚外情。

爱情这种东西，对于男人来说，就是体力、体能和爱能的付出。你无法游刃有余，一山难容二虎，除非一公一母，三只老虎，你自己懂的。

我们这个社会的一夫一妻制已经深入人心，你试图跨越，必然触雷。

其实，男人婚外情被发现都是偶然的。当然，在他出轨的过程中，女人一般都是有一点感觉不对劲，但是说不上来，没有往那个方面去想，尤其是那些自我感觉婚姻良好的人，更是难以接受这样的事实。所以，男人被发现出轨的方式有很多，但是被发现是注定的，只是时间早晚的问题，只是方式的问题。

婚姻这个机制，是双向互动的，不可能由某一个人来执行完成，一个人来执行也坚持不了多长时间。只要夫妻之间有互动，这种婚外情都是很容易曝光的。

第三节　丈夫会在何时找婚外情人

一、孕期、哺乳期

小方怀孕反应强烈，丈夫又忙于工作，经常出差，他们在上海又是蜗居。因此，小两口商量让小方回娘家，由老娘照顾。刚开始，丈夫还天天有电话，中途还去看过小方，晚上还提出性需求，小方担心会对胎儿有影响，就没有满足丈夫，丈夫气鼓鼓地睡觉了。丈夫回到上海后，小方渐渐发觉丈夫联系减少了。生孩子的时候来了几天，很快就又回去了。后来有一天，警方打电话过来让领人，原来丈夫憋不住嫖娼了。再后来，丈夫几乎不再过问妻子及孩子。小方带着娃娃回到上海，发现家里的卫生间有别人的内衣。丈夫承认和老乡同居了一段时间。

根据调查，男人最容易出轨的时候，是妻子怀孕和哺乳期。其中的一个主要因素，是中国的传统性爱认知陈旧，担心性爱会伤到胎儿。其二是由于孕期的女性，压力大，情绪不稳，再加上体内激素变化，性趣不高。其三是家里所有人都围绕着孕妇，男人有很强烈的被忽略感，而且自己有情绪还不能发作。所有的这些都会导致男人需要宣泄出口。有的男人出去嫖娼了，有的男人重新自慰了，有的男人开始搞暧昧了，还有的男人旧情复燃了。所以，某些开放国家的女人，据说会在怀孕期间允许丈夫去嫖娼。

实际上，女性在孕期是可以进行安全性爱的，只是有几个关键期需要注意一下即可。

二、男人升职发财时

小梅的丈夫是普通人，两个人相爱的时候，小梅是研究生，而丈夫则是大专生，工作普通，职位普通。在小梅的督促下，丈夫自考了本科，然后还读了研究生。工作发生了巨变，收入涨了将近10倍。两个人矛盾越来越多，小梅的督促变成了管制，甚至霸道强势。为此，两人经常吵架，甚至要离婚。最后，两个人还是和好了。家庭又是一派和谐幸福的样子。

后来，丈夫加班多了，应酬多了，手下还有近百号人，还有小秘书。小梅自己在工作和收入上变化不大，职位也仅仅是个部门主管。丈夫只要出差，就会带回好礼物，甚至贵重的礼物，小梅很幸福。可是，她的闺蜜一句话震醒了她，说是看到你丈夫和一个女的很亲密的样子。在小梅的盘问下，丈夫很快坦白了婚外情出轨，而且还有好几段。读研究生时一段，升部门经理一段，升地区经理又一段，而且这些女生的统一特征都是温柔可人，非常听话，又嗲又作，小鸟依人。

为何男人的社会地位发生了变化，就容易出轨呢？首先是他的心态发生了变化，过去可能被你压制着，现在有资本反抗，但内心还是有点怕；接着呢，是男人的情感需求变了，实际上所有的人在不同时期，情感需求都会发生变化，所以，不同时期产生的夫妻矛盾冲突是不一样的；最后呢，是男人的沟通模式发生了变化，不同的职能，沟通的对象和模式会有变化，而且男人的控制感也会发生变化。

三、男人的价值存在感缺失时

小谭是个非常能干的女生，小谭的丈夫也是个比较厉害的男生，只是和小谭比就逊色了很多。小谭里里外外都是好手，工作和家庭都安排得很棒，自己可以完全处理任何困难。所以，小谭的婆婆很开心，觉得儿子比跟着自己的时候还舒服，除了吃喝拉撒睡，家里没有需要他干的事情。有时候，趁小谭不在家，做点事情，结果小谭回来，劈头盖脸就把丈夫数落得如犯错的孩子一样。

隔壁邻居是一个离异带娃的女人，比小谭年龄大，而且没有小谭好看，但是这个女人事情特别多，老来找小谭丈夫帮忙，而且都办得让人家很满意。结果呢，小谭丈夫和隔壁女人搞在一起了，而且还和小谭闹离婚。

男人在家庭中的价值感缺失，实际上是在婚姻中丧失了控制力，也就是被妻子排挤出了家庭。婚姻是家庭组建的根本，家庭就是需要各种功能来协同维系的。

家庭的功能分别为经济功能、感情功能、性爱功能、家务功能、养育功能、港湾功能以及反哺功能等。一个家庭，夫妻在其中都各自有自己的功能定位，不可缺失，一旦对方在家庭里的功能缺失，最终会导致在家庭中的价值感缺乏，最后感觉被排挤出去了。所以，女人要知道，你能力再大，也不能大包大揽，把丈夫变成家里的闲人或者多余的人。

四、女人变糟时

小丹和丈夫结婚快10年了。从原来的妙龄小前台慢慢变成了肥胖的部门经理。以前是那么小鸟依人，那么听话，有什么事情都要和丈夫商量，现在完全不一样了，自己拿主意，不会再问丈夫，一副领导的样子，因为丈夫还是那个IT男，唯一变化的就是两眼迷茫，头发地中海，脸蛋发青白，更加沉默寡欲了。在家里，小丹顶了三分之二的天，经常出差，回到家就累，性爱也变得很机械。

小丹至死都不会相信，老实的丈夫也出轨了。因为丈夫是搞IT的，所以小区每个月都会搞一些公益电脑维修的活动，一来二去，丈夫居然和物业管理员搞上了。后来小丹到物业公司去闹，那个物业管理员据说被辞退了。

说到底，夫妻之间现在的关系，与早期建立的关系相比，发生了巨变，那么这个家庭的情感就会比较难以稳定。因为这涉及妻子和丈夫两方面的需求变化，这种再平衡真的是需要技术和艺术的结合。

在这种变化中，人的行为会自然而然地变化，你自己都没有感觉到。在岁月中，你可能不断冒犯了对方，可能不断让对方感觉到在家庭中的地位弱化，可能忽略了对方的内心感受，甚至完全不能理解对方或打断了对方的话语。

五、婆媳关系恶化时

小琳是家里的独生女，而且生活在大城市里，而丈夫则是典型的凤凰男。最要命的是，凤凰男的母亲还是寡居，独自带大了小琳的丈夫。丈夫对老娘完全是百依百顺，奉行的是百善孝为先，而孝的核心是顺老娘的心。

这个婆婆从一开始就看不惯小琳。小两口婚后，为了让老太太享福，把她从乡下接到城里。这一家三口，也开始了疯狂的三角大战。从用水用电，到小琳的穿着，到性爱，再到睡觉，几乎每个生活细节，婆媳都要大战。唯一一次丈夫向着小琳，是他老娘在他和小琳性爱时，老太太来敲门，把儿子叫了出去，结果就听到儿子说：妈，这种事你就别管了，然后丈夫火气很大，砰地关了房门。其他事情，丈夫都是向着老娘。结果丈夫总是夹在婆媳中间，闹到最后，婆媳关系最终还是没有解决。婆婆开始怂恿儿子离婚，找个懂事的妻子。婆婆居然还真从家乡打听到在本市工作的一个小姑娘，牵线搭桥，就婚外情了。最终小琳和丈夫离了婚。

六、犯花心病时

小丽认识丈夫的时候，丈夫正和一个女人热恋着，后来丈夫和那女人闹矛盾，小丽就接盘了。小丽的丈夫是那种女人都会很容易喜欢的男人，个头高高的，人帅帅的，有点坏，幽默，体贴人，懂浪漫，唯一不足的就是办事能力差。当然，他的恋情也都是很难长久，大都是半年左右。

小丽是那种漂亮、性感、有能力的女人，而且家底很好。两个人看起来很般配。

结婚之后，小丽靠家里的支持，自己开了一个公司，丈夫早期还和小丽一起做，后来干脆就赋闲在家了。结果可想而知，小丽说，她的几个闺蜜都和丈夫有一腿，小区还有几个邻居和丈夫也发生了关系。

其实，选丈夫是很关键的。婚前就风流倜傥，很懂女人，很少长情，这样的丈夫，闲着就是让他饱暖思淫。有点事情做，还能分散一点他的心。可这毕竟不是办法。对这种男人，有没有解药呢？有，美国人通常会认为这是性瘾。那就治疗去瘾吧。

那些天生花心的丈夫，是属于基因型的出轨。他在出轨中只受性交原动力支配，或者是他的性能力过强，或者是他在性爱过程中总得不到满足，所以需要不断在外面去寻找新的女人，很难建立长久稳固的男女朋友关系。

对这种不断出轨、没有固定婚外情人的丈夫，要么是丈夫去进行治疗，要么是选择离婚。不要指望你通过个人能力的提升，对他和他的家人足够好，就足以感化他，让他固守家庭。他真做不到，因为他已经被性瘾控制了。

七、犯疑心病时

琳达和丈夫从结婚开始就闹离婚持续了三年，实在是丈夫受不了琳达的疑心。琳达和丈夫在我这里讲述了他们各自的家庭情况。琳达自幼跟父母分开，跟着外婆长大，然后回到母亲身边。等到回到母亲那边，才知道父母离异，是父亲出轨。母亲一直教育她，男人是要管牢的，要管钱，要会做好吃的饭菜。直到琳达嫁人，母亲把压箱底的绝活都教授给女儿了，一是要天天打电话盯着男人，二是男人必须晚上十点前回家，晚点坚决不开门，三是要尽量和丈夫做爱，尽量让男人释放，四是要男人透明化，不得有私人密码，五是男人出差要及时汇报情况……

总之，男人不堪其累，很怕回家。后来干脆自己创业了，以事业为家庭。但还是无法逃脱，开始闹离婚，实在闹不动了，丈夫居然跟一个洗脚妹好上了。虽然请我做了婚姻管理私人顾问，但是为时已晚。琳达的丈夫坚决要离婚，虽然理解了琳达的所作所为，但已经崩溃，没有信心和她过下去。他们彼此之间化解了怨恨，化解了误会，琳达也深深地后悔。琳达还在我的建议下，重建了她的情感模式。

婚姻就是这样，当到了极限的时候，离婚就是最好的解药。

两个男女之所以结婚组建家庭，归根到底是两个人相互信任，彼此依赖，共同创建比现在更好的生活，否则就没有必要去组建家庭。夫妻两个人从信任到不信任，到起了疑心，这其实不是一天导致的。一般都是因为某件事情，彼此争执起来，沟通时没有抵达对方的内心，因而产生了误会和偏见，然后不断地因为这件事情产生冲突，并且冲突不断放大，牵扯到更多的事情，导致更加难以沟通。

在这个不断恶化的过程中，彼此能够沟通的事情越来越少，此刻便会出现第三方异性，这个异性却能很好地与之沟通，更加能够理解对方。在这个恶性循环的过程中，对方产生了更多指责、抱怨，更低的满意度，进一步怀疑对方的感情，否定对方对自己的爱。感情被怀疑了，爱情被否定了，那么双方之间更加缺乏信任，增加了更多的怀疑。

最终，在彼此的怀疑中，爱人在外面寻找到了信任，婚外情就发生了。

八、婚后无交集时

小贝是个干练的女孩，非常能干，甚至有些霸道。她丈夫比较温柔，话比较少，不太会反抗。小贝自己感觉婚姻很幸福，家里家外都是她一个人忙着，丈夫听话，孩子省心。但是，她有时会有一种说不上来的感觉，会感到孤独寂寞，偶尔会感觉自己是和孩子组建了家庭，与丈夫没有什么关系。丈夫除了挣钱，偶尔床上运动一下，两个人几乎没有什么能够一起干的事情。小贝和我哭诉的时候，她甚至很难找到彼此之间有什么矛盾或者冲突，就算有也是很快就解决了，丈夫总是安静地乖乖待在家，干自己的事情。一旦自己有事情，叫丈夫去干，丈夫也麻溜地干好。

最后，又是手机暴露了他们的感情危机。小贝发现丈夫在外面有人了，而且是有了很多年。小贝怎么都无法想象一个这么乖的男人，居然会出轨找婚外情人。

他们两个都不想离婚，因此小贝打电话过来时，我给她提了13个问题，她回答得都很简单。因为确实没有什么好特别回答的。

一般来说，两人之间有了问题，本来应该冲突起来，彼此表达各自的感受。但是，在女生的强势之下，男生就选择逃避。两个人根本不在一个认识层面。无论是吃喝拉撒睡，还是兴趣爱好、读书、看电视、买衣服、旅游，全都难以协同。不能协同，其实也没有关系，那就需要在尊重彼此的同时，去发展新的共同点，但也没有去发展。本来有了孩子，这是一个共同点，结果女生大包大揽，男生根本没有机会插手养育孩子。

小贝丈夫找的婚外情人，也不是什么美女，而仅仅是一个普通得不能再普通的女孩，就是温柔，懂得要男人付出时间陪自己，懂得要男人帮自己办事情。他们俩在一起，反而建立了共同点。但是，这个婚外情人并不是小贝丈夫的爱，仅仅是一个懂他的人，需要他的人。

与男人结婚，男人再弱，他也都是你选择的丈夫。选择丈夫的核心，就是选择他和你一起过日子，而不是选择他来做你家的门神。所以，锅碗瓢盆协奏曲，他要来参加，再忙也要参加。所以，要一起互动，一起出去游玩，一起去看电影，一起去外边吃饭，一起去喝茶，一起去静修发呆；所以，要一起去发掘彼此，一起去开发自己，一起去培育彼此；所以，要吵架、嬉闹、互相信仰、欣赏，要一起孝敬老人、养育后代，等等。

我常常说，婚姻幸福其实有公式的，这个公式就是1+1=1+1+X。这个公式的内涵就是夫妻双方彼此尊重，保持相对的独立性，在这个基础上，夫妻双方共同建设婚姻共同体（X），这个X就是幸福的根基。只要夫妻双方构建的婚姻共同体更强大，夫妻的满意度就会更大，双方互动的深度、广度和厚度都会足够，彼此的默契会更好，夫妻供需平衡值会更高。

很多人说，夫妻在一起就是1/2+1/2=1，也就是彼此都压抑自己的一部分，削切一部分，包容对方的一部分，那么两个人才会比较美满，达成合而为一，夫妻合为一体。其实，这个过程太痛苦了，因为夫妻也都是独立的个体，都有自己的脾气和特性，也都有自己的追求，要强迫他们改造自己，会埋下冲突的根源。

九、异地婚时

笑笑和丈夫是大学同学，一起毕业，一起留在了上海，夫妻恩爱五六年。后来，笑笑因公出国了两年。第一年，两个人几乎天天都要打电话，因为有三个多小时的时差，两个人都搞得精疲力尽。后来，电话少了，一周两三次电话，而且聊的时间也变短了很多。微信出现之后，两个人基本上都是用语音留言沟通。直到笑笑的闺蜜告诉笑笑，说是看到她丈夫在淮海路逛街，笑笑才意识到问题的严重性。笑笑立马回国，等她进到家里，发现有了新的女主人的风格。笑笑在家里等到了丈夫带着婚外情人进屋，天崩地裂了。

笑笑找到我，让我协助她分离婚外情人。最后，笑笑以最快的速度回国了，婚外情人走了，丈夫也回归了。笑笑和丈夫卖掉了房子，重新买了新居。

我是一直反对异地婚的，因为异地婚违背了婚姻的本质，破坏了婚姻的目的，损害了婚姻的建设，阻碍了婚姻情感依恋，虐待了夫妻的性生活，摧毁了婚姻的亲密感，逐渐腐蚀了夫妻信任，使得夫妻总是处于焦渴不满足的心身状态，提高了彼此期望值，幻化了夫妻彼此的真实形象。

异地恋可以发生，但一定要同地恋发展感情，更要同房婚构建家庭。这是一个最好的时代，你不再被工作束缚，你完全可以为了婚姻调整工作。

十、性爱不和谐时

小玉和丈夫是大学校友，大四那年认识，现在结婚7年了。但是他们夫妻之间，除了在大四的那半年有过稳定激烈的性爱之外，现在平均一年大概也就一次性爱，而且质量还不高。小玉要拉丈夫去看性心理医生，丈夫骂小玉有病。夫妻两个为性爱的事情经常吵嘴，小玉总感觉自己委屈，也感到困惑。为什么刚开始的时候性爱好好的，怎么结婚了就不行了呢？

有一次小玉帮丈夫洗衣服，发现丈夫衣服口袋里竟然有一个安全套。在小玉的逼问下，丈夫承认出轨了，不承认有婚外情人。丈夫说，出轨的时候能高潮，说明自己是没有问题的。小玉和丈夫大闹一场，找到朋友帮忙，找出了丈夫的电话记录，发现一个电话这些年一直在经常联系。在证据面前，丈夫承认他出过几次轨，后来还承认在外面找了一个婚外情人。

性爱，不是一个人在战斗，这是要双方共同有战斗的意愿。性爱出现不和谐，大多数情况下都是性心理的问题（七八成），而不是器质性的问题。性心理，尤其是男人的性心理是比较脆弱的，女人的一句玩笑话，都可能导致男人阳痿。工作压力或偶然一次阳痿都可能导致男人长期抬不起头。除了阳痿，还有诸如早泄和不射精等性问题。出现了这些性障碍，女性不应该冷嘲热讽，而是应该主动去寻求专业性心理人士进行辅导，夫妻双方加强性爱学习。

十一、婚后成长差距拉大时

小欧和丈夫是高中同学，读大学时两个人在不同城市，但恋爱了。当时，很多人都不同意，因为小欧读的是名牌大学本科，而她丈夫读的是普通院校大专。后来，小欧还考了研究生，丈夫出来工作，但两个人并没有分手。只是小欧父母都不接纳这个未来的女婿。等小欧研究生毕业了，小欧丈夫已经在社会上打拼了四年，开了自己的公司。小欧本来还要考博士，但怀孕了。家里人也没有办法，举行了非常隆重的婚礼，也算是风风光光。

小欧的丈夫读书不行，但是做生意很在行，几年时间就身价千万了。小欧生完一个小孩，接着又去美国生小孩了。这个时候，小欧丈夫则去了一所名牌大学读EMBA，班上有个女生，业务上可以和小欧丈夫合作，一来二去，两个人由业务关系发展到恋人关系。而且那个女生比小欧还厉害，不仅是国外名牌大学毕业，还有自己的事业，非常能干，只是离婚带着一个孩子。最要命的是，这个女生的父母非常喜欢小欧的丈夫，赞不绝口。

等到小欧生完小孩，从美国回来的时候，丈夫就把一纸离婚协议给了小欧。小欧和她的父母非常愤怒，说了很多难听的话，一下激怒了她丈夫。小欧的丈夫非常倔强，死活要离婚，而且愿意净身出户，连同公司和所有财产全部给小欧。闹了一年多，最终离婚。小欧的丈夫和他的同学结了婚。

小欧找到我，希望我能够协助她和前夫复婚。我分析之后，告诉小欧，已经不可能了。

小欧夫妇婚姻最后破裂，除了婚外情人介入和她父母婚前阻止之外，最重要的是小欧与她丈夫的发展失去了平衡，小欧除了读书，就是生小孩，做家庭主妇，两个人不可能一直靠高中时候的感情来继续维持这样一个家庭。人在不同的阶段，感情需求是不一样的，对爱人的满意感也是会变化的。夫妻两个人的发展落差，导致两个人在很多方面难以沟通，难以感同身受，也就是难以产生共鸣了。

十二、婚姻生活平淡时

小英和丈夫是高中同学，那时候他们就偷偷恋爱，因为班主任是反对早恋的。那时他们前后排，两人经常一起学习。高考之后，小英考上了上海的大学，而她丈夫则复读，第二年才考取了北京的大专。这个时候才算是真正恋爱了。小英和丈夫同一年毕业，一起在苏州工作。第二年，小英考取了成都某大学的研究生。随后丈夫也辞职，在成都备考研究生。可惜的是小英毕业了，她丈夫也没有考上研究生。小英丈夫的动手能力很强，在考研的过程中，做了一个小工艺改进，得到了原来苏州公司老板的认可，又聘请过去做技术总监。

小英毕业之后，两人的收入都挺好的，夫妻过着朝九晚五的小资生活。两个人在苏州安居乐业，就这样不温不火地过了六七年。迫于父母压力，夫妻两个人开始要小孩，但小英小产，本来不是什么大问题，但前前后后去了七八次妇产科。后来小英才知道，小英的主治医生爱上了小英的丈夫。每次主治医生都特别叮嘱小英丈夫，下次一定要再来检查检查，大意不得。主治医生和病人家属就这样偷偷发展起了感情，而且是在小英的眼皮底下。小英的肚子没有大起来，主治医生的肚子大起来了。小英悲痛欲绝。

小英的丈夫哭诉着夫妻两个人的点滴温馨，波澜不惊，却激动地讲述了他的婚外情。主治医生是个处女，非常非常欣赏他，两个人在一起惊喜不断，令他开始了第二春。和女医生在一起后，受她启发，攻克了公司多年未攻克的技术难关，填补了国内技术空白……

小英最终还是选择了忍受，她不舍得丈夫，丈夫也不舍得她，但是主治医生却把孩子生下来了。后来，丈夫还是狠心提出了离婚，婚外情人跪着求小英成全。小英成全了他们，卖掉了苏州的房子，自己一人去了深圳。小英痛苦不堪，找我辅导，疗愈这段婚外情的创伤，走出泥潭，重新找到真爱。

我常常和女人说，再甜蜜的婚姻，如果年年月月日日都是同样的味道，无论男女都会腻味的，哪怕有一点点吵架、闹矛盾，都可以让两个人的感情绷紧一下。人的感情之弦就是这样，总是绷着，总有一天要断裂的；反过来，感情总是很平稳，感情之弦总是松着，也弹不出好听的声音。

十三、夫妻冲突不断时

小许和妻子新婚不到一年，他出轨了。他和我说，和妻子是相亲认识的，大家年龄都不小了，都是奔着结婚相亲的，刚开始就是觉得妻子挺漂亮的，人也比较文静，比较随和，相处两个月之后，选择了闪婚。结婚之后，妻子大变样，人完全不文静了，总是吵架。两个人吃饭的口味不一样，三观不一样，做什么都做不到一块儿，总是相左。从婚礼当天晚上礼金归谁开始吵架，一直没有停过。妻子跟单位同事一起出去旅游一周，小许感觉到了前所未有的轻松。

他和原来不怎么喜欢的女生约会了，诉说这近一年的婚姻不幸，非常后悔当初贪恋妻子的美色，结果当天晚上就带到自己家里睡觉了。妻子回家就闻到家里有别的女人的气味，这下完全炸了。妻子拿刀追小许，小许只能夺门而逃，跑到婚外情人那边求温暖去了。小许随后收到妻子的离婚协议，要求小许净身出户。房子是小许自己买的，而且没有按揭。小许找到我，问我怎么样离婚对自己有利，最终却挽回了这段婚姻。

择偶是一个非常严肃的事情，闪婚当然可以，但是你需要有比较高超的婚姻管理能力，懂得驾驭男女差异，解决婚姻冲突。简单地考察对方，其实就是问对方父母的婚姻感情如何，去对方家里看看情况，条件许可，完全有必要请人私下调查一下对方父母的感情，然后再来决定是否闪婚。当你了解一个人的原始家庭，就能够更好地理解对方，更好地与对方相处。

十四、子女教育不一致时

Lucy和丈夫是通过商会活动认识的，两个人一见钟情，快速结婚了。婚后三年，两个人相处还算愉快，偶尔吵架。婚后第四年，生了第一个小孩，第六年又生了一个小孩。他们的矛盾是从第二个小孩开始的。因为第一个小孩是完全按照Lucy的理念来教养的，但实际上小孩并不是太乖，闹腾死人，而且不守规矩。本来丈夫要来干预一下，Lucy就会说，你别按照你们农村的方法来教育小孩，一句话就把丈夫噎住。

第二个小孩，丈夫要进行强力干预，两个人吵架非常严重，针锋相对，完全互不相让。当着老人和小孩的面都能吵起来。后来，丈夫去参加一个亲子教育班，认识了一个单亲妈妈，教育的孩子非常好，懂礼貌、守规矩，也很聪明，懂得很多。两个人留了电话，又加了QQ和微信，相互关注了微博。然后，两个人的感情一下燃烧起来了。Lucy知道了这个情况，找到婚外情人大吵大闹大骂，就差当街两个人对打了。Lucy找到我，让我来协助她挽救婚姻。

孩子，到底是家庭中的什么角色呢？夫妻、子女，到底在婚姻里面占据什么样的位置呢？其实，孩子终究要成长独立，离开父母，组建自己的家庭。所以说，孩子始终是家庭的过客，或者说是家庭的贵客，永远不是家庭的主人。

婚姻的本质是夫妻两个人，孩子只是婚姻的一个副产品。婚姻里面，孩子会继承、延续夫妻的一部分，这也就是人类能够存在的根本。

婚姻最终的主体还是夫妻，夫妻两个人最终守护婚姻。在家庭里的夫妻，主要是培养孩子的身心健康。孩子身心健康了，才能过上他们自己的幸福生活。教育孩子没有什么方式是最好的，只有夫妻两个能够共同接受的教育方式，并且孩子也能够接受的，才是最合适的。孩子，始终有孩子自己的人生，作为父母的夫妻，只是在孩子的人生里面，起一个阶段性的陪读作用而已。

十五、身边哥们有婚外情时

小正和妻子相识在考研的时候，那时候小正准备考研究生，而小正的妻子已经是那个学校的研究生了，并且在考博士。两个人都很顺利，男的考上研究生，女的考上了博士，在校期间就结婚了。小正毕业后，去了一个大的房地产开发公司。

小正的好哥们是个施工单位的小头头，这家伙各种坏事，样样门儿清。小正也不甘寂寞，跟着好哥们去鬼混，得了性病，还是好哥们介绍的医生给治好的。后来，小正也不去鬼混了，而是盯上了自己管的一个楼盘的售楼小姐。事情发展到售楼小姐要求转正，威胁要闹到小正单位去。小正通过朋友介绍找到我，要我协助他甩掉售楼小姐。

俗话说，坐要随好伴，行要跟好人。人性都有丑陋的一面，谁也无法保证自己不会出现婚外情或者婚外性。尽量减少这个方面的接触，可以保持婚姻的长期稳定。

十六、被女人扑倒时

小钢和妻子是在大三时认识的，小钢一表人才，就是比较闷骚。妻子主动追求小钢，大学毕业后，一起留在了大学所在的城市，然后一起打拼，一起凑首付买房，一起装修婚房。日子也算是过得太平顺当。

后来，小钢和女同事去出差，而这个女同事一直喜欢他，只是苦于小钢一进公司，大家就都知道他有未婚妻了。女同事未婚，比小钢大几岁，比较泼辣能干。两人出差办事，陪着客户喝酒，女同事为小钢挡了不少酒。两个人相互搀扶着回到了酒店。小钢把女同事放到床上的时候，她一把勾住了小钢的脖子，两个人燃烧了起来。

小钢后来要分手，害怕被妻子发现，但是女同事就是不肯，要小钢离婚，还约小钢妻子见面了，但没有把事情挑明。小钢找到我，让我帮他想办法。后来，女同事得到了补偿，小钢也离开了原单位，重新开始了新的工作。

有时候，男人长得帅，也和女人长得漂亮一样，会带来麻烦。

十七、婚后被压抑时

婚后被压抑，通常的情况是，男人在家里处于边缘位置，要么是被妻子压制，要么是被妻子父母不待见，要么是被自己父母管制。这种压抑常常不是一年两年，而是有五六年，甚至更长时间。男人没有地方释放这种负性能量，只能把这种压力转移到事业，或者婚外情上去，好与自己的家庭相安无事。

他偶尔会和妻子发生剧烈的冲突，到最后一般是男人妥协、放弃，但在这个过程中，男人可能会提出离婚。

十八、发生重大事件时

重大事件，是指相对于以往的日常事务而言，比如事业遇到瓶颈，或换了不好的工作，或工作压力变大；或者自己的身体突然变坏，要住院；或者自己的父母或朋友去世。

这些重大事件的发生，往往会摧毁他过去建立的信念，情绪会变得极端低落，使得他对过去产生否定式的新认识，从而去开启一个崭新的生活方式。而这种新的生活方式，最刺激和明显的就是搞婚外情。其实，婚外情的诱惑一直都在，只是他靠着自己的信念固守而已，一旦信念丧失，城门就会洞开。

第四节　男人劈腿的15种类型，丈夫的婚外情是真爱吗

很多女人一遇到丈夫劈腿，整个人生就崩溃了。因为丈夫发生婚外情后，女人常常会思考三个方面的问题：一是否定了两个人的爱情，没有爱情了，女人怎么活啊？没有爱情的婚姻生活怎么过啊？二是否定了女人自己，一个男人搞婚外情就是不要这个女人了，这个女人对丈夫没有吸引力了，没有魅力的女人多可怕啊？三是否定了婚姻的未来，婚外情发生了，这婚姻还怎么进行呢？就是真的离婚了，再嫁男人，会不会又发生婚外情呢？

女人正是对婚外情有这三个方面的认知，恐惧爱情，恐惧婚姻，恐惧男人，才会无力面对丈夫的婚外情，才会导致与丈夫的关系恶化下去，直到折磨得自己人不人、鬼不鬼，最后让婚姻活活病死。其实，女人面对丈夫婚外情的时候，一定要搞清楚丈夫的婚外情是属于哪一种劈腿！在判定丈夫属于哪种劈腿类型的基础之上，来分析丈夫的婚外情到底是真爱，还是临时爱，或者临时性。

男人的劈腿类型，大概有15种。那么，这15种劈腿里面，到底哪几种会有所谓的真爱呢？

首先，我们先来确定一下什么是真爱。现在，无论是结婚的女士，还是未婚的女性，或者单身的女生，都在不断地找寻所谓的真爱。这个

世界上到底有没有真爱？而且，是不是找到了这种真爱，就可以一劳永逸了呢？

所谓真爱，那就是男人肯为女人花时间，肯为女人花心思，肯为女人办实事，肯和女人共同成长，肯为女人放弃，肯为女人花钱，肯只和这一个女人做爱。

如果一个男人口口声声说爱你，但是却不肯做这些，哪怕是其中的一条都不肯，那么便根本不是什么真爱。真爱一个人，是可持续地、可预期地爱对方，为对方付出，并且获得满足。

根据真爱的定义，你觉得真爱是寻找出来的吗？显然，真爱是两个人相处相依相伴出来的。另外，再提醒一下女性，爱就是爱，没有什么真爱或者假爱。假装爱你，其实你是能够察觉的，只是因为你如此需要爱的慰藉，假装不知道而已。

那么，我们再来具体分析一下男人的劈腿类型，以及里面的感情。

一、性瘾型劈腿，无论他娶谁都劈腿

这种男人，也许是病态的性需求（性瘾），他要不断地换女人做爱。这与妻子完全无关，而且他还会不停地换女人，不会固定跟一个女人劈腿。所以，遇到这种类型的丈夫，要尽快去检查一下，看看是否因为某种性激素分泌过于旺盛，抓紧疗愈。这种劈腿男，往往不是真的对女人动了感情，而是对女人动了性欲，他唯一想做的就是推倒女人，行鱼水之欢。说起来，也许你都会可怜这种男人，因为他其实对哪个女人都没有非常满足的性爱。对这种劈腿男，作为妻子的你，不必指望自己能够解决他的劈腿，因为他是需要去治疗的。你受不了劈腿，那就选择离开好了。

最著名的性瘾型劈腿，就是著名的天才高尔夫球运动员老虎伍兹。他因为性荷尔蒙分泌过度，导致性瘾，性欲求太强大了，以至于需要非常多的女人来满足。但是，这往往是很难满足的。最后，还是找到性心理医生进行治疗。

二、激情劈腿，偶尔因情或事劈腿，然后及时上岸

这种劈腿往往是因为在特定的情绪状态下，男人失控而导致劈腿。劈腿之后，男人会感觉到惴惴不安，害怕继续发展，害怕被妻子发现。常见

一些的，比如酒后失德乱性，或者出差外地孤男寡女，或者偶遇某熟悉女性。这种劈腿，常常会及时回归，内心是有愧疚和害怕的。一旦继续发展下去，那么就是其他类型的感情了。

小王和小萍是高中同学，两个人本来也没有什么特别的关系。一次小萍去到小王的城市出差，就找了小王一起吃饭。两个人都是已婚，婚姻还都不太幸福，两个人越聊越投机，吃完了饭又转场去了酒吧，喝了酒、看了酒吧的钢管舞，结果热情如火，一起去了小萍的酒店。两个人火山爆发之后，正在缠绵之际，小王的妻子来了电话。小王打完了电话，小萍的丈夫也来了电话。

两个人都冷静下来之后，小萍主动提出，就当什么都没有发生。各回各家之后，小萍纠结了，请我给她做婚姻管理私人顾问，把这层愧疚给释放了。她又正常回归家庭，对丈夫也更加体贴了。

三、暧昧型劈腿，跟熟人因暧昧劈腿能止损

这种劈腿的杀伤力还是很大的，因为这样的两个男女，因为熟悉而喜欢，因为熟悉而欣赏，可能是受到道德约束而保持暧昧状态，不敢冲破藩篱。这种男女感情会慢慢积累，逐渐发育长大。双方平时可能会觉得非常聊得来，彼此非常懂，甚至开玩笑说，要是早认识就好了，有意无意会触碰一下对方的身体。直到有一天，因为某种情况而导致两个人突破了道德约束，灵肉结合到一起了。那么，他们两个人必然是干柴烈火、轰轰烈烈，一发不可收拾，甚至彼此都能放弃所有的一切，而要永久结合在一起，彼此会有非常明确的承诺：结婚。

May和Wilson是同事，两个人在公司开展拓展活动时，分在一个组，一来二去就熟悉了，加深了了解，甚至两个人相互欣赏。只是Wilson已婚，并且有了小孩。两个人有时会说，要是我们能够早认识就好了，开玩笑时也会说，你要是离婚，我就嫁给你；你要是嫁给我，我就离婚娶你。有时候也会说，你是我的女人，我不会让你在公司里受到任何委屈。两个人小心翼翼维持着这种情愫，但都没有冲破底线。Wilson的妻子不知道从哪里知道了这种绯闻，加强了对丈夫的监控，查岗、查手机，弄得Wilson非常难堪。May说，我不为难你，我选择离职。

离职后，Wilson还是继续保持跟May联系。有一次过马路，因为一辆

电瓶车开过来，眼看就要撞到May，Wilson一把拉过来抱住May，此刻两个人融化在一起了。后来两个人同居了，Wilson写了离婚协议，净身出户。Wilson妻子死活不肯，闹了快两年，最终还是离婚了。但临到Wilson要娶May，她却犹豫了。May找到我，说真的是喜欢Wilson，但是害怕Wilson以后还会出轨，害怕Wilson因为孩子关系，会和前妻纠缠不清。她问我，怎么办？我让他们两个人来我办公室，给他们两个人做婚恋匹配分析，也给他们两个人分析了婚姻、婚外情和亲子教育，两个人都有了信心。现在他们两个人结婚了，也快要生小孩了。

四、无性型劈腿，因夫妻性事不和而劈

无性的婚姻并不是一开始就没有的，而是逐渐发展起来的。可能因为某种原因，性爱感受差一点，因为误解、误会导致性爱满意度很低，彼此开始责怪埋怨，甚至为此开始吵架、闹离婚。男人常常会觉得是因为女人不好，才导致性爱不和，所以他会去找别的女人来证明自己性爱能力正常，来证明夫妻生活违和是因为妻子的原因。

其实，中青年夫妻性爱违和，常常是因为夫妻的性爱心理和性爱认知偏差而导致的，真正因为器质问题而性爱违和的还不多。一旦男人在外面找到了与之性爱和谐的女人，这个男人就会和这个女人把婚外情固定下来，否则他会很快换女人的。

当然，有个别男人在婚前就性爱不行，婚后夫妻为此吵架不得安宁，而这个时候劈腿的往往是妻子，而不是丈夫，因为他不行，早就找女人证明过。

小玲和丈夫结婚8年了，两个人大概做了不到10次爱，他们还有一个小孩，让人难以置信。小玲说，结婚之前两个人的性爱挺正常的，一周两三次，两个人刚刚在一起时，甚至经常一夜五次。他们的性爱违和，是结婚前有一次两个人一起看美国AV后，小玲无意中的玩笑导致后来丈夫不愿意和她做爱。丈夫还把AV都扔了。后来，基本上都是小玲强迫丈夫，但丈夫不那么配合，有点躲着小玲。小玲说丈夫心理有问题，要丈夫去看心理医生。多次吵架后，最终去看了男性专科，结果没有什么用，也没有变化。

后来丈夫提出离婚，但小玲一直不肯。但是她丈夫在外面跟别人已经

生了小孩，而且夫妻生活和谐。小玲找到我来辅导时为时已晚，最终选择了多拿财产离婚。

五、无爱型劈腿，因夫妻感情寡淡而劈腿

现代社会发展快速，浮躁喧嚣，爱情也都是快速的、速食的。爱情来得快，去得快，甚至会因为一句话，就没有感情了，不爱了。当然，这是因为感情基础比较薄弱。所以，一旦结婚了，过不了几年，爱情的激情变冷了，连温情都没有了，男人已经不爱这个女人了。当然，也有感情基础挺好的，但因为婚后疏于管理经营，彼此感情的重点发生偏移，夫妻感情也就冷冻了。日久生情是一种，日久生厌也是一种。

如何测量爱与不爱，其实也不复杂，只需要看平时夫妻互动如何。平时互动比较多，也有一点深度的，他突然说不爱你了，是有喜欢的女人了。其实，这并不准确，只是外面那个女人给了他全新的、兴奋激动的爱情。外界的激情满足，超过了婚姻温情的满足。

小甜和丈夫在老家过春节时，经媒人介绍认识，两个人都快三十岁了，在老家算是比较大龄的了，家里人都着急。几个月后，两个人登记结婚，各自在自己的城市工作，算是异地婚了。两个地方离得不远，往返5个小时。刚开始，每个月小甜丈夫利用周末来一次，后来因为工作忙，老加班就不来了，平时两个人也很少聊天。有一次，小甜为了给丈夫惊喜，特别赶到丈夫那边，打开门来惊呆了。丈夫正和一个女人在屋里睡觉。小甜一冲动，离婚了。

小甜说，本来跟丈夫也没有什么感情，自己想成全他们，辅导之后坚定地离婚了。但前夫也没有娶那个女人，那个女人是有丈夫有孩子的，也是异地婚。

六、冲突型劈腿，因夫妻失和而劈腿

夫妻之间老是吵架，什么事情都扯不清楚，动不动吵架，动不动就是抱怨责怪，动不动就是你对我错或者你错我对，总之，是夫妻两个人想不到一起去。这种夫妻的冲突矛盾，导致男人、女人都很疲劳，都非常渴望外人来理解和安慰及沟通。那么，这个时候有个女人能够对这个男人来嘘寒问暖，来聆听，来感受，来交流，来理解，来共鸣，那你丈夫就一定会

跟她发生婚外情。

小艾和小方认识一年后，结了婚。刚开始两个人有点矛盾，因为小方比较自我一点。两人没有在意，以为结婚之后会改变。婚后两个人常常因为小方没有照顾小艾、没有迁就小艾而吵架，吵得很凶，闹离婚了。去了几次离婚登记处，最后劝和回来。小艾怀孕了，小方还是只顾自己，不愿意照顾家。

有一次，小艾无意中看到小方的手机，有微信和QQ，有一个女的喊小方老公。原来，小方结婚没有多久就和这个女人聊天了，他们特别缠绵，特别能懂对方，这个女人甚至还会帮小艾劝小方，要他迁就自己妻子，照顾自己妻子，尤其是现在妻子怀孕了，更要关心，还提出来小方最近不能找她去开房，等妻子生完孩子再来，否则被妻子发现了，生气会对胎儿不利。小艾受不了，要小方坦白，小方开始不承认，后来说是因为小艾无理取闹，让自己不开心，没有一点自由，而且两个人性格不合，不是一路人，提出离婚。

小艾一怒之下，小产了。小方居然躲起来不见，怕小艾父母骂他。小艾私信我，问这样的男人还能要吗？后来小方消失了，不接电话，也不回短信，而且把房子卖掉了，因为房子是小方婚前自己购买的，没有贷款。最终，两个人还是离婚了。

七、瘙痒型劈腿，因夫妻感情瓶颈而劈腿

七年之痒的夫妻，是对这个类型的最好注解。其实，夫妻之间从开始就有感情基础，但是当爱情的激情变成了婚姻的温情，当彼此的爱情需求和婚姻需求以及人生的渴望，发生不平衡的时候，彼此就会感觉到一丝丝凉意，但又不知道如何去弥补，或者更准确地说，又不懂如何去共建婚姻，从而让婚姻和爱情进一步发展起来。这就是爱情生命周期里面的凋谢期，也是婚姻发展周期里面的阶段性不满足。当两个人都在婚姻的泥潭里挣扎时，夫妻俩甚至已经开始变得有点相敬如宾，有意外的女性闯入，则丈夫劈腿，有意外的男性闯入，则妻子劈腿，有时甚至是夫妻俩双双劈腿。

阿美和丈夫小平结婚快十年了，马上就要过十周年纪念日。阿美和小平两个人平时工作都挺忙的，而且是坚定的丁克主义。两个人前三年恩爱

有加，经常一起出去旅游，一起过有意义的周末，他们还是某个公益组织的热心参与者。三年之后，夫妻感情有点平淡了，偶尔红脸，小平很快就会把阿美哄好。有段时间，小平经常凌晨才回家，阿美也紧张过，后来了解到公司确实很忙，然后又回归到了平静。到结婚七八年后，两个人的性爱也就维持在一个月两三次，但每次都还挺满足。只是两个人交流越来越困难，因为两个人工作不一样，加之小平开始学佛还认了师傅，而阿美是坚定的无神主义者。

后来，有个女人找上门来，要阿美离开，成全她和小平。但小平最后退缩了，回归到了家庭。但阿美感觉到这个家冷得冻人。阿美想要个小孩，小平反对，而且主动戴套。一年前，阿美找到我，她说感觉丈夫又有外遇了，因为丈夫出门总会阳光灿烂，而回来就死气沉沉了，问我这个婚姻要不要继续。经过辅导之后，夫妻关系转暖，再造婚姻之后，阿美怀孕生子了。

八、夹板型劈腿，因双亲干扰而劈腿

这种婚姻，往往被一方父母裹挟，或者被双方父母把控，夫妻俩的感情在婚姻里已经成为次要的了，父母的意见或态度往往成了婚姻里面的主要内容。所以，这样的婚姻其实已经不是夫妻俩的婚姻，但是双方，或其中一方还没有感觉到。

父母过多干预子女婚姻，子女无法阻止父母，无法独立自主。此刻的婚姻里面，一方带领着父母在把控生活，另外一方成为婚姻里面被挟持的一方，成为被排挤的一方。或者是，夫妻双方都被父母把控婚姻，双方父母进行对决，夫妻俩也进行对峙。最终，被排挤的或者无力的一方，可能会去寻求外界的爱。男人在这样的婚姻里面，常常会产生对妻子进行报复型的婚外情。

小强是妈宝，而小亭也是妈宝。双方的老妈都很强势。从结婚办婚礼开始，两个妈妈就开始斗法，闹得两个新人产生了矛盾。小亭怀孕后，经常住在娘家。小强常要跑丈母娘家，老妈不高兴，还老说小亭太娇气了。小亭生完小孩，为了给小孩取名字，夫妻两个人更是吵得不可开交。双方家庭还开会讨论，最后双方都取了一个名字，然后由大师来决定的。后来，怎么带小孩，又造成了双方家长大战。小强又贪玩，工作也累，加上

小亭完全住娘家，小强两边跑，妈妈心疼了，要儿子不要去女方家，要多休息。

小强实在是烦死了这样的日子，找到兴趣群，大家一起玩，一起交流，有个女生渐渐喜欢上他了。在妻子怀孕生娃期间，两个人发生了关系。后来小亭发现了，告诉了妈妈。结果兴师问罪，两边家长又开座谈会。最后一致的结果，是原谅小强，要求小强道歉、写保证书。小亭说，她不肯原谅，坚决要离婚。结果两边又开始闹腾。小强妈妈还数落小亭，也批评儿子，怪儿子怎么被抓包了。总之一地鸡毛。

小亭找我辅导，做了半年家庭治疗，这个小家庭才正常了。

九、基因型劈腿，祖孙三代人都劈腿

原生家庭没有好坏，我们更多地是以此为基础，去了解原生家庭对自己的影响，去理解自己为何会如此爱人，去明白自己与爱人如何相爱相克。有时候，我们会看到祖孙三代都会发生婚外情。所以，我常常说，婚外情是会影响三代人的，而且破财破运。

有没有哪一个类型的原生家庭的人就一定会出轨呢？没有，因为正常人的婚外情不是一方导致的，而是至少三方合力导致的，丈夫、妻子，以及另外一个女人。但是有一种类型的原生家庭的子女，更容易发生婚外情：父母感情冲突多、矛盾多，而且谈不拢，或者在其幼年离婚，父母感情冷漠，父亲过于强势或者母亲过于强势，被父母遗弃或者关注不够，否定多于肯定，或者幼时有颠沛流离感，被要求积极努力，内心怯弱。

当然，人的感情模式或者依恋模型不仅仅取决于原生家庭，还受到成长和教育、恋情和事业影响。如果你了解到自己的原生家庭，对你产生过一些创伤，那就早点去疗愈吧。

小玉和小军都是江西人，结婚12年了，孩子10岁。两个人是通过媒人介绍认识的，谈恋爱一年多后结婚。婚前婚后丈夫都对小玉很好。当然，这些都是小好，满足的是表面，比如甜言蜜语等，停留在口头上，很少去办实事或者花钱。她是做销售的，丈夫是搞修理的。家里挣钱人主要是小玉，丈夫挣钱基本上都是自己花了。丈夫找小玉拿了两万块钱，说是要和人一起合伙开修理厂，结果修理厂在哪里也不告诉小玉，还经常不回来，理由就是修理厂忙，离得远不想跑来跑去。有一天小军回家，小玉给他洗衣服，结果发现有购物单，上面有女人的胸罩和安全套。小玉质问小军，小军说是给合伙人的妻子顺便买的。两人大吵一架，要闹离婚，结果小军干脆不回家，连孩子也不看。

小玉的婆婆不让离婚，说女人最重要的是忍，以前小军的父亲也是在外面有了女人，是她忍了，才保存了这个完整的家。但实际上，公婆两个人是分开来睡，分开来吃的，到现在公公在外面还是有女人，而且挣钱从来不往家里拿。婆婆说，以前小军带过来几个女朋友，都是些妖里妖气的，我们都不同意，只有你是最好的，人朴实、可靠、善良，我们一家人都喜欢你。连你公公都铁公鸡下蛋，给了你一万块钱。

小玉找到我，让我来协助她，看看这个婚姻能不能挽救。事实上，小玉和丈夫的婚姻匹配度，是中等偏低的，两个人对婚姻、家庭生活，及其功能的认识，差异非常大，但是小军的外貌和甜言蜜语，让小玉喜欢。如果不是小玉的原生家庭不幸福，让小玉非常渴望拥有自己的家，加上小玉的公婆对小玉很好，几乎是模范公婆，否则她跟丈夫根本过不了这么多年，因为婚后的生活基本上是靠小玉支持的。最终，通过半年多的辅导，他们夫妻再次踏上婚姻的路途。

做完这个辅导案例，我深深感觉到，有时候婚姻的满足，除了来自小家庭的互动之外，也来自大家庭的关爱。也许，这不仅仅是婚姻的满足，也是对原生父母的爱的渴望。

十、孕期型劈腿

特指妻子怀孕期间及生产期间，丈夫因为妻子不便性爱——往往因为对孕期性爱的误解，而导致孕期夫妻禁欲，因为妻子注意力集中在孩子身上，而导致劈腿。这种类型的劈腿非常普遍，要么是婚外情——偷情，要么是婚外性——嫖娼。

小怡和小包是大学同学，两个人感情很深，在大学里就经历过感情波折，闹过分手，后来复合，大学毕业后三年结婚，两年后怀孕生小孩。两个人婚前就在一起同居，婚后两个人变化不大。小包是一个比较活跃、幽默开朗的人，身边总是有女孩子围绕，但小包很有分寸，经常带妻子出席各种活动。小包本来性欲比较强，小怡怀孕后，反应明显，感觉体力不支，基本无法满足小包，而且老是担心做爱会影响宝宝成长。所以，小包基本上就靠忍着或者自慰，处于性饥渴状态。小包后来忍不住，找了一个一直喜欢他的女生，两个人经常开房，这个状态一直保持到小怡生完孩子，可以正常性爱之后。

小包想回归家庭，但那个女生一直缠着，最终被小怡发现。那个女生可是真的爱小包，哭着求小怡把小包让给她，闹着要自杀。小怡如果不是觉得小孩可怜，真是想要离婚。

在纠结中小怡找我做她的婚姻管理私人顾问。最终，那个女生离开了，小包也回归了小家庭。

十一、创伤型劈腿

这类型的劈腿，常常是因为某种创伤而导致的，是为了寻求创伤性满足而劈腿。这类创伤有很多种，比如恋爱中的创伤，比如儿时成长的创伤，比如重要亲人亡故的创伤。我这里举的例子，是恋爱中的创伤所导致的性心理问题。

小Z是个非常帅气的男人，和一个非常有势力的家族的女生恋爱，两个人感情非常好，已经到了谈婚论嫁的程度。但是这个女生的家庭坚决反对，而且利用权势对小Z进行驱赶。小Z不得不和女生分手，离开了那个熟悉的城市，但是内心非常痛苦，因为他深爱着这个女生。在异地，他开始谈女朋友，但是总找不到和前女友的感觉，所以很快就分手了。到后来，他根本就不谈女朋友，直接在网上约炮，不停地换女人。找不到和前任的那种爱的感觉，性爱方面也没有和前任的感觉，一年里面，他约了五六十个女人上床。

最后，他约到了一个女生，有一点点前任的感觉，两个人真心相爱了，相互都很好，但感觉还是差点什么，所以，他还是不停约炮，但和这个女生保持紧密联系，甚至同居在一起。这种约炮行为被女朋友发现了，她感觉男友性心理有问题，找到我来辅导，终于挖掘出了这个男人劈腿的原动力：表面上是寻找旧爱的感觉，实际上是寻找爱的尊严。

十二、补偿型劈腿

这种劈腿的男人，常常也会念叨妻子的好，但是总感觉妻子缺点什么，他自己有感觉但说不出来，甚至只是压抑着。这种男人，妻子真要跟他离婚，又会舍不得，一把鼻涕、一把泪拉着妻子不让走，而且能够把妻子的各种优点全部摆出来，特别认可妻子，心疼得不得了。但是，你要让他跟婚外情人断掉关系，又做不到。婚外情人往往跟妻子是完全不同的人，比如妻子强大的，婚外情人就弱小，妻子泼辣的，婚外情人就温柔乖巧，妻子一本正经的，婚外情人就浪骚。

好多女人遇到这样的劈腿丈夫，就完全无法理解，自己这么好、这么优秀，为何丈夫就会找一个那样的女人做婚外情人呢？这个婚外情人没学历，没有事业，没有长相，甚至连身材皮肤都不好，实在是气死了这些做妻子的。她们感受到了无限的屈辱和费解。

其实，这些所谓的好妻子、优秀的妻子，都有一个共同的特点，那就是不会欣赏丈夫，不会仰视丈夫，甚至觉得丈夫都没有什么用。但是，这样的男人最需要的却是女人的崇拜。婚外情人就是那个觉得他优秀的女人。男人么，娶妻子过日子，终究还是会陷入传统的男强女弱的婚姻模式。也许，在事实上女人事业强过男人，但是心理上，女人一定要让丈夫感觉女人弱于男人。

十三、觉醒型劈腿

这种男人，往往一开始都觉得自己娶的妻子就是自己所想要的，怎么都觉得妻子好。但是，随着岁月流逝，男人的心智逐渐成熟，他会慢慢发现，他追求的女人不应该是妻子那样的，他会发现他要的生活和婚姻，也都不是现在这个样子的，甚至他会觉得他的工作都不是自己想要的。

这种男人会从自己的衣食住行开始改变，然后换工作，然后换人际交往圈。女人正全身心投入家庭和孩子身上，蓦然回首，发现灯火阑珊处的丈夫完全不认识了，而丈夫此刻已经投入他人的怀抱。

这种男人，为了获取自由，什么都可以从头再来，他已经不想要他过去的人生了。他已经开启了自己的新生。

十四、无能型劈腿

这种男人往往表现为没有能力或能量爱对方，没有能力或能量处理婚姻里面的矛盾冲突；或者妻子没有能力或能量爱丈夫，没有能力或能量处理婚姻里面的矛盾冲突。那么，夫妻两个人之间会感觉到关系特别冰冷。

一方努力去爱对方，努力去付出，但是对方却全然无法感受到。在这种逼仄的夫妻关系中，男人或者女人都可能选择劈腿。男人选择劈腿找婚外情人，也是为了找寻爱的体验和感受，甚至是为了证明自己有这种爱的能力或能量。

事实上，这样的男人进入婚外情里面，往往也并不能让另外一个人感觉到爱，或者他自己也并不能爱上对方。当然，如果他遇到一个女人，能够引领男人去认识爱，成长爱，释放爱，接收爱，那么这样一个婚外情人，就是挽救了这个男人啊。

十五、生育型劈腿

这种劈腿与自己妻子的生育能力有关。夫妻两个人往往关系还挺好，经过了多年的努力，但还是无法生育。一旦确定是女人无法生育，那么女人到了最后，往往都会被迫放弃这段婚姻。但也有女人坚守，宁愿睁一只眼闭一只眼，由着丈夫在外面养女人、养孩子，彼此之间好像达成了一种默契，但这种默契往往都是以女人的内伤为代价的。当然，也有些男人无法忍受，或者女人无法认同，最后还是以离婚为结局。

我辅导过一对夫妻，他们夫妻俩同甘共苦，打拼事业，人到中年，事业有成，各个方面都挺和美，美中不足就是缺一个孩子。夫妻花费巨资，奋斗了三四年，还是没有能够生出一男半女。实际情况是，女人已经为这个男人堕过三次胎，加上年龄四十多了，已经没有生育的可能。到了后来，丈夫偶尔一次跟女下属上了一次床，女方竟然就怀孕了，于是偷偷生下来。做过DNA检测，确实为自己的骨肉，这个丈夫就经常去女下属那边，直到被妻子发现。夫妻两个达成谅解，继续婚姻，但是女下属不干。夫妻俩找到我辅导，经过七八次三方会谈，跟这个女下属签了抚养协议和分手协议。

此外，还有事业型劈腿和瓶颈型劈腿，这里就不再展开讲述了。

第五节　丈夫为什么不跟你提离婚

男人劈腿，大多数女人的第一反应就是离婚，伴随着就是丈夫不爱我了，然后就是反省自己做得不好，接着就是渴望丈夫回归家庭。当女人强烈地要求离婚的时候，大部分男人会劈腿，但不选择离婚，而且也不同意离婚。女人就会因此而困扰了。有时，即使是妻子劈腿了，丈夫也不会提出离婚。

那么，丈夫为什么不会跟妻子提出离婚呢？大概有以下七个方面的原因。

一、社会压力

离婚，在当前中国来说，还不是那么理直气壮、那么光彩的事情，尤其是这个男人离婚还是因为搞婚外情，抛妻弃子。中国传统文化都是讲究白头偕老，糟糠之妻不可弃，始乱终弃陈世美。无论你是谁，都会受到这些熏陶，最为关键的是，这种情况会导致社会地位受到影响，个人发展受到阻碍。

名人方面，你看那些明星搞婚外情，结果就是整个社会铺天盖地的鞭挞，有时工作方面会全面停止。在这个方面，就是女性搞婚外情，也一样会受到指责，会遭到全面围攻，哪怕是最后她再婚，祝福的人也很少，工作也受到明显干扰。如果公司或单位领导知晓你搞婚外情，犯生活作风问题，那么这个人的忠诚度就打了折扣，要升迁就会受到重大影响，甚至会被直接剔除。有些企业老板会因为婚外情，而受到合作伙伴的抵触，尤其是搞婚外情，还把妻子换掉，那么个别合作伙伴甚至会中断合作。

婚姻常常被社会看成个人品德的一部分。正是这种社会压力，导致一般男人不会因为婚外情提出离婚。

二、家庭牵绊

家庭的牵绊，包含比较广，一是自己小家庭，有孩子，毕竟夫妻一场，对妻子会有一定的依赖，对孩子会有一定责任；二是自己的大家庭，也就是说，自己父母会来干预，甚至以死威胁，父母会感觉到颜面没有了。个别人还会受到家族的制约，除了兄弟姐妹出面阻止，还有些德高望重的族人会来干预，尤其是他们家族没有离婚的，他要开这个头，负面影响是很大的；三是妻子的父母，丈母娘和岳丈及其家属，都会对你做工作，甚至对你发出威胁和利诱。

如果一个男人在经济上还受制于家庭，那么他一定会三思而行。毕竟，婚姻是家庭经济的纽带。

三、与妻子有感情基础

俗话说，一日夫妻百日恩，关键是真正的夫妻。两个人成为夫妻之前，有一定的感情基础，相互是有爱情火花的，再加上婚后共同生活，形成了情感依赖，形成了夫妻的习惯模式，要离婚是很痛苦的，这种分离是撕裂的。夫妻惯性，会使得男人不那么容易选择离婚。无论是谁，人总是会选择习惯性路径，让自己处于舒适区，这是人类进化的优势选择。

我曾经写过文章分析文先生婚外情，马女士和文先生两个人的感情基础是很深的，只是后来两个人发展失衡，聚少离多，加上妻子接连怀孕生娃，导致两个人感情有点疏远，出现空隙。但是，在这种感情基础上，文先生是很难直接开口说要离婚的。

四、婚外情并不如希望的那么美好

婚外情，并不都是美好的，或者并不都如男人自己所幻想的那么美好动人，更不要说激情热烈，犹如找到了真爱。当然，婚外情大多是有感情的，甚至是有爱的。但是，婚外情在当前的社会环境下，会受到很多压力，而且还见不得光。偷情虽然胆战心惊，会有暂时的幸福高潮，但是偷情带来的心理压力和负担，也是显而易见的。时间一长，就会受不了，有人甚至希望妻子干脆早一点发现自己的婚外情，心理上的负担可以早点解除。

婚外情人，往往会被拿来跟妻子进行比较。当然，这种比较不是那么直接、明显的，不会排列对比、量化分析，最多是偶尔一闪念。尤其是两人偷情有一定时间之后，也就是说，婚外情进入第二、三个阶段（摆脱依附和独立），一方要求回归自己，而对方还没有进入那个阶段，还停留在共存热恋阶段，或者直接进入共生结婚阶段。此时，男人更容易把两个女人摆在一起进行比较。

婚外情人，要跟某个男人发生婚外情，其实都会有不同的目的性，也就是说，她有自己的索取和满足。在这个索取和满足点上，要刚好与男人的能量对接，否则会发生冲突。这种冲突会导致男人对婚外情人产生怀疑，从而进行反弹，责怪女人，同时也会对女人进行否定，从而不满这段婚外情。

婚外情，尽管是婚姻凋谢后的一道闪电火花，但是婚外情一样是遵循爱情生命周期的发展规律的，也就是说，两个人的感情一样会呈正态分布，最终也会走向爱情凋谢。

五、只是为偷吃

偷吃，并不是大家以为的好色，不好色的男人也一样会偷吃。偷吃的根源在哪里呢？从人的进化角度看，偷吃实际上是一种大力播种的另类说法，就是为了传播基因。尽管男人都知道性爱不太可能真的就怀孕生育，但这种动物级别的原始动力存在着，促使雄性动物去找更多雌性交配。人类的进化有一点异于普通动物，那就是人类的性交不完全是为了传播基因，还具有娱乐和彰显的功能。

人类的性交可以分为几个层面，一是动物层面的交配，二是人类高潮层面的愉悦，三是人类社会层面的彰显。人类施行一夫一妻制，是人类动物进化和社会文明进化的结果，但一夫一妻制总会伴随着婚外情和婚外性。一夫一妻制是为了保障基因纯洁性，是未来基因能够繁衍发展的需要，也是权势财富传递的需要。因为人类的基因传递过程是漫长的，要怀孕十个月；要使婴儿能够自食其力，起码还要十几年。这个过程风险很高，要保障食物、穿着、居住，以及起码的教育。没有一个稳固的团体，幼儿无法得到很好的照顾，而生育孩子的女性同样需要照顾。正是因为人是动物的，又是社会的，才会有人类特有的交配困扰：婚外情和婚外性。

当一个男人仅仅是从动物层面去发生婚外性的时候，他满足的仅仅是肉体欢愉和刺激，他怎么可能会去放弃社会层面的婚姻呢？男人最善于把婚外性伪装成婚外情，其实就是假借爱情的名义扑倒女性。

六、财产损失

权力是男人的春药，而权力的外在表现则是财富。一个男人没有财富，基本上等于进行了局部阉割。尽管我们看到穷人也有性欲，但他们的性欲是残缺的、压抑的，甚至是愤怒的。现在的婚姻法新解里注明了，婚前财产不进行分割，但是结婚多年的婚后财产还是非常可观，离婚时要进行分割。所以，我们看到老夫老妻常常会因为财产问题而搁置离婚；而新婚夫妻则因为财产纠缠比较少，更容易选择离婚。

比如某上市公司的老总发生了婚外情，但是在财富因离婚而要再分配的情况下，就选择了回归家庭。再比如某技校的老总，因为离婚会导致财产发生巨变，而不断家暴妻子，但就是不离婚。我经手的一个案例，则是因为男方的公司经营，是借老丈人的钱来运转的，男方在最后不得不低头，离开婚外情重新回归家庭，而且双方本来就有感情。

七、内心纠结

内心纠结，就是男人搞不清楚到底是爱妻子呢，还是爱婚外情人？到底是妻子好呢，还是婚外情人好？离开妻子舍不得，离开婚外情人也舍不得，一直在摇摆不定，无法做出选择。这其实并不是什么选择性困难。那是为什么呢？

男人在婚外情中的纠结，有五个方面的原因，一是妻子满足了这个男人的原生家庭的需求，也就是说，妻子的原生家庭形成的情感模式，或沟通模式，或性爱模式，或冲突解决模式，或生活态度等某些方面符合这个男人的底层需求，男人在原生家庭里面的缺失，被妻子供给了，他被满足了。这一点是隐性的，如果他不去求助婚姻管理专业人士，他根本不会懂，也很难知晓。二是婚外情人满足了这个男人的浅表需求，比如婚外情人常常会比较温柔，或者体贴人，或善解人意，或者楚楚可怜。三是婚外情人能够满足男人的某些核心需求，每个人的核心需求都不一样，比如一个要创业或者正在创业的已婚男人，可能他的核心需求就是妻子无条件支持他，甚至在创业过程能够搭把手，有些婚外情人是能够满足他的这个需求的。四是人类男性的困扰，一方面男性要传播更多的基因，必然要找更多女性性爱，另一方面女性怀孕后，如果没有得到很好的照顾，幼儿就难以存活，这就要求男性必须紧密伴随女性；而且，幼儿的存活，除了仰仗妈妈，还得要仰仗爸爸，这将是一个漫长的岁月。五是对未来的恐惧，离婚不仅仅女人会恐惧，男人也会恐惧，他也会担心婚外情人是否真的就那么好，是否能够对他忠诚，这个婚外情人真的能够完全信任吗？还有就是，离婚之后，真的能够保持像现在这样的快乐生活吗？

因此，但凡男人有一点点理性，就很容易陷入这种心理纠结。没有一点冲动，或是失去理智，男人要真的离婚，也不是那么果决的。

第六节　丈夫为什么要跟你离婚

很多女人会说，丈夫劈腿了就一定要离婚，但大多数是气话，等到真的临到自己头上，真的能够立马去离婚的，不会超过20%，而在这20%里面，又起码有三四成的女人，会后悔那么冲动地选择离婚。其实，选择离婚，劈腿并不是关键，也不是主要因素，女人一定要牢记。

丈夫劈腿，女人不愿意离婚，男人就会不离婚吗？其实，大部分男人不会选择离婚，但还是有大概30%的男人会选择离婚，而且比较坚决。这又是为什么呢？

一、无爱无情无望

爱情，分为三个阶段，第一个是互爱的阶段，这是早期必须具备的，没有爱进行启动，根本没有后续的发展；第二个是情感依附阶段，这使得两个人的爱，由启动进入发展，没有情感依附根本无从谈让爱发展；第三个是共生阶段，就是双方把自己规划到对方的人生里面，你中有我，我中有你，共同成长，相互成就，没有爱情的共生，根本无从让两个人互相关联，并延续到永恒。

无爱对于婚姻来说，是致命的打击。因为婚姻之所以能够存续，并且让对方为你无条件付出，就是基于对方爱你。如果不爱你，你为对方付出多少，对方都不会感受到快乐和愉悦。爱就是这么残忍，他/她若是爱你，愿意为你上刀山下火海，而一旦不爱了，就是你给他/她金山银山，也改变不了他/她心冷如冰。

爱，这个词本质上来说，是从交配冲动和繁育需求演化过来的，就是基于原始生理本能的高级感情。爱的产生很奇妙，可能因为你的一个眼神或动作，甚至一个背影或气息，就触发这种男欢女爱的扳机。有了这个基础，后续才会有交互作用，双方为之付出时间、金钱、感情、肉体和精力。

婚姻，是一种社会行为，所以无爱婚姻是常常可见的。因此，双方虽然并不能感受到幸福，但因为某种非感情的目的而耦合。一旦有一方找到了婚外情，那么这种耦合的机制就会变得很脆弱。所以，婚外情对于婚姻最大的挑战，就是爱的根基。无爱的婚姻自不必说，一开始就是可以预料的悲剧，而那些以爱情为基础发展起来的婚姻，也并不见得能够长久。因为爱这种东西，是受制于爱情生命周期和婚姻发展周期的，遇到瓶颈不能突破，那么爱就如逆水行舟，不进则退了。在瓶颈期，爱会逐渐凋谢。

当男人从心里确定，他不爱你了，也就是不再愿意为你付出了，也不再愿意接受你的付出了。那么，婚姻就进入僵尸期了。他在外面有了婚外情人，一门心思全然在那个女人身上。他也完全感受到了另外一种人生，坚定了那就是他要的婚姻和爱人，彻底否定与你的婚姻。此刻，他便会决然提出离婚，而且毫无商量的可能。他每次要跟你谈的就是离婚，哪怕失去所有。你若不同意，他便不回家，甚至公然带他的婚外情人在社会上出没。

当男人与女人的情感依附撕裂了，他与女人的关系就变得无法去发展了。两个人再也无法建立情感联结、共鸣和信任。婚姻就会停止发展，两人的爱也必定要凋谢，再也没有交集。

当男人与女人之间的关系没有希望了，他害怕了，顾及脸面了，他处处是优先考虑自己，并且把自己从女人的人生里面抽离出来，再也不要跟你发生什么交集。夫妻两个人的爱情便是没有共生的基础了，婚姻也就没有了内容，剩下的就只是空壳了。

小白和小高发生爱情，源于小高去买车，小白的服务热情周到。甜美的笑容、高挑的身材，扣动了小高的爱情扳机。小高后来就发出了追求的信号。小白刚刚失恋几个月，半推半就中，两个人开始了恋爱。半年后就结婚了，婚后很快就有了孩子。结婚不到两个月，小高却被派到了外地常驻，一个月回来一次。刚开始，两个人还联络热切，但由于小白怀孕，特别需要人照顾，一来二去，两人开始吵架了。电话里吵，见面也吵。随后小白的父母，卷入到婚姻中来，对小高进行了批评教育，还到小高的单位去，请求公司领导把小高调回来工作，最后甚至把小高公司领导都给打了，弄得小高差点丢了工作。小高调回来了，但很是没有面子，在单位不被重用。

十月怀胎，孩子生下来了。小孩先天唇裂，这导致两个人关系更加恶化，相互埋怨，甚至谩骂。小高又申请去了外地派驻，后来几乎再也不回家了，也不给家里寄钱，不接小白的电话，不回短信。小白听人说小高在外地有女人，小白和小白父母又到小高公司里去闹，还到小高父母那边去闹。最后，小高辞职了，换了手机号码，在派驻地找了新工作。小孩满一周岁之后，小高向法院提起了离婚诉讼，折腾将近两年。最后，小高宁愿把自己的房子给了小白，自己只留了车子。

夫妻之间，吵架伤感情，谩骂、指责、埋怨最伤爱情，也伤自尊。不以解决问题为目的的吵架，都是毁灭爱情，破坏婚姻。夫妻之间，没有了信任，没有了面子，没有了共同发展，两个人就开始分离了，男人就很难再回归到家里了。其实，女人也是一样的，只是有时候女人会有软弱任性的一面，不肯认输，害怕未来。

二、无性无能无动

性，是婚姻里面最为关键的一部分，尤其是年轻夫妇。没有性的婚姻，完全可以说是没有灵与肉碰撞的婚姻。性是基因传播的一种仪式和通道。为了性带来的欢愉，人类为此付出了巨大的代价。地球上的动物里，只有人类这个灵长类动物才会养育子女十几年。也只有人类，才有性高潮，尤其是女性，是世界上唯一带有性高潮扳机（阴蒂）的雌性动物。所以，人类的性交，或者交配，叫做性爱，卖淫除外。人类的性会伴随着爱，人类的爱会伴随性，一旦性与爱不能结合，那么婚姻就意味着违和，要么引入外界的性爱以维持婚姻，要么婚姻直接崩溃。

无性的婚姻大都有不可言说的痛楚。其实，打开心扉去言说，反而会获得更好的性。有一类婚姻本来性爱尚可，因为某种意外，性爱不和而导致不可为继，双方经受巨大的心理压力，最终发生不可调和的冲突，并且这种冲突扩大化、泛化，最终不能性爱；有一类婚姻本来也有性爱，但彼此不和谐，双方不能满足，从而导致性爱越发不可开展，最终停止性爱。

男性的性心理往往会把性爱不和归咎于女性，所以他们就会在婚外去找其他女人发生性爱关系。他会一直试，要是和别的女人，他也不能雄起，就彻底灰心了；要是和别的女人，他雄壮威武了，就会放弃妻子。

小莲和小战通过相亲认识，闪婚。由于小战没有什么性经验，在新婚蜜月期，小战就被小莲嫌弃为早泄，不断求医，其实医生已经明确小战性功能完全正常。但是，由于小莲之前的性体验与和小战的性生活差异比较大，加之对性爱认识的偏差，因此而怀疑小战早泄。有一次，小莲闻到小战身上有劣质香水味，在经过差不多一周的盘查后，小战承认自己在外面有人了，但小战说和别人做的很好。小莲原谅了小战，小战也不和小莲性爱，两个人分房睡。后来，小莲发现小战鬼鬼祟祟，手机不离身，还使用了密码。没等小莲盘问，小战主动向小莲坦白，他和同一个办公楼的一个女生相爱了，性爱也很和谐，希望小莲同意离婚，成全他。

三、爱上了婚外情人

婚外情，蛮多还是有爱情故事的，起码很多女生是投入这场婚外情的爱情里面去了。我常常说，婚外情不可怕，因为多数婚外情，爱得并不坚定。男人会对婚外情和婚姻进行算计，盘算得失，面临选择性困难，以及社会道德审判，当然很多时候，是男人自己想多了。而婚外情人会面临巨大心理压力，打持久战的心理准备不足，甚至会遇到正宫及其亲友的暴力殴打，以及难以预测的婚姻未来。所以，婚外情常常难以修成婚姻，概率不会超过10%。

有一类婚外情，会修成正果，那就是男人不顾一切，爱上了这个女人，而女人也豁出去了，爱上了这个男人，他们都熬得起，也愿意熬。最著名的非F先生和X女士莫属，他们是熬了十几年才转正的。F先生的前妻是一名护士，两个人相识于微末之时，也算般配。但是，F先生的事业发展起来之后，与这个妻子越来越难以沟通，最后爱情凋谢。此刻X女士出现了，两个人相识于拍电影，一个是导演，一个是演员，共同语言很多，在一起的时光也很多。两个人的爱情就在片场生根发芽了，X女士不顾婚外情人的坏名声，默默坚守着，而F先生也坚决不再爱发妻，发妻故意为难了几年，最后也确实发现F先生已经不爱自己了，后来就成全了二人。

有些婚外情虽然破坏了婚姻，但最终也没有能修成正果，那是因为这场婚外情本身，就不是真正意义上的爱情，而且彼此心理上都留下了婚外情的伤痕，导致两人在离开旧的婚姻之后，无法进入新的婚姻殿堂。

第三章
婚姻怎么了

有婚外情的婚姻，到底会是什么样的婚姻呢？这个婚姻中的男女主角到底会是什么样的呢？

我们常常说不幸福的婚姻各有不同，幸福的婚姻总是相似的。其实呢，不幸福的婚姻才总是相似的，而幸福的婚姻各有不同。

婚外情的出现，不是婚姻好好的，突然就出现了，而是经过了一定的事情，发生了一些冲突，偏执了一些自我，冷淡了一些爱人，转移了一些注意力，少了一些共同体建设，以及少了一些性爱和共同发展。

婚外情，在几类人群中是高发的。

一是新婚人群。很多新婚夫妻，感情本来处于磨合期，就是所谓的新婚综合征，甚至个别人还跟前段感情纠缠不清。在这种激烈的碰撞过程中，彼此都会觉得爱错了人，根本不应该跟这样的人结婚，对方完全不是自己想要找的。在感情依附性比较弱，以及相互投入比较低的情况下，比较容易移情别恋，甚至直接离婚。

二是孕产育期。这个期间处于怀孕期、生产期以及哺乳期，由于女人雌性激素水平变化激烈，女人会变成另外一类你和她自己都几乎完全不认识的人，甚至个别女生还会患上抑郁症（我个人更加倾向认为是抑郁情绪），加上婆媳关系敏感，这个时期的女人与丈夫之间的关系也会很脆弱，主要是因为女人的注意力完全在孩子身上，以及情绪不稳定和难以沟通，男人感觉自己被忽略了，被冷落了，甚至被委屈了。性爱缺乏，导致焦躁不安，此刻性欲满满的男人比较容易在外面寻找性爱满足。

三是感情瓶颈期。感情的瓶颈往往都是两个人之间的交互关系变弱，或者疏远而导致，爱情本来就有个发展的平台期，不能进入下一个高台感情，就会跌落下去，开始凋谢。这个阶段，两个人感情要么比较平淡，要么两个人相互忍耐回避，总体感觉就是冰冻住了。这个时刻，人心就会被外界诱惑，能够守得住诱惑，就会待在家里，经受不住勾引，就出轨了。

四是事业脱节期。男女两个人因为分工不一样，对于事业的付出有多有少，加之社会性别歧视，以及个人能力的原因，夫妻双方的事业会进入到一个分水岭。这个分水岭往往导致事业上升的人，眼界、人脉、思维上升到一个较高的层面，双方对事业的交流会产生差距，甚至无法对话，无法协调。此刻，双方都会感受到焦虑和压力，自然会要求释放，因此冲突会比较多，抱怨指责也会增多。此时，男人常常会寻找一个善解人意的、崇拜他的女人。

五是荷尔蒙失调期。女性最大的压力和焦虑来源于荷尔蒙失调，除了孕产期，还有一个关键期就是绝经期。此刻，女人的自我否定来源于女性原始的对生育能力丧失的恐惧，尽管我们现在这个社会不可能生育那么多孩子，但这是一种原始本能：没有卵子不能生育的女性没有竞争力，无法获得男性，因而绝经期的女性往往会比较排斥性爱。其实，女性终生都可以性爱，她是受不是攻。此刻丈夫和孩子的不理解，会导致冲突加大。丈夫会想寻找清静，找清静就会找到叫清静的女人。其实，男人也一样有荷尔蒙失调期，但这个时刻他们很少去搞婚外情。

此书的婚姻分析，更多集中在中青年夫妻的婚姻上，因为社会上出现的以及我个人涉及的案例，大多是绝经期之前的女性。

第一节　夫妻俩的爱情

选择婚姻的对象，不是简单的事情，基本上都是一个复杂的综合体。女性在择偶这方面，还是要遵循人类的进化优势选择，千万别只顾爱情。

那么，女性婚姻的选择有哪些偏好呢？

一是爱的偏好。只有爱你，他才会遵守他的承诺，否则未来面临的，很可能是可怕的背叛。

二是喜欢孩子的偏好。只有这个男人喜欢孩子，他才肯为你付出时间，来陪伴你养育孩子。

三是能力的偏好。有能力的男人，才能为你提供丰裕的物质保障，而且即使离了婚，你也能够获得更多的物质补偿。

四是健康的偏好。只有身心健康的人，才能有稳定的情绪、耐久力和行动力。

五是付出的偏好。男人愿意为你和未来付出，才能够沉淀足够的机会成本，你和孩子都能够得到比较好的呵护。

六是成熟的偏好。成熟不是仅仅看年龄，而是看他与世界的相处态度，看他如何处理各种冲突矛盾，看他如何成长自己。

七是奋斗的偏好。有雄心壮志和努力奋斗实践的男人，才能更容易取得成功，而且也更加具有魅力。

综合考虑这七个偏好，女性的婚姻选择，最关键的是选择好爱。因为爱是一种承诺的保证书，一旦没有了爱，后面的六个偏好都是镜中花、水中月。

谈爱情之前，必须谈一下亲密关系。人与人之间建立紧密联结、相互渗透、具有承诺的关系，这种人际关系便是亲密关系。我在此仅仅把两性之间的关系，定义为亲密关系，因为我把人际关系分类为普通人际关系、血亲人际关系和亲密人际关系三种。普通人际关系包含比较多，诸如陌生人际关系、一般普通人际关系、紧密普通人际关系，这种人际关系都没有血缘关系或肉体感情交合。

两性之间的亲密关系，是如何建立的呢？首先是要建立接触点，有了接触点，两个人便开始交往起来。这个接触点，往往是一方对另外一方的好感，至少不厌恶。有了接触点之后，双方开始交往了解，越来越合拍，开始关心对方，表达一定的爱慕，形成良好的两性交互惯性。在这种良性交互惯性下形成依赖，彼此会产生信任和渴望，共享彼此的经历、爱好、感情，以及未来生活的蓝图。最终，两个人许下承诺，共享一生。

整个过程都是浪漫的、激情的、海誓山盟的。爱情，其实并不神秘。如果一定要说神秘，那就是为什么你会在那个时刻、那个地方爱上他/她。

爱情是缔结婚姻的基础和根本，而爱情死亡或结束是离婚的核心。所以，中国人其实对爱情是特别重视的，无论是底层平民，还是达官贵人，都非常在乎爱情的存在与否。没有爱情，婚姻就无法继续下去了。

爱情是人类特有的，是动物交配冲动的高级升华。爱情的本质和动物的原始冲动，没有什么区别，都是极端渴望与对方交合，愿意付出一切。

爱情，如此被重视，那为什么很多人选择的爱情，又会不堪一击呢？当然，爱情经不起考验，正如性欲经不起饥饿。其实，每段爱情里面，每个人的满足都不一样。同样是一段爱情，男人和女人所获得的满足是不一样的；只有双方的满足达成平衡，才会比较稳固。

那么，在爱情里面，人们到底选择了什么呢？到底有没有一劳永逸的爱情，也就是说，有没有某种类型的爱情进入婚姻之后，就一定不会出轨的呢？我们先来分析一下不同的爱情类型。

一、外貌之爱

小忠和小莉相识于大学的交谊舞会。小忠说，他就是爱大美女，去跳舞也是为了认识真正的大美女。结果那天跳舞，来了好多女生，小莉属于万花丛中最出挑的那种，光彩夺目，好多男生去约她跳舞。小莉挑了她最中意的高大帅，然后又不断有人邀约，等到小忠约请跳舞的时候，小莉已经有点累了。小忠就说，那我陪你休息一支舞曲吧。

后来小莉说，之所以接受小忠的猛烈追求，实际上是觉得他很懂体贴人。小忠疯狂追求之下，小莉同意了，两个人开始交往。随后，小莉也感受到了小忠的浪漫、激情、体贴、温馨。两人在大三就同居了，到了大四的时候，小莉明显感觉小忠失去了激情，甚至还发现小忠约别的女生跳舞、一起吃饭。只是小忠感觉那些女生都没有小莉漂亮，维持了三分钟的热度就散了。

毕业之后，两个人顺其自然在某市扎根下来。有一次，小莉发现小忠跟别的女生约会、看电影，两个人大闹一次，以分手结束。后来，小忠又要求复合，并且准备好了婚房，发誓一辈子只爱小莉，因为小莉是小忠见过的最漂亮的女人，是最爱的，与其他女人都没有爱，只是瞎闹着玩的。小莉最终还是原谅了他，并和小忠结婚了。小莉怀孕后，整个人完全走形，从97斤变成了160多斤，后来减肥也没有成功，始终停留在130多斤。最终，小忠再次出轨了。

在这段感情里面，男人只是为了女生的漂亮容颜，而女人只是为了体贴。两个人的感情，以此为发端，是完全可以的，这个接触点非常吸引人。当一段感情或者爱情，完全建立在他只是爱你的漂亮的时候，这段爱情便岌岌可危了。世界上，所有的人都会老去，慢慢失去青春肉体的美丽。从这个接触点开始之后，男女双方还是需要进一步发展其他方面的满足和匹配。

二、友情之爱

小范和小芬是高中同学，两个人关系一直很好，只是大家都有各自喜欢的人，都在各自的爱情里折腾。有时候，两个人都受伤了，会在一起相互取暖，但都只是铁哥们、好朋友。大学时，两个人也经常通信，讲述自己的学习、爱情、旅游、美食和读书等。

后来，两个人也都各自与自己的恋人分手，到了同一个城市。两人都三十多岁了，突然发现大家原来恋爱这么久了，却还都是单身。高中毕业十五年聚会，大家起哄，就这样两个人恋爱了，但其实，也许还都是好朋友的那种状态，只是多了一层肉体关系，而这层肉体关系也是不咸不淡，偶尔才会振奋一下。两个人顺理成章地结婚了，在大家眼里，他们很般配，大家都纷纷祝福。

但小范跟我预约了婚姻辅导。他说他爱上了别人，想离婚，但实在找不到离婚的理由：婆媳关系好，夫妻关系也不错，不吵架，凡事能商量，还能彼此加油鼓劲，促进成长……

我听完后，跟他说，你们本来就不是因为爱而结合，现在还只是朋友，很好的朋友；现在这个婚外情人，给你带来的是爱情，是激情。

爱情就是这样，如果两个人一开始不曾发生，那么在以后的平和岁月里，其实也很难再激发出爱情。两个友好的男女，建立了紧密的亲密关系，彼此有惯性，相互也都有依附性。在刚刚建立婚姻时，其实都还会感觉很合拍，生活会感觉很幸福。只是在夜深人静的时候，你还是会感觉到爱的落寞，渴望那样一种激情澎湃的、海誓山盟的爱情。他们唯一欠缺的就是爱的激情满足！

三、游戏之爱

小古和小霖的认识，开始于和大学同学打赌。大四那年，小古看到小霖，和同学A说，这妞还行，看你大学都黄昏了，还没有恋爱过，我去给你要电话。同学A说，你吹牛吧，你能拿到电话，我就去泡她，人家根本不会搭理你。事实上，小古的外在条件并不好，不帅不高，家庭条件也一般，很难让女生产生好印象。何况小霖长得还很漂亮。没有想到，小古还真要来了电话，同学A也去约了，但人家不太喜欢。

本着大学黄昏恋也要疯狂的态度，小古继续追求小霖。大学毕业离校一个星期之前，小古才把小霖给哄到手，理由是，我们此生也许再也见不到了，不能留下遗憾。其实，这个理由说了很久，小霖就是没有同意，没有想到临分别时小霖同意了。

毕业后，小古回了老家。三个月之后，小霖打电话说怀孕了，要小古去深圳。小古就和小霖一起留在了深圳，还生下了那个娃。

小古后来出轨了，小霖找我做她的婚姻管理顾问。他们俩来到我上海的办公室。夫妻两个人都很困扰，这个婚姻到底要不要继续下去？对孩子到底有没有影响？我给他们分析和辅导了5次，最终他们两个人选择和平分手，离婚了。

本来两个人的恋爱，并不是真正的情爱，而是一种玩闹，双方都没有认真对待感情，也许有激情，但没有依恋，更没有承诺。两个人的结合，完全是因为意外怀孕。所以，这种婚姻继续下去，对双方都不公平，对小孩的养育也是不利的。

四、占有之爱

肖林和大鹏结婚之后，遭受到了可怕的禁锢。大鹏的占有欲非常强，禁止肖林和男性说话，也不允许加班，更不允许出差，要查电话号码、短信、微信，稍有不顺从就拳脚相加。刚开始的时候，肖林感觉那是满满的爱，非常享受大鹏的醋坛子，非常享受大鹏的关心照顾。无论多晚，他都会送肖林回家，说怕遇到坏人，无论多累，都会参加肖林的聚会。等到相处的时间久了，肖林就感到压力了，开始吵架。但大鹏说，他那是爱啊，满满的爱啊，完全是因为怕失去才这样的，而且保证不会再这样了，还下跪抽自己耳刮子，发誓要好好爱肖林一辈子。

肖林曾一度分手，找了别的男朋友，大鹏一直跟着追，不肯放手，那个男生后来和肖林分手了，比较下来还是大鹏用情最深。新婚之夜，肖林差点崩溃了。两个人性爱之后，肖林没有落红，但实际上，大鹏知道肖林早就不是处女。大鹏把肖林拉到浴室洗了两个多小时，直到认为完全干净了为止。

肖林后来婚外情出轨，大鹏差点用刀把那个男的剁了。

肖林需要的爱情，是激情、热烈、关注、体贴，唯一受不了的就是大鹏的占有之爱。完全不管不顾，不给对方自由呼吸的空间，这种爱，完全是以爱情的名义，实施赤裸裸的占有。

五、实用之爱

刘强和小沁，是通过媒人介绍认识的。刘强家的条件很好，有钱有房有车，还有点背景，小沁家条件也可以，最关键的是，刘强家的背景，刚好有利于小沁家的生意。刘强很喜欢小沁。她有大专学历，文静漂亮，身材高挑性感，还有点笨笨的感觉。

刘强谈过很多女生，但总也不满意。刘强父母也希望刘强找个门第比较接近的、比较清白的女孩。两个人接触下来，刘强很喜欢小沁，小沁实际上喜欢另外一个普通人，但被父母强拆了，强忍着分手的痛苦跟刘强恋爱。最终两个人结婚了，婚礼很隆重。婚后，小沁还背地里跟前男朋友偷偷约会。最终被刘强发现，直接离婚。

这种实用之爱，本质上不是什么爱情，而是满足父母们的心理需求。父母一般都会按照他们自己的需求，来开出嫁娶的条件，在这个条件下男女双方进行婚恋。很多情况下，子女牺牲了自己的爱情，来成全父母，最终爱情和婚姻都难以成全。

六、利他之爱

严格来说，并没有什么真正意义上的利他之爱。我们看到的，常常都是些极端的个案，比如，对方重病了，然后不离不弃，一直陪伴左右，直到对方死亡或者自己崩溃。完全利他而不顾自己的爱情模式不能永续，你无法持续一个人付出，而无怨无悔。一个人来到这个世界上的意义，不是为了某个人而无条件地付出。

所以说，当你和一个人恋爱的时候，希望对方为你毫无保留地付出，不求任何回报，往往是不切实际的幻想。你的是你的，他的也是你的，这怎么可能？一旦结婚了，对方肯定要变本加厉地索回。那时，你就会认为对方完全变成了另外一个人，自己嫁错了人。其实，不是他变了，而是你无法接受为对方付出。在对方开始索取的时候，也就是你们爱情或婚姻大战的时候。

七、痴迷之爱

我曾经做过一个个案辅导，她丈夫是某个明星，婚外情人是个粉丝。这个婚外情人从初中起，就疯狂地热恋这个男人，花了上百万元追随，只要他出现在哪里，她就追到哪里。一次粉丝见面会后，婚外情人勇敢地要把自己献给这个男人。男人考虑这个婚外情人年龄太小，没敢答应。婚外情人上了高中后，再次把自己奉献上去，这次男人答应了。

她丈夫和这个婚外情人兼粉丝，纠缠了近二十年，还生下了两个私生子。这个婚外情人家境殷实，完全不图这个明星的钱。在我的辅导下，这个明星丈夫也认识到，与这个婚外情人的爱，不是正常的爱，跟婚外情人在一起，最终肯定要闹出问题，而且最关键的是，两个人在一起生活不会合拍，肯定会不舒服。

这个妻子基本上也接受了丈夫的这段虐恋，甚至接受了这两个婚外私生子，同意与丈夫一同抚养。我与婚外情人见面，开诚布公与她分析了他们的爱、孩子和人生，但是婚外情人还是决意要继续纠缠这个明星。后来，婚外情人还闹过自杀。

这个丈夫和妻子和好后，婚外情人又怀孕了。原来，婚外情人收集了避孕套里的精液，注射到自己体内怀孕了。后来，妻子选择和丈夫离了婚。

丈夫和婚外情人在一起了，陪伴她生完了第三个孩子。最终，这个丈夫还是彻底离开了婚外情人。婚外情人也算是彻底醒悟过来，他们的爱是痴迷之爱，并非正常的男女之爱。丈夫和妻子又复婚了。

这种痴迷之爱，往往是片面地爱上某一个自己认可的对方的某个侧面，不是全面的爱。这种爱是疯狂的、激情的、浪漫的，而且往往是比较单向的。俩人在一起的时候，往往是痴迷的那一方更加满足，而被痴迷的一方，其实并没有那么激情、疯狂。最终，往往是一方希望一生一世，而另外一方希望尽快离去。

想想李莫愁曾经引用过的那句著名的诗词吧：问世间情为何物，直教人生死相许。

八、性欲之爱

男女之间的爱，仅仅是满足性欲。这种爱也是比较普遍的。现在有很多人，在网络上玩一夜情，或者在酒吧猎艳。两个人都是为了满足澎湃的性欲。也有一些男人，对女人的感情仅仅限于肉欲之爱，他们也会认真去追求女性，但仅仅是为了满足自己的肉欲。其中的一些人也会结婚，但这种婚姻就比较脆弱了。

两个人的联结仅仅依靠性交，没有了浪漫，也没有依恋。承诺的背后仅仅是肉欲的满足。到最后，肉欲会失去激情，进入了适应期，性欲的满足感会消退非常快。那时便会去选择新的性交伙伴了。

九、冲动之爱

冲动之爱，往往都是跟闪婚之类的有关系，都是激情澎湃，热烈如火，双方没有太多的联结，谈不上什么依恋，直接进入承诺一生一世。冲动是魔鬼，冲动的惩罚，常常是闪婚闪离，因为彼此之间的了解有限，需要快速进入磨合阶段，爱情根本来不及反应，就进入婚姻的节奏。

婚姻是男女回归正常的一个扳机，一旦扣动了这个扳机，那么面对婚姻的男女，就会启动前文阐述过的七个偏好，重新审视眼前这个人了。

小彭和小欧是某天上午通过微博认识的，刚巧都在同一个CBD，马上约了吃中午饭，两个人都感觉好像见过一样，非常有感觉。两人的年龄也都到了他们所说的着急的时候，小彭38岁，小欧36岁。晚上接着约会，小彭表达了要娶小欧的想法。

一切都是现成的，两个人都有房子，装修不满2年。于是，请假见双方家长，家长有点懵，感觉太快了，还完全不了解呢。但是，他们两个很快定下来，下个月就去办结婚登记，然后开始订年底的婚宴。

两个人结婚登记不到一个月，就开始闹离婚。小欧找到我，我给他们两个人做了婚姻匹配分析，寻找他们发生冲突的根源。

他们的婚姻匹配度一般，“底层需求满足性好，核心需求冲突多，人生规划方向不一致”。我建议他们，可以暂时分居，重新开始谈恋爱，不必急着离婚，也不必着急办婚礼，看看是否还有继续的可能。6个月后，夫妻达成一致，继续婚姻。

十、完美之爱

所谓完美之爱，理论上就是两个人的爱情有激情，有浪漫，有依恋，有和美的性爱，有承诺。

世界上，有没有完美之爱？我认为没有。世界上，有没有完美的婚姻？我认为也没有。不过，大家不要泄气，实际上，有美妙的爱情和幸福的爱情，但这都来之不易，都需要双方共同管理爱情和婚姻。

第二节　夫妻俩的爱情冲突

在恋爱期间，爱情冲突，很多人是比较忽视的，大家都觉得结婚了，冲突就解决了。爱情冲突，很多人是忍受，因为要获取爱情，所以忍而不发。婚后，爱情冲突也许会澎湃汹涌。

对爱情冲突，很多人希望对方来妥协、来迁就、来包容，结果对方迁就得多了，就会找到其他人来迁就自己。其实，这些爱情冲突，在恋爱期间就应该高度重视，并且按步骤加以解决。爱情冲突解决的过程，就是两个男女之间的模式磨合、相互了解、探索底线、打通互信，继而建立新模式。

很多人会质疑，我们都结婚了，现在还来谈恋爱时期的爱情冲突，会不会太晚了，现在来谈有什么意义呢？婚姻出现了问题，不是一蹴而就的，不是昨天还好好的，今天就翻脸不认人了，往往是过去的冲突矛盾积累到一定的程度，婚姻才会出现破局的状况。通过过去的爱情，来了解夫妻一路过来感情的旅程，发现这其中的关键点，从而双方来勇敢面对。

婚姻问题，要从细部着手，一步一步，慢慢来调适，想一步登天，像吃灵丹妙药一样，一下子解决婚姻困扰，那是不现实的。俗话说，病来如山倒，病去如抽丝！

爱情冲突，表面上是男女双方的沟通能力弱导致的，表面上是男女双方性格不合导致的，表面上是父母干预导致的，表面上是脚踏几只船导致的，但实质上，这些爱情冲突的背后，都是个人的原生家庭模式、教养模式、个人成长史、恋爱史，与对方相对应的方面发生了差异化碰撞。

这种碰撞是正常的，也是不可避免的，并不可怕，最为关键的是，如何去认识到这种冲突的产生、发展原因以及如何化解。

一、爱的表达冲突

爱的表达，除了男女差别带来的差异之外，不同的原生家庭、个人成长和情感发展历史，也会导致很大的差异。男女性别有差异，在表达感情方面，男人通常会比较直接热烈，而女人通常会比较温婉含蓄。当然，这种认知实际上只是人们心里的一种习惯印象。从实质来说，就性别影响而言，男女的表达方式并不太泾渭分明，只能大致说，男性的话语表达能力通常比较弱一些，而女性则更擅长话语表达。这一点，是因为男性、女性的进化过程的分工差异所导致的进化选择：男性更多是捕猎，事先要沟通好，捕猎时不能说话；女性更多是采摘和照顾伤残老弱，这个过程需要更多的话语表达。

原生家庭会对人产生巨大影响，如果从小得到父母鼓励，更多表达自己的需求，那么未来他/她就会更善于表达自己。如果从小更多是被压制，他/她会更多隐藏自己，但是他/她会渴望你了解他/她的内心想法。个人的成长过程也是类似的。

人，变化最大的时刻也是在初恋期间，因为男女在恋爱的过程中，都在试图建立比较好的谈情说爱模式。在这个过程中，如果得到了更多鼓励而表达需求，那么他/她会更加善于表达，而不会害怕得失；如果在这个过程中，本来是一个善于表达的人，因为恋爱而受到挫折，那么未来可能会变成一个欲言又止、说一句留半句的人，让人感觉难受、虐心。

我常常收到私信提问，男生只对外面的人有说有笑或有商有量，而对我却总是封闭起来，啥也不肯说，那该怎么办啊？

其实，这些女人往往忘记了，当初两个人完全是能够沟通顺畅的，如果不能够沟通，两个人也走不到一块儿，但就是两个人互动的过程，导致了两个人越来越无法沟通。

你完全可以在头脑里呈现这三个场景：一、女人需要，男人可能一时没有能够提供，或者没有理解对方的要求，女方就开始抱怨、指责、赌气，对男方不理不睬；二、男人需要，女人可能一时没有能够提供，男人就开始愤怒、冷淡和转移，搞冷战，搞移情；三、互相置气，心里怒问凭什么，会认为对方是从小被娇纵，被父母单向宠爱，因而导致双方压力大，起猜疑心，心累。在这种男女关系的环境下，双方怎么可能准确地表达自己、收取对方信息，然后再次反馈呢？

女人常常忘记了，是因为双方爱的表达差异，而导致了冲突。因为冲突，而导致两个人越来越难以沟通，最后就都变成内外皆冷。但是，女人往往会认为是男人变心了，甚至会责怪自己，否定自己，急着要改变自己，迫切渴望立竿见影，让双方重新热络起来。

二、旧情冲突

旧情，是过去的事实，谁也无法抹去，不是你说忘记就忘记了，也许旧情会跟随你们夫妻一辈子。旧情会不会伤害到你们当前的感情，完全看你们夫妻之间，以及你们夫妻与对方之间如何联结。

通常情况下，旧情会怎样影响你呢？因为旧情，夫妻又会如何发生冲突呢？

首先是你的感情供需模式。你需要什么感情，给予对方什么感情，两者要达到一个平衡状态。这个平衡状态越长久，越容易格式化，形成感情供需模式的习惯性依赖路径。当你使用这套与旧情形成的感情供需模式，与现任相处时，双方的供需平衡要打破了。你会感觉到非常别扭，甚至产生否定对方的意识。你以为是对方不爱你，满足不了你，对方也会感觉你不是和对方在相爱，也不是按照对方所需在供给，两个人的战争就会开始了。

第二是你的感情评价体系。当你习惯一个恋人之后，你与他的感情评价体系就开始建立起来，他的体貌特征、言行举止、风格气息、人格特征、饮食习惯、冲突处理、娱乐休憩、表情达意，以及情爱、性爱和生物钟等方面会纳入你的感情评价系统。尽管双方分手了，尤其是被迫分手，感情依旧的，你的这个感情评价体系，会记住过去愉快的岁月，当然也会记录双方的不快，甚至是痛苦，但会淡化。当你和新的恋人在一起，你不自觉会把对方纳入过去的感情评价系统里面，把对方与前任进行全方面比较评估。

这个体系很奇特，总会惦记前任的好，而且以此来显示现任的不足。

当然，这个体系也会比较出现任的优势，但会忽略前任的劣势。当这个感情评价体系在早期开始运转的时候，你的行为会让现任感受到前任带来的压力，或者说前任做出的规矩，比如女人常常会记得前任蹲下来给自己系鞋带，给自己买药，而现任如果做不到这些，女人就会去否定这个现在的男人；再比如，女人也会拿前任的性能力与现任比较，除非现任一切都好，否则后来者会有巨大的压力。其实，也许两个男人在性爱方面半斤八两，但有些人会有前强后弱感。所以，你应该知道夫妻之间的这些冲突，本质上都是旧情产生的影响。

第三是旧情的瓜葛。很多情况下，女人或者男人都会与旧情人，或多或少有点瓜葛。有些人还会偶尔聚会一下，发个短信问候一下，或者保留了旧情人的旧物，甚至会发生嘘寒问暖、偶尔陪伴，以至被认为是暧昧，或者有事没事都会找对方帮忙，也许梦中还会有旧情人时常出现。这种旧情的瓜葛，是最容易对新感情产生伤害并令其动摇的，也是最令对方愤怒和妒忌的。可能你还会狡辩，甚至坦诚说，你们是很纯洁的前男女朋友关系，对方应该接纳你们的继续交往。狡黠一点的，会表面应承，一定会断绝往来，实际上还会暗地交往，甚至很频繁。

当夫妻两个发生了这种冲突，不要指望对方真的能够大度，能够假装大度，就不容易了。所以，你得自己断绝跟过去的频繁联系，一年有一个新年祝福就够了，没事别老聚会，实在有事可以带上爱人去。只要你们夫妻能够经常友好地出现在“前任”面前，冲突自然会消退。

新婚的小Q和小W，没有到半年，就要闹离婚了。小W找到我，问这个婚姻还有没有必要延续，而且刚刚怀孕了。她跟我说，丈夫小Q被她看到微信，然后坦白了一切。在办婚礼前一个星期，他和前任去开房了，并且两个人挑明了，以后断绝往来，这是最后一夜。但是，在他们蜜月的时候，他还是忍不住又和前任联系，虽然后来也有见面，但是再也没有开房，也没有亲密接触，只是确实放不下这个女人，觉得她一个人三十几岁了，还单身，都是他害的，要陪她度过最艰难的岁月。

这个前任也是不断联系小Q，并且多次表示可以做情人，不求任何名分，甚至可以为小Q生小孩，只要在一起就好，还愿意把以前的坏毛病都改掉。新婚后，夫妻两个人有过一些矛盾和冲突，甚至小冷战。因为这些小摩擦，导致小Q对婚姻和对小W产生了一些怀疑，加上前任表现得很乖巧，而且更加容易沟通，他一度都产生了想要离婚的念头。

后来，我给他们夫妇做婚姻匹配度分析，同时也分析了小Q与前任的婚恋匹配度，并且要求小Q的前任也参与进来。最终，小Q明白了与前任的旧情纠葛的根源，小Q和前任也明白了，两个人其实已经没有了爱情，仅仅残留了一点旧情和习惯性依附，两个人彻底了断，才能够让前任真正幸福，并做了分手仪式，进行疗愈。小Q也明白了与小W之间的婚姻，存在坚实的基础，两个人没有处理好新婚综合征，加之有旧情与新婚的冲突，导致两个人的婚姻岌岌可危，但一切都还来得及。

三、生活冲突

人，其实都有自己的生活方式和生活习惯，哪怕是一个家庭里面的兄弟姐妹，也会有差异。生活，是人在家庭环境及社会环境的共同影响下而形成的，并且会固着下来；随着时间、空间、事件，以及人物的发展变化，人的生活习惯及方式有一部分会发生变化，还有另外一些会予以保留，甚至可以伴随终生。

人的生活习惯有哪些呢？

生活习惯来源于后天习得和个人养成，生活习惯不会无缘无故养成，也不会无缘无故改变，而且这种生活习惯让他感觉在舒适区。生活习惯包含：

1. 作息习惯，包括睡几个觉，睡觉姿势，什么时候睡觉，睡前要做什么，起床之后做什么，等等。

夫妻之间的作息冲突很多，比如两个人生物钟不一样，女生常常要早睡，而男生却要晚睡；有些女生睡觉之前，要洗澡、洗脸、洗脚、刷牙，而她爱人却不做其中的某些；一方睡觉入眠快，而另外一方却要辗转反侧；有些人睡觉起来就叠被褥，另外一方却不喜欢干这些事；有人睡觉打呼噜，另外一方听了呼噜就睡不着；有些人喜欢早睡早起，有些人喜欢晚睡晚起，而另外一方刚好相反。

我这边就遇到几个因为睡觉问题闹得要离婚的案例。这些案例分析的结果表明：这些冲突发生了之后，双方都坚持自己的作息习惯，而不顾及对方，双方还会相互指责贬低，而不是设身处地去感受对方的作息遭到干扰后的不适应，双方都试图让对方适应自己，而不试图去双方调整。睡觉属于人生的第一生理需求序列，任何人都无法忽略这个需求。人生的第一生理需求为吃穿拉撒睡！

2. 饮食习惯，包括吃什么口味，吃什么主食，食物如何搭配，不吃什么，吃相，吃后的反应，吃胖了之后怎么办，等等。

不少夫妻，会因为吃不到一起而产生冲突。比如夫妻一南一北，南方偏清淡，北方偏咸，南方人习惯吃米饭，北方人习惯吃面食；有人喜欢吃辣，无辣不欢，另一方却讨厌吃辣；有的男人喜欢抽烟喝酒，而女人却受不了；一方喜欢吃肉，一方偏素食；一方吃饭喝汤声音大，一方则认为这种吃相太令人难堪；一方要减肥晚上不吃饭，一方受不了一个人晚上吃饭。

我曾经辅导过一个案子，夫妻新婚没有一个月，就闹着要离婚，原因就是男方不吃辣椒，而女方无辣不欢，男方闻到辣味都咳嗽得厉害。两个人就因为这个相互无法协调，不断放大升级双方的矛盾。

我给他们的指导是，首先，他们夫妻彼此需要了解的是，饮食偏好只能尊重，看看最低能够容纳哪些，双方要去感受对方饮食改变后的心情。其次是停止攻击对方的人格和其他方面，因为你攻击对方其他方面，不能证明对方的饮食就是错的，越攻击对方，对方越反击，到最后都不知道到底在吵什么，在维护什么。最后是菜式多样化，彼此都去探索新菜式，找到彼此都能够接受的新菜式，夫妻共同下厨。

3. 行为习惯，包括走路姿势，抽烟喝酒，特定肢体动作，比如挖鼻孔、抖腿、跷二郎腿、眨眼睛等，男人蓄胡子，女人疯狂购物，嗑瓜子，赌博，家务劳动，等等。

其实，每个人都有自己特定的肢体动作，这也是人的一种肢体语言。对方做一种动作，可能在你看来那种动作是不好的，其实只是自己感觉不舒服，对他/她本身没有什么伤害。比如有的人喜欢抖腿，但有很多人是很介意抖腿的，他们认为抖腿散财，不吉利，而且不雅观。

我经手过一个因为丈夫抽烟喝酒，而导致的婚姻危机。婚前这个男人就抽烟喝酒，女方提出来不喜欢抽烟喝酒，男人就说那我戒烟戒酒，还真是戒了。结婚半年后，丈夫又开始抽烟喝酒了。男人的理由是工作上要应酬，女人说你婚前答应了，婚后又做不到，这是欺骗，开始闹矛盾。后来，女人怀孕又流产了。这下不得了，女人认定流产就是丈夫抽烟喝酒导致的，而且怀孕之前和之后，两个人都因为抽烟喝酒在置气。

我给出的辅导是，第一，婚前婚后男人言行不一致，是一件正常事情，因为男人婚前为了讨好女人、娶到妻子，会暂时放弃自己的一些生活习惯。娶到了妻子之后，没有这种讨好的动机了，放松了，自然又把旧有的生活习惯捡起来了。第二，双方要认识到，问题的关键在于，抽烟喝酒给双方感情造成的困扰，是彼此都坚持自己是对的。当男人认识到抽烟喝酒危害到女人，则需要降低抽烟喝酒的危害，比如在家不抽烟，喝酒不醉酒，而女人也不必太在意男人在外面抽烟喝酒，伤害身体。第三是处理这种危机的方式，念叨是没有用的，只会让人烦，最好约法三章。不要担心对方不执行，你要担心的是，你的约法三章是否人性化，你是否能够贯彻到底。

4. 心理习惯，包括对世界的态度，面对压力的方式，与人的交往，对婚姻的认识等。

比如，有的夫妻，一方特别悲观，另一方比较谨慎，这样的两个人，在一起生活，就会感觉压力特别大，相互就很难有新的突破，感觉总是在恐惧中生活。

人的生活方式是什么呢？生活方式是人们追求生活的一种范式和境界，也是一种对生命质量和品位的追求，包括人们的衣食住行、劳动工作、休息娱乐、社会交往、待人接物等方面的物质生活，以及精神生活中的价值观、道德观、审美观等，还有与这些方式相关的各个方面。

夫妻之间闹矛盾时，常常会提到他们的生活方式完全不一样，两个人生活的追求完全不同。他们会举很多例子，比如其中一方对食物有很高的要求，要健康营养，不健康的食物坚决不吃；对休闲要特别多元化，远游至海外，中游至全国各地，近游至本市及周边；对社交生活也希望丰富多彩，交友要广泛；等等，而另一方对这些则完全没有兴趣。夫妻双方在生活方式方面存在差异，甚至不兼容，在某一方看来，会显示出另一方品位的高低，甚至是高端和普通的差距。

真遇到生活方式差异大，该怎么办呢？首先，双方应该坦诚沟通彼此生活方式的差异，这种差异具体在哪些方面，不能进行分等定级，不可进行好坏的评价。其次，是尝试着参与到对方的生活追求中去，不勉强，不抵触，而且牢记这种尝试是长期的、不断探索的，不能一次感觉不舒服，就放弃了，可以换着不同方向去尝试。对方要鼓励来尝试的爱人，他/她可能会不愉快，你也不必太小心翼翼，给予关爱即可。最后是构建双方的新生活方式。在这个过程，可以把双方都能够接受的原来的生活方式作为一个小基石，然后再去拓展新的生活方式。在这个过程中需要双方不断尝试、交流、鼓励、改进，不要指望对方来改变去适应你，双方一起去调适、发现和开发，共享彼此都舒服的生活方式。

四、性爱冲突

性爱并不是单纯的两性交欢（我研究的只是异性性爱，不包含其他非常态的性爱），而是包含范围比较广：一是性爱观念，每个人都有自己的性爱观念，或者说性爱道德，对性爱都有自己的成长性认知，性观念来源于家庭、学习、社会、网络、视频、恋人和友人等；二是性爱行为，包括两性交欢的姿势、过程和器具等，性爱行为是变化成长的，两性之间对新鲜的性爱，或多或少会产生好奇，想去尝鲜，也许是主动的，也许是被动的；三是性爱心理，指在性生理的基础上，与性征、性欲、性行为有关的心理状态与心理过程，也包括了与他人交往和婚恋等的心理状态。性生理是性心理发展的生物学基础，性生理发育的障碍或缺陷，会使性心理的发展出现偏差。两性性心理是源于两性的性器官、激素，以及社会范式的综合结果，两性性心理存在差异。

当夫妻之间产生性爱冲突时，往往是因为一个点发端，从而衍射到整个夫妻的性爱生活。比如浙江的一个婚外情案例，分析到夫妻性爱环节，女人就非常委屈。她说，她是一个比较保守的女人，丈夫有时想尝试一些特殊的性爱方式，会令她感觉恶心和屈辱，觉得丈夫变态，难以接受。丈夫刚开始还缠着她，后来干脆就没有性爱了。结果丈夫去嫖娼被抓了，是她领丈夫出来的。她问丈夫为什么去嫖娼，丈夫说，他想怎么做，妓女都会配合。她就问，你就不嫌妓女脏，不怕得性病吗？丈夫说，他都会戴套。再后来，她嫌弃丈夫脏，不同意做爱。有一次，她出差提前回家，发现丈夫跟她闺蜜正在卧室。她质问丈夫，闺蜜无论是相貌还是身材皮肤都没有她好，你为什么要找她？丈夫说，她的闺蜜在性爱方面很配合他，而且她闺蜜在性爱方面很放得开，甚至比较狂野。丈夫说，也不想离婚娶她闺蜜，保持目前这个状态挺好的。

对性爱这个方面，我后来给她介绍了一个性心理专家。

他们夫妻之间的性爱冲突，是从性爱观念开始的，一个偏保守，一个偏开放，这也是性爱观念和性爱心理的综合碰撞。

夫妻之间的性爱万一发生了冲突，要本着相互尊重的原则，共同去探索，去解放自我，然后一起成长，共同享受。

五、发展冲突

人与人之间的长期有效交流，在于相互获取到满足自身的信息和能量，只有一方付出，而对方不能够给予，那么彼此关系的牢固程度就会受到威胁。人的本质都是为了满足自身，而不是如同太阳那样，只知道发光发热而不图回报，所以尼采自诩太阳，最后只能是疯掉了。

恋人发展成为爱人，刚开始彼此都有一定的双向供需平衡，但两个人的发展层级并不是处在同一个层面上。两个人建立起婚姻，夫妻两个人的能力和能量也并不是一样的，而是两个人能够彼此满足，两个人的发展落差还在彼此能够接受的范围。

人类选择婚姻，往往也会按照坡度理论来择偶。社会发展到今天，往往还是男人向下找女人，女人向上找男人，但并不否定反坡度择偶。男强女弱，往往是体现在社会化的物质权力和社会地位上，而婚姻不仅仅有社会化的这一面，还有家庭化的另外一面。男强女弱的婚配模式，只是适应了人类社会化的发展和进化。

物质丰富保证了孩子的成长，权力地位保证了孩子长大成人后再次获得竞争优势。女人在繁育孩子的过程中，需要得到家庭的物质保障，否则女人无法安心繁育子女。女人在物质得到保障情况下，才可能放下自己的事业来繁育孩子，然后再从家庭走向社会。一旦家庭没有物质保障，女性无法在繁育之后，再走向社会。所以说，男女发展出现均衡性的落差，不会影响他们缔结婚姻。

婚姻之后，因为双方的家庭分工不同，双方的能力不同，双方的均衡性落差会发生变化。一旦这种变化足以打破原来的双向供需平衡，夫妻双方会产生不适应，彼此的满意度会发生偏离，两个人交流会发生阻塞，甚至无法交流。而这种变化，大多数情况下都是女性因为照顾家庭，而导致个人社会地位和见识落后于男性。

小Y（男）和小Z（女）原来是大学同学，小Z学习成绩和工作都比小Y好。两个人一同创业后，也是小Y担任副手。后来因为生育，小Z回到家庭。小Z接连生了3个小孩，加上照顾家庭，十几年没有上班。他们原来的公司发展迅速，产值几个亿，公司员工有几百人，加上后来小Y不断进修，两人之间的差距越来越大。小Z与小Y基本上没有什么话题能够对得上话，无论是行业资讯，还是管理企业，或者社会交往，两个人的落差太大了。小Y就常常感觉与妻子不再是灵魂伴侣，小Z就完全是一个家庭主妇兼保姆。最终，小Y找了一个供应商的老总做情人，小Y感觉两个人很匹配，一唱一和，很多事情不用多讲，一下就很懂了。但是，小Y也不想和妻子离婚。

后来，我建议小Z放下家庭事务，重新去EMBA进修，重新去工作，花了很多时间，夫妻两个人重新能够对话了，那个供应商的老总也在前夫的追求下离开了小Y。

婚姻里面，除了夫妻双方因为事业发展而导致的落差加大之外，还有就是双方的精神发展出现失衡。人的发展，不仅包括物质发展，还有精神发展方面。物质发展主要是事业、经济和地位方面，而精神发展则包含对世界的认知、人文修养，以及生活态度和价值取向等方面。有时候，不仅仅是双方发展出现落差，也有可能是发展范围有了变化，也就是说，人的发展不仅是深度，也有广度和厚度。夫妻之间因为发展失调和失衡，都容易导致夫妻之间产生冲突。

当这种冲突没有得到足够重视时，会感觉对方是无理取闹，导致责备对方，尤其是女性为了家庭而发展落后时，更加容易说出“我还不是为了这个家。你发达了，就来嫌弃我人老珠黄了，你忘恩负义，你就是陈世美”。这样，双方会更加无法交流，无法解决冲突，也比较容易误伤到感情的其他方面。

六、界限冲突

在婚姻里面，何为界限？我所谓的婚姻里的界限，特指家庭人际关系的边界，比如夫妻关系、婆媳关系、母子关系、祖孙关系等。

界限冲突往往都源自家庭人际关系的重叠性干预。最容易被大家理解的，就是婆媳关系导致夫妻关系失和。这种婆媳关系往往都是因为婆媳之间的一些冲突矛盾，而牵扯到了儿子（丈夫）。也就是说，婆婆往往会把自己的儿子，引入到婆媳两个人之间，你这个儿子又是丈夫，需要选边站，你到底是支持老妈，还是支持妻子？

婆媳关系的界限存在于原生家庭与新生家庭之间。婆婆需要尊重新生家庭，不得干预新生家庭；婆婆需要与自己的儿子分离，放手让自己的儿子与儿媳经营他们自己的小家庭；婆婆的意志不能成为新生家庭的生活指导原则，婆婆不能以通过影响儿子的形式，来控制新生家庭。

媳妇与婆婆的儿子组建了新生家庭，应该独立自主，无论是经济方面，还是人力方面，或者是婚姻家庭经营管理方面。当媳妇希望婆婆给予自己家庭经济支持，希望婆婆给予人手援助时，媳妇基本上就没有资格要求婆婆只付出不干预。这种干预，本质上是每个人都有的自己的生活方式和态度，你让婆婆协助你的家庭，那么婆婆的生活方式和态度就会进入你的家庭。也有一种情况是，媳妇不希望婆婆介入自己的婚姻生活，但是丈夫却还在儿子的位置角色上，希望妈妈来介入；或者小夫妻都不希望长辈干预自己的生活，但是晚辈却因为孝顺，不能拒绝长辈干预，并且协助长辈干预自己的婚姻生活。

夫妻的界限，听起来好像不可思议，怎么夫妻之间居然也有界限呢？夫妻之间的界限，除了夫妻双方都有自己的隐私部分，也有个人空间，这个个人空间并不是隐私，而是不被打扰，但可以相互交流、探讨。很多婚姻里面的一方，会以隐私的形式拒绝对方来探索自己的空间，其实很多这样的人都有自己的感情外泄或者婚外情，这部分根本不是隐私。

夫妻的隐私，应该是把过往的感情或者不堪，给保护、屏蔽起来。这样做，不是为了隐瞒，而是为了不让过去影响现在。与此同时，也是需要双方处理好过去的感情或者不堪。如果个人隐瞒情况，是为了欺骗对方，比如明明自己结过婚，后来离异了，但偏偏说这是隐私而不告知对方；再比如，明明自己有小孩，但是担心对方不接受小孩而隐瞒，这些都不属于隐私的范畴。也就是说，隐私是个人的部分，不会牵扯到对方。

个人空间也是夫妻的界限。个人空间，也就是意味着每个人都是独立的，而不是因为婚姻，而变成非独立的。个人有人际交往、事业发展和精神成长，这些部分不应该受到夫妻一方的控制。

婆媳关系和夫妻关系，是婚姻里面的两大核心的界限冲突。解决之道，是夫妻需要独立发展、互相尊重和协同成长。夫妻之间、婆媳之间、母子之间，需要更多交流沟通，而且是多次反复沟通，坚定原生家庭和新生家庭各自发展的道路，孝顺不能牺牲夫妻之道。

七、财物冲突

财物冲突主要体现在，谁掌管家庭财产，以及家庭收支失衡，或家庭收入快速膨胀，从而导致的婚姻生活无法为继，或发生剧烈变化。前者是因为管理权大战，这个大战的背后，常常隐含着女人的爱的思维。女人常常会认为，男人爱女人，就会把财产管理权交给女人；男人不爱女人，则不会把财产管理权给女人。但实际上，财产管理权在男人看来却与爱不爱无关，而是自我掌控，以及对财产的保值、增值，当然，男人也理解女人把财产管理权与爱关联，所以男人会让渡一部分财产管理权。

接下来的是婚姻生活的物质保障问题。一旦家庭收支失衡，家庭日常生活无法正常进行，婚姻的原始动力就缺乏了，因为婚姻本来就是要增加物质以保障女人的繁育。因此物质匮乏夫妻无心无力去繁育后代，也无法保障后代健康茁壮成长，更无法保障后代继续繁育后代。

另一种情况是，夫妻合力发展，共同打造了富足的家庭。因为家庭财产富足，夫妻两个人对于财产的用度、认知和把控，发生了偏差。所以，我们常常会说，男人有了钱就会变坏。男人有钱后不是变坏了，而是对其他女人来说，这个男人更有养育后代的能力了。当然，男人有了钱就会想要养育更多的子女，这是原始动力，但也会通过其他形式表现出来，也就是说，男人有了钱，不一定会去生很多孩子，但会增加播种行为和播种对象。

家庭财产到底是谁管理，这是财权的争夺大战，这个大战可能从婚前就开始了，只是因为有所顾忌，不好意思开口去介入对方的财产管理，但是此刻已经有了窥视之心。一旦进入婚姻，家庭财产管理权便开始进入议事日程，常常以工资卡的争夺开始。当然，也有很多人拿了工资卡还不够，还要拿到对方的外快和奖金。还有一种情况，是家庭财产管理权易主，也就是本来由对方管理，但因为各种原因而剥夺了对方的管理权，这个过程尤为激烈和伤人心。

小U（男）和小I（女）两个是相亲认识的。婚前，小U就一直把自己的财产严格保密，完全不让小I知晓。小I想着婚后小U会把财产和收入告知的，但他还是一样保密。尽管家庭的开支，绝大部分都是小U的钱，但这让小I无法忍受，多次要求小U把工资收入告知，并上缴工资卡，两个人为此不断吵架，最终闹到要离婚。这种案例其实并不少见，夫妻为了工资吵架的，更是多如牛毛。

其实，夫妻之间在财产和收入这方面，需要有相当的透明度，或者双方干脆实现财产协议制。夫妻两个人，无论是实行AA制，还是婚前财产协议，都需要双方多次沟通，并且尽量不要与爱扯上关系。婚姻本身是民事关系，而男女之爱则是情爱关系。

婚后，家庭收支失衡，导致婚姻无法为继，说白了就是挣钱不如花钱多，家庭无法运行下去了。可能是夫妻两个人的用度不够，难以生活，更谈不上保障生活质量，也可能是家庭收入无法维持子女成长，那么子女也无法健康成长。这也分两种情况，一是家庭一直收支失衡，二是以前收支平衡或富裕，到后来慢慢失衡了。家庭经济状况恶化，会导致夫妻之间的冲突摩擦增多，此时除了抱怨、指责，还会受到外界诱惑。人可以一直过穷苦日子，但是人如果过惯了富裕的日子，就很难适应穷苦的日子了。这种案例不胜枚举。

按理说，家庭财产增加了，婚姻生活的物质保障更多、更丰富了，夫妻感情应该更加滋润、紧密，但事实上往往事与愿违。也就是说，在家庭财产快速膨胀的时候，夫妻两个人的冲突矛盾往往会增加。其中原因一是，一方或者双方在努力挣钱的时候，夫妻感情经营的时间会减少，减少感情交流必然会导致心生缝隙；二是男人的财产增多，会引发其他女人的窥视，当然这个男人也可能会主动去勾引其他女人；三是家庭财产增多，女人会担心男人出轨或者诱惑太多，“男人有钱就变坏”的观念还是很深入人心的，女人的防范之心，加上戒备和怀疑，会引起男人的微妙变化。在这三个方面的合力作用下，夫妻双方的冲突和矛盾会增加，但是彼此的沟通会减少，防御机制会增加，有效的感情能量流动会被阻碍。

第三节　男友向我求婚了

浪漫的爱情，总是期待更加浪漫的求婚。表现形式上要惊天地泣鬼神，男人最好发誓，要爱一辈子，带着大钻戒，捧着红玫瑰。这是女人都渴望的求婚。但是，并不是所有的求婚都是如此。另外，如此求婚的，最后能幸福的也没有多少。因为期望越高，吊起来的胃口越大，落到实处的婚姻生活也就越残酷。对比出不幸。

男人为什么要向女人求婚？为什么要搞这么一个大仪式？虽然在仪式的表现上，中外有差异，国内各地区也有不同，但表现出的都是盛大的仪式化倾向。

这两个问题的本质，都是向外证明，这个女人，我已经占有了，这个女人跟我确定了交配关系，其他男人就不要再来纠缠这个女人了。你看，我这么一写，就显得特别龌龊，特别恶心，但这就是人类举办仪式的根本动机。好吧，我用浪漫点的语言来换一个说法：我要向世界上的人宣布，我要一辈子关心呵护这个女人，为她付出生命，让她成为世界上最幸福的新娘、最快乐的妻子，大家可以见证我对这个女人的付出，并且宣告与这个女人结为夫妇，不再染指其他女性。

这么说来，求婚就只有这样一种宣示的作用吗？肯定不是。下面我来详述求婚及背后的各种情况，以及可能出现的风险。

一、怀孕了求婚

因为怀孕而求婚的，大有人在。略微有点责任感或者冲动的男人，此刻都会选择求婚、结婚，其背后存在着这样的思维惯性。

一是男人的责任感。不想让女人说自己说话不算话，因为这种男人上床之前，都会说出很多甜言蜜语，甚至山盟海誓，特别是在做爱不戴套的时候，会拍着胸脯说，怀孕了我就娶你。

二是女人的压力。妈妈给出的压力往往是，你现在谈了女朋友，要尽快结婚，这个女孩看起来很好；女朋友给出的压力往往是，这下怎么办，没脸见人了，或者说我想要生下这个孩子，甚至说打掉这个孩子，这都会给男人巨大压力，自己的孩子自己打掉，有点残忍。请注意，这不是说所有的男人都会这样，有些男人根本就没有想要传播基因，只想快活。说得好听点，是这种男人脱离了动物本性，说得难听，是连禽兽都不如，连自己的孩子都不想要。

三是糊里糊涂。其实也没有什么压力，人生就是走一步看一步，既然已经有孩子了，不怎么爱，或者说原本就无所谓爱不爱这个女人，那就结婚吧，了结单身。他根本没有规划未来的婚姻生活。

四是顺势而为。本来就爱得昏天黑地，已经在爱情中晕头转向了，遇到怀孕这种大惊喜、大刺激，激灵了一下，立马进入求婚节奏，反正是爱的，结婚也是加快进程而已。

五是大脑冲动。跟这个女人交往是一时冲动，或者闲得慌，这个男人完全没有想过跟这个女人结婚，对婚姻也没有太多的思考，单纯地认为，结婚不就是两个人在一起过日子嘛，没啥好怕的。一听到女人怀孕了，兴奋得不行，那就结婚吧。慌慌张张，兴奋冲昏头脑，就开始操持结婚的事情。

六是大惊喜、大惊醒。本来两个人的爱情也发展了很长时间，但是没有结婚的理由，也没有分手的理由，爱情不温不火，不死不活，以前一直做避孕措施，孩子来了，打乱了原来的爱情节奏，触动了原来僵尸般的情感，迸发了爱的火花，那么就结婚吧。一切看起来自然而然。

七是隐情。以前和人恋爱一直没怀孕过，或者说，妻子一直没怀过孕，突然这个女人怀孕了，自己又渴望有个孩子，那么就加速结婚吧。

怀孕了就结婚，这种情况都是基于孩子来考虑婚姻，而不是基于感情和未来的人生规划。当然不是说没有感情，而是结婚的先决条件——孩子，被放大到了首位，而且无限大。

人生虽然是不可预知、难以规划的，但是你得有一个心理预期，有一个蓝图，有一个不慌乱的节奏感。未婚先孕打乱了这个节奏感，除了第七种情况，两个人有比较长期的生活磨合和交互成长，其他六种情况都让双方没有一个缓冲期，很快由两个人的世界进入三个人的世界。

这种新婚综合征都还没有过去，马上进入孕育冲突期，两个矛盾冲突叠加，使得新婚夫妻更加难以理性处理彼此的需要供给冲突，更加难以建立夫妻冲突危机解决模式。婚姻很快会因为这个孩子的到来，进入“世界大战”状态。就算度过了这次大战，夫妻双方也都会遍体鳞伤，大多数的人婚姻，要么进入僵尸冻结状态，要么进入分崩离析的闹离婚状态，要么进入需找外人安慰的婚外情状态。

当然，有一些婚姻会进入比较好的状态，就是两个人都能够比较好地处理婚后的这些冲突和矛盾，或者有一方能够强烈扭曲自己服从对方。

未婚先孕的婚姻，因为具有先天的不足，非常类似于盲人摸象，摸到什么就会认为是什么，因而婚姻往往会有更大的冲突矛盾，需要更多的耐心和智慧，也需要更多的外力协助。

二、闪电结婚

闪电结婚，是闪电式结婚的简称，也就是从接上头到结婚领证时间很短，最长不超过半年，最短到一两天。这种结婚大都是激情燃烧所致，根本没有真实地去交往，去认知对方，仅仅凭着自我感觉，激发出高涨情绪去结婚。这点也许就是动物交配的另外一种形式表现。动物交配不需要太多时间去了解对方，也没有那么多时间去了解对方，因为动物的交配期很短，它们只需要雄性证明足够强大、强壮或健康，比如雄性在一起打架，或者雄性特别会捕捉猎物，或者羽毛特别漂亮，或者特别会跳舞，或者建的窝特别好等等，不一而足。

人类的闪婚，也有点类似于动物的本能选择，女性或者男性往往心目中已经有了一个似乎明确，但其实是模糊的印象，一旦有轮廓近似的类型出现，则被激发，从而认定此人就是结婚对象。比如著名音乐人高先生搞过几次闪婚，都是对方的外表非常符合他的构想，因而一再闪婚，结果都是以离婚告终。随着人们的社交范围越来越大，人与人之间的交往也越来越具有偶然性，这种戏剧化的联结，导致这种激情更加容易发生。比如最著名的微博闪婚，是上海某文艺女青年跟成都一个摄影师，当天微博关注交流，第二天就飞过去办理结婚登记，结果还是离婚。

闪电结婚的这种现象，除了一见钟情的感情，还有很多相亲的感情，也是闪电结婚，城市里有相亲闪电结婚的，农村更是普遍。这种相亲式的闪电结婚，往往是彼此并不讨厌，看上去还行，也都到了所谓的结婚年龄，双方父母还都有点着急。既然大家没有什么意见，那就订个婚，甚至连订婚都省了，在没有什么接触的情况下，定好结婚酒宴的时间，就开始张罗结婚了。

闪电结婚，其实是动物性的播种，并不是太符合人类的基因传播规律。因为人类的成长非常漫长，怀胎就要十个月，这个过程女性需要全方位的呵护关心，生下孩子之后，还需要漫长的十多年的养育，孩子才能独立生存。幸好我们人类创立了婚姻制度，哪怕夫妻双方离婚了，男女双方都有强制性的义务，继续养育孩子到18周岁。

闪电结婚，看起来非常美好浪漫，一见钟情，一生一世，但其实只是一种美好的寄托，现实往往会很残酷。残酷的是，婚姻是一种生活，一种长期的生活，而这种激情的一见钟情，则是一种情绪，一时的感情澎湃，很难持续。婚姻需要两个人及小家庭，共同去面对各自内部和外部的纷争，核心关键的男女关系，需要两个人去碰撞、调整和提升。这样的两个人存在各自差异，比如两性差异、个性差异、家庭文化差异、教育素养差异、逻辑思维差异等，这些差异产生的冲突，需要去尊重、化解和平衡。这种和谐关系，不是一朝一夕就能完成的，也不是靠爱情就能突袭成功的。

闪电结婚，有些人是能够生活幸福的。这类人的特点，是人格特征具有较大的弹性和宜人性，能够给予对方足够的尊重，缩小自我，给予对方更多弹性空间，而且也能够把控对方，不会让自己被忽略。只要两个人都不是这种人格特征——弹性、宜人性，那么闪电结婚之后，在巨大期望与残酷现实的反差中——其实并没有什么大问题，只是跟期望比较起来，让人感觉残酷，夫妻双方会发生斗争，或双向供需失衡，彼此满意度都比较低，那么双方就会否定这段感情，否定这段婚姻。

三、水到渠成的求婚

水到渠成的求婚，是男女双方恋爱进行到相当深的程度，彼此知晓对方的特点、需求和供给，双方渴望共同缔结联盟，共同生活。如果按照恋爱的四个阶段来说，也就是男女双方度过了共存阶段的热恋，冲破了矛盾冲动的反依赖和独立两个阶段，进入了缔结婚姻、共同度过余生的共生阶段。这种求婚当然是最美好、最理想的状态，真正到达这个层面的求婚，相对比较少，这种理性的状态只能说比较接近。

水到渠成的求婚，所达成的婚姻，能够比较快速稳定地度过新婚综合征。两个人互相有一定的了解和预期，也都有了比较稳定的交互模式，哪怕是还有冲突和矛盾，都有比较弹性的机制来面对，两个人能够很快解决这个冲突，或者能够给予这种冲突一定的补偿，从而让双方达到双向供需平衡。

是不是这种状态下达成的婚姻，就能幸福一辈子呢？也不全然。毕竟人是发展的，而且人与人的发展会不一样，人会因为成长而发生变化，双方的这种变化如果不匹配，那么很有可能发生双向供需失衡，从而导致婚姻发展周期型的婚姻冲突，处理不好，可能导致婚姻破裂。

综合上述三种结婚，可以说，人们的婚姻，大概是这三种形式的各种组合，或者是程度上的差异。有没有一种结婚形式，能够维持长久的婚姻呢？答案是肯定的。婚姻成功与否，是选择大于努力的，但是选择之后，还是依靠努力的。选择实质上是方向，方向对了的前提下，努力越多，越成功；方向错了，越努力越悲催。

当我们已经选择了这种婚姻，那我们得清楚，双方哪些功课没有做，哪些功课没有完成，哪些功课需要增加，夫妻双方一同去完成，或者你单方面去提升自己，从而影响你们的婚姻系统。单方面努力不是无效的，只是效果略差，但还是具有改观的可能性的。

第四节　妻子的家庭

婚姻的幸福到底是什么决定的？你问过多少人，就会有多少种回答。最没有技术含量，最让人感觉到无力和宿命的回答，就是在对的时间、对的地方遇到了对的人。这是用一种结果来回答过程。没有到人的生命结束，你怎么就知道你的婚姻是幸福的呢？

其实，还有一种被人们歌颂的现象，也值得思考。那就是夫妻两个人和和美美一辈子，最后两个人死的时间非常接近，因为爱得越深，越难以承受爱人离去的打击。也许事实是，两人爱得并不深，但建立起了一种非常紧密的依赖关系，到了垂老之时，一方的离队变成了一种无法承受之痛，痛到你死了，他/她也跟随着死去。

我之所以举出这种现象，是要告诉大家，幸福婚姻里面所谓的“对的”这种观念，是完全错误的，让人无能为力的。其实，幸福婚姻的决定因素，无非有这几个方面：一是家庭，什么样的家庭培养什么样的人，当然也有例外；二是人本身，人是最重要的，一切都取决于你这个人的气质特征，这点确实无法改变；三是经历，你经历了些什么事情，促进你成长成什么样子；四是他人，他人往往在人生里面起到重大作用，他人对你的影响，甚至会改变你的一生；五是学习，学习除了个人天赋，也跟后天努力及导师指导有关。这五个方面，家庭的影响是关键的、原生的、基础性的。所以，在这一节里，我们仅仅讨论家庭对婚姻的影响，而且是家庭对女性的影响，家庭对男性的影响，会在下一节里面讨论。

一、父母感情类型

人的成长环境，最为关键的是家庭。我们每一个人都这个环境里面进行熏陶，受到潜移默化的影响。家庭环境会影响到我们的情感模式、沟通模式，以及与外界交互作用的模式等。在家庭中，给予我们直接的感情示范的，则是父母。祖辈的感情示范弱于父母，因为他们已经进入老年，彼此之间的感情要么稳定，要么僵化，要么互相深恶痛绝。两个老人之间的感情互动，会比较内隐，而父母的感情互动正处于高峰期，起伏会比较大，更加外显。

当然，原生家庭环境也不是必然就是由亲生父母构建的，还有的是养父母、祖父母，或者福利院等，这些都是类似的原生家庭环境。在这里，我们仅仅讨论亲生父母这种类型的原生家庭感情，其他类型的原生家庭感情，也有类似的状况。

1. 恩爱稳定型。夫妻感情恩爱，主要体现在两个人的情感交流、肢体接触，会比较丰富，外显型的夫妻，则会经常拉手拥抱，交流时有说有笑，或心平气和，冲突或者矛盾较小时，也能用愉快的方式解决，不会发生争吵。内隐型的夫妻，肢体语言较保守，对话会略少，但一定有比较好的交流。

夫妻两个人属于对等的，不存在谁主导谁；处理家庭事务，采取协商方式，尽量多考虑对方；感情保持一定的热度，偶有波动；夫妻感情能够不断升级，彼此供需平衡，满意度比较高。

在这种夫妻感情模式的示范下，孩子学到的：一是男女关系友好相处的表现形式。二是男女关系良好的交流沟通模式。三是男女关系弹性宜人的双方关系。

在这种夫妻氛围下，孩子会感受到父母更多的爱、更多的关注，对于父母的爱的预期，更加稳定持续，不会害怕父母的离开，不会焦虑父母在不在身边，也更加确信亲子关系的稳固，因而会与父母建立良好的安全的依恋关系。

2. 平淡和睦型。夫妻感情平淡，也就是两个人的关系类似于普通人际关系，肢体交流会比较缺乏，内心的喜悦会比较少，外表平淡，言语交流略带距离，缺乏热诚，夫妻关系有点冷淡，起码内心是有点不满足，但是说不出来。夫妻感情虽然平淡，但是两个人能和睦相处，吵架很少，偶有抱怨，或者表情略带点期望，但对方却不一定能捕捉到。夫妻之间，有些什么事情也能够商量，只是少有激情澎湃的事情，一切都好像机器一样，有节律地正常运转着。长期发展下去，最后都会渴望有他人来激发他们的感情，甚至渴望婚外情。对他人的追求，甚至会渴望中带着害怕和自我约束。

在这种夫妻感情的示范下，孩子会学到：一是男女相处会有点距离，不那么密切。二是男女关系的爱的表达，会比较贫乏。三是对男女关系会有内心渴望，但无法表达。

在这种夫妻关系的氛围里面，孩子也会感受到父母的关爱，只是缺乏高涨的情绪，但有时候会转化为过度的关爱，甚至演化为控制。因为夫妻的感情平淡，会转移到孩子身上。孩子当然也会对父母的爱，有持续的预期，但会有一点点挣脱感。

3. 冲突打架型。夫妻感情不和睦，导致夫妻冲突，这种冲突不能够得到解决，激发出暴力形式的打斗，用来解决冲突。夫妻感情不和睦的原因有多种，一是两个人对世界的认知，差异大而且难以调和；二是两个人的个性弹性（所谓的个性强或脾气倔强）小，总要争吵出一个正确结果；三是夫妻感情比较浅，不能为爱妥协或协商。

很多人会说，别看他们夫妻冲突厉害，老是打架，但是人家夫妻感情很深很好。这其实是表象，是暴风雨之后的短暂宁静和晴朗。你如果深入到他们夫妻内心，你会发现两个人的感情契合度低，感情体验满意度低。

孩子在这种夫妻感情示范下，他/她会学到：一是男女关系的相处之道，是用暴力解决冲突，冲突、暴力、平静是男女关系的一种模式；二是男女关系的体验是激烈疯狂，男女之间无法对话，无法协商；三是男女关系是脆弱的，是力量较量，是压倒式的。

孩子在这种夫妻感情的环境中，是恐惧、不安的，他/她会去同情被压倒的一方，会去支持被压倒的一方。这会造成他/她选边站队，陷入父母感情的漩涡中。以后，他/她选择对象，不一定是因为爱那个人，而是同情、怜悯那个人，想要去做英雄，但最终自己伤痕累累，无法再爱，也不懂何为爱。他/她对男女关系，既害怕，又渴望。他/她会为此困扰，很难建立起紧密深入的亲密关系。他/她会渴望尽快建立自己的家庭，他/她要逃离那个冲突打架的原生家庭。他/她害怕男女之间的冲突和吵架，开始会一味避让，甚至忍受，但最终还是会喷发怒火，直到两个人的冲突不可收拾，大打出手。

4. 纠缠不宁型。夫妻感情纠缠不清，总是有各种小矛盾、小摩擦，不得安宁。夫妻两个人，都比较执着于各自的生活习惯、生活态度和个人追求，同时又会不断试图强加给对方。夫妻两个人就这样纷纷扰扰，彼此纠缠。紧张的情绪，不宁的心境，困扰着双方。

孩子在这种夫妻感情环境中，他/她会学到：一是男女关系是常态化摩擦，不能开心快乐；二是男女关系是强迫性的，一方要压倒另外一方，一方要起来反抗；三是男女关系紧张，无法获得谅解，只能冲突不断。

在这种家庭环境里面，孩子会为男女关系烦扰，会羡慕其他和睦的家庭，一旦发现表面和睦的原生家庭，就会爱上对方家庭，而忽略了自己的对象。他/她也会因为男女关系的正常摩擦，而感到恐惧不安，会试图去逃避，或者去讨好对方，以此糊弄对方，缓解当下的冲突。但是，如果冲突总是不解决，而让对方感受到被忽略，甚至不爱，就会越发地引起冲突。

5. 冷漠僵尸型。夫妻感情冷漠，两个人几乎没有什么交流，也许在一起吃饭都是冷冷的，两人也许会在一起睡，但却不会有性爱。这对夫妻好像是完全不相干的人，哪怕是对孩子很热情，但转身面对爱人时，却又是冷漠冰冷。这就好比僵尸一样，它们都完全没有交互作用，只是集聚在一起而已。

在这种夫妻感情环境中，孩子会学到：一是男女关系漠视模式，彼此都是各自为政；二是男女关系交互作用缺失，但还能在一起；三是男女关系不能成长，不能快乐。

孩子在这种家庭里面，会感受到家庭的冷漠，会试图去调和这种冷漠，故意制造麻烦，让父母忙活起来；他/她会渴望父母的温暖，为父母的冷漠感到困惑，纠缠在温暖与冷冻中，甚至会认为这是自己造成的；他/她在未来的男女关系里面会忽冷忽热，让对方感受到不确定性的爱，甚至都不懂如何表达男女的爱恨，会极端愤怒。

6. 分居离婚型。夫妻感情已经走到了分居的状态，心里在挣扎着，计划着离婚。在这种家庭里面，孩子总会问，爸爸/妈妈为什么不回家啊？什么时候回家啊？甚至会哭着说我会很乖的，爸爸妈妈不要分开来住，此刻孩子已经试图卷入父母感情里面；父母一起来带自己，孩子会感觉到特别开心，但会默默担心爸爸/妈妈又离开，盼望着下次父母与自己在一起。

在这种夫妻感情里面，孩子会学到：一是男女关系疏离分割，二是男女关系因为孩子而联结，三是男女关系有一天会失去。

孩子在这样的家庭里面，会感受到不确定性的爱，难以持续的爱；他/她会有种渴望，有种挫败，有点自责；他/她会慢慢理解男女关系的分离，会早熟一些。

父母感情好坏主要影响孩子的以下三个方面：

第一方面是亲密度。父母感情稳定，那么对子女的关爱也会比较稳定持续，可以让孩子处于和睦友好的、有爱的环境中，孩子会具有较好的依恋，建立稳定的亲密关系。父母感情不稳定，吵架、闹别扭、情绪冷漠，这种情况会给予孩子不安稳感，甚至孩子会自责，感觉他/她自己做错了什么，无法进入亲密关系。

第二方面是自我认可度。有些夫妻在冲突矛盾时，偶尔会对孩子说上一句，“要不是为了你，我们也不会吵那么多架”。那样孩子会更加自责，会更加感受自己做得不好，甚至非常非常努力做好自己，讨好父母，但是父母感情还是不好，孩子会感觉自己无能为力，恨自己太差。所以，如果夫妻感情不好，切勿让孩子卷入，要一再强调这是爸妈的事情，与你无关。

第三方面是恐惧。夫妻感情不好，孩子最容易感觉到恐惧、焦虑，尤其是那些吵架、打架的夫妻。其实，夫妻冷战，或者分离，也会让孩子感觉到恐惧。恐惧的来源，一是父母的感情不稳定给孩子带来压力；二是父母感情的不稳定会让孩子没有稳定的爱，害怕受冷落，渴望被爱；三是孩子长大了，会害怕进入父母的感情模式。这种心理负担，反而会让长大成人的子女，进入父母的那种感情模式。

其实，父母感情不好，还会导致子女产生其他方面的问题，但这些问题，都是亲密度、自我认可度和恐惧三种元素的演化，不同的组合，以及表现异化。

二、家庭教养类型

一般来说，可以把父母的教养方式归纳为两个维度：其一是父母对待孩子的情感态度，即接受——拒绝维度；其二是父母对孩子有要求和控制程度，即控制——容许维度。在情感维度的接受端，家长以积极、肯定、耐心的态度对待孩子，尽可能满足孩子的各项要求；在情感的拒绝端，家长常以排斥的态度对待孩子，对他不闻不问。在要求与控制维度的控制端，家长为孩子制订了较高的标准，并要求他努力达到这些要求；在要求与控制维度的容许端，家长宽容放任，对孩子缺乏管教。

根据这两个维度的不同组合，可以形成五种教养方式：权威型、专断型、放纵型、忽视型和混乱型。不同的教养方式，无疑会对孩子的社会性发展和个性形成，以及未来的感情生活产生重大的影响。在这里，我们主要讨论对其未来的感情生活的重大影响。

1. 权威型，接受+控制

儿童期：心情愉悦，幸福感强；高自尊和高自我控制。

青少年期：高自尊，高社会和道德成熟性；高学术和学业成就。

婚育期：感情稳定，自我认可度高，安全感强，亲密关系沟通顺利。

权威型的父母，认为自己在孩子心目中应该有权威。但这种权威来自父母对孩子的理解与尊重，来自他们与孩子的经常交流，以及对孩子的帮助。父母以积极肯定的态度对待儿童，及时、热情地对儿童的需要、行为做出反应，尊重并鼓励儿童表达自己的意见和观点。同时他们对儿童有较高的要求，对儿童不同的行为表现，奖惩分明。

这种高控制且在情感上偏于接纳和温暖的教养方式，对儿童的心理发展有许多积极影响。这种教养方式下的儿童，独立性较强，善于自我控制，自尊感和自信心较强，喜欢与人交往，对人友好。

在这种教养的方式下，孩子的成长过程得到更多的认可，有更多的关爱，家庭环境更加安宁和温暖，自我认可度高，安全感更高，亲密关系的管理能力更强，人格特征更富于宜人性，对待男女差异更具弹性，亲密关系沟通更具有协调性。

你若跟这种人恋爱或者结婚，不一定就不会分手或者离婚，但他能够给予你更多认可，更稳定持续的感情，你会感觉到更多的安全感，双方交往会感觉和谐，你也能够获得更多的成长和引领。

2. 专断型，拒绝+控制

儿童期：焦虑，退缩，不幸福感；遇到挫折易产生敌对感。

青少年期：与权威型相比，自我调整和适应较差；但与放纵型和忽视型相比，常有更好的在校表现。

婚育期：追求自我，但又找不到自我，折磨人，具有反抗特质，容易产生冲突，喜欢提出分手或者离婚，但真走到那一步，又会犹豫不决，也经不起诱惑，婆媳关系处理不好。

专断型父母要求孩子绝对地服从自己，希望子女按照他们为其设计的发展蓝图去成长，对孩子的所有行为都加以保护、监督。这一类型也属于高控制型教养方式，但在情感方面，与权威型父母有显著的差异。这类父母常以冷漠、忽视的态度对待儿童，他们很少考虑儿童自身的要求与意愿。对儿童违反规则的行为表示愤怒，甚至采取严厉的惩罚措施。

这种教养方式下的学前期儿童，常常表现出焦虑、退缩和不快乐。他们在与同伴交往中遇到挫折时，易产生敌对反应。

在青少年时期，在专断型教养方式下成长的儿童与权威型相比，自我调节能力和适应性都比较差。但有时，他们在校的学习表现，比放纵型和忽视型的学生好，而且在校期间的反社会行为也较少。

婚恋期间，会有各种小冲突，一会儿会特别顺从你，一会儿又会特别霸道，对爱人会忽冷忽热，两个人遇到一点冲突矛盾，容易激情处理，放大矛盾，喜欢提分手，喜欢闹离婚，甚至出走。

3. 放纵型，接受+容许

儿童期：冲动，不服从，叛逆；苛求，且依赖成人；缺乏毅力。

青少年期：自我控制差，在校表现不良，与权威型或放纵型相比，更易产生不良行为。

婚恋期：对爱人没有担当，容易花心，或纠缠前度旧情，或勾引新欢骚情。双方有矛盾，不试图解决，而是全部都是对方的问题；答应的事情，三分钟热度，最终都还是无法完成；懂得一点讨好人，但更多的是对你索取，要求你无条件给予他。

这类父母和权威型父母一样，对儿童抱以积极肯定的情感，但缺乏控制。父母放任儿童自己做决定，即使他们还不具有这种能力。例如，任由儿童自己安排饮食起居，纵容儿童贪玩、看电视。父母很少向孩子提出要求，不要求他们做家务事，也不要求他们学习良好的行为举止；对儿童违反规则的行为，采取忽视或接受的态度，很少发怒或训斥儿童。

这样教养方式下的儿童大多很不成熟。他们随意发挥自己，往往具有较强的冲动性和攻击性，而且缺乏责任感，合作性差，很少为别人考虑，自信心不足。

在婚恋期间，他会对你爱得很疯狂，但持久性差，既会形成依赖，又要挣脱，两个人比较难以沟通，喜欢以他自己为主，不太会考虑你的感受，认为你的付出是理所当然，且信心十足，不怕你离开，也相信你不会离开；夫妻两个人容易争夺控制权，容易吵架，甚至发生家暴。因为显得聪明，有个性，很受女孩欢迎，因此比较花心，比较难以稳定自己的感情归属。

4. 忽视型，拒绝+容许

儿童期：在依赖、认知、游戏、情绪和社会技巧方面，存在缺陷；有攻击性行为。

青少年期：自我控制差；学校表现不良。

婚育期：渴望爱情，又害怕爱情，一旦获取了爱情，会给人非常大的压迫感，他不能允许你有异性朋友和半点自己的空间。他会极具同情心，甚至忘记了要爱你，他只是为了补偿他过去的被忽略，要做英雄去保护你，他会无条件地给予你。男女关系会出现女生挣脱，自己感到无力，甚至自我否定。

这类父母，对孩子既缺乏爱的情感和积极反应，又缺少行为方面的要求和控制，因此亲子间的互动很少。他们对儿童缺乏最基本的关注，对儿童的行为缺乏反馈，且容易流露厌烦、不愿搭理的态度。如果儿童提出诸如物质等方面易于满足的要求，父母可能会对此做出应答，然而对于那些耗费时间和精力的长期目标，如培养儿童良好的学习习惯、恰当的社会性行为等，这些父母很少去完成。

这种教养方式下的儿童，与放纵型教养方式下的儿童一样，具有较强的攻击性，很少替别人考虑，对人缺乏热情与关心，这类孩子在青少年时期更有可能出现不良行为问题。

在婚恋期间，他要么会泛滥他的父爱，要么极端渴望对方给予他母爱或者父爱，要么就会封闭自己的心不去爱，本质上，他需要他人的多元的爱（亲子之爱、男女之爱等）。在男女关系上，容易起冲突，满意度会比较低，而且容易爱上不该爱的悲催女。

5. 混乱型，接受+拒绝，控制+容许

儿童期：情绪不稳，焦虑不安，大喊大叫。

青少年期：自控能力不足，情绪化，成绩时好时坏，与人交往会有特别好的朋友，也会有交恶的人。

婚育期：他不知道他要什么样的女人，也不知道要不要爱情，比较随性地追求女生，追到了之后，又恨不得甩掉；遇到自己不喜欢的，但倒追的女生，也会接纳，然后内心焦灼不甘心；感情很难稳定发展，男女关系时好时坏；对他太好的女生，他感到不确定；也会因害怕失去而故意逃离，但又渴望；他一直会处于围城的情结里面。

父母在情感上，对孩子一会儿好得不得了，一会儿又排斥、拒绝，恨不得遗弃孩子，弄得孩子无法确定父母对自己的感情，因而处于焦虑不安中，无所适从。在管控方面，一会儿严厉得不行，一会儿又宽容放纵，任由孩子无法无天。这会导致孩子的言行混乱失控。

在婚恋期间，他对你也是不稳定，一会儿爱得死去活来，一会儿又冷若冰霜，一定要分手，什么恶毒的话都能说出来，不管不顾。男女关系不稳定，会莫名其妙地发生冲突，甚至会发生暴力殴打，然后又哭天抢地要求原谅。总之，和他恋爱会非常虐心。

三、个人成长史

我们人的成长史，大概都要经历胎儿、婴儿、儿童、少年和成年期。在这些阶段，我们要学习吃喝拉撒睡，沟通交流，情感接收与反馈，亲情、友情和爱情等等。我要跟大家讨论的，主要是个人的情感成长，其他方面不是我的研究范畴。当然，人除了经历情感，还会经历其他事件。这些事件也会对情感产生各种作用，但我们暂时不加以讨论。

在个人的成长中，对我们影响最大的，分别是父母、家人、老师、朋友和恋人，这个排序是按照时间轴来排列的。在这些人里，直接作用到每个人感情上面的，是父母，或者养育你的家人，还有恋人，而老师和朋友都是间接影响。老师和朋友的影响力，取决于我们在哪个时期接受其影响，也更加取决于家庭对自己的作用力的大小。下面，我以父母为轴线，穿插家人、朋友、老师和恋人，来讲述一下个人的成长史。

1. 忽略抛弃型的成长史

这种成长史大致是这样的，父母从小忽略对他/她的养育，也就是说，亲子关系比较疏远和疏离，父母给予子女的关爱比较缺乏。孩子会有一种被抛弃感，非常渴望父母的爱，又害怕父母的爱；孩子的内心遭到巨大的创伤，孩子甚至会仇恨父母，会怀疑自己是不是不够乖、不够好。

最典型的就是留守儿童，因为父母常年不在家，在外地打工，子女的养育都交给了老人或家人。子女印记最深的，都是父母回家和离家的时刻，父母回家买了很多玩具、礼物，孩子开始都有点怕生，不认识父母，然后才慢慢熟悉，靠近亲近，还没有完全建立起亲子关系，父母又要离开，孩子面对这种分离要么哭天抢地，要么默不作声，但偷偷流眼泪。

在这种情况下成长的孩子，他/她内心对自己是不确定的，自我认可度低，拥有一种焦虑—矛盾型的依恋，不安全感比较强烈。他/她如果学习上得到了老师的认可和表扬，那么他/她的成绩会一直比较好，因为他/她非常渴望得到老师的关注和认可，他/她会很努力很用功，但是如果他/她天资不行，那么来自家庭和学校的忽略会彻底击败他/她，会很快自暴自弃。

他/她对朋友非常看重，对他人的友情很在意。如果朋友给予他/她高度认可，就会激发他/她的存在感，会死心塌地给予对方，其实仅仅是为了获得对方的一点点的关注和认可。进入恋爱阶段，他/她对爱情看得很重，但又害怕爱情失去，患得患失，一旦进入认可的爱情就会陷入很深，或完全失去自己，会让人感觉非常黏人，非常不独立，甚至会不断查岗，生怕你一刻不在，逃跑了。他/她非常渴望对方对自己关心爱护，有一点点不好都会比较敏感。常常喜欢问，你爱我吗？常常说，我这一辈子就跟你一个人。他/她会很害怕分手，但是又会做出让对方分手的事情，分手对他/她的打击很大，因为又被抛弃了。分手了，他/她会纠结比较长的时间。

跟这种被忽略抛弃型的人恋爱，你会感觉到心非常累，不知道如何去爱他/她。

2. 严厉控制型的成长史

这种成长史是这样的，父母双方或一方，对子女的管控十分严格。孩子不能有自己的想法，几乎完全按照父母的意思来成长，在成长过程中，不能有主见，不能表达意见，不允许有其他选择等等。孩子几乎是父母的翻版，诸如你喜欢什么、学习什么、玩什么、和什么样的人交往，都是由父母决定的。在这个过程中，孩子会有挣扎，甚至会在外面故意犯错，以此来抗争，但是回到家里，马上就会恢复原样。等到孩子长到青春期，会有剧烈的反抗。但是少儿期的反抗，都是很无力的，能选择的就是逃离。一旦逃离了，又不知道自己要什么，仅仅是为了逃离而已，最终还是要回来。

在这样的人群里面，最典型的就是妈宝男或妈宝女，但妈宝男显得更加具有摧毁性。妈宝男就是什么都是妈妈说，我妈妈认为这样不对，你不能对抗我妈，以妈妈为核心评价标准。这种男生完全会忽略自己的感情需要，也会漠视自己的女人的感情，你会感觉到这种男人自私自利，十分自我。但实际上，他根本就不是自我，只是他妈的代言人而已。

一旦嫁了这样的男人，就意味着自己进入了一个严控的家庭。如果你一直在宽松的氛围里面长大，那么这种婆媳关系冲突激烈，你渴望丈夫来挽救你，但是你会发现，是丈夫和婆婆一起来管控你。如果遇到也是严控型的家庭的女生，也就是妈宝女嫁给了妈宝男，那就会是两个老女人的对阵大战，夫妻两个人形成了两个对立的派别。

3. 否定比较型的成长史

这种成长史是这样的，父母双方或者一方，会重复否定孩子，会去拿别的孩子的优点，去比较自己孩子的不足，非得要把自己的孩子比下去，以此来激励自己的孩子。按理说，现在大多是独生子女，父母都是把自己的孩子当作宝贝、当作太阳捧上天去了，但事实上，有些家长就是通过否定自己的孩子，以期达到激励自己的孩子的目的。所以，在整个成长过程中，他/她都是被否定的，总觉得不如人，那么他/她一直会处于不安全感的状态，一直会进入自我否定的模式，同时又会非常好斗好强，总想把别人比下去，但就算他/她取得了很好的成绩，也不会有真正的满足，也不能获得自信，因为随后父母就会说，你是靠运气得来的，你还要更加努力。

我遇到一个个案，他家兄弟俩，因为哥哥有点腿脚不便，所以才又生了他。他哥哥是家里的核心，非常得宠，取得一点点成绩都夸赞得不得了。而他呢，事实上比他哥哥更加聪明，学习成绩也更加好，但一直都被家里人否定，觉得他其实没有什么，都是靠运气，哥哥在为人处事上面都比他强。最终，他都博士毕业了，但他也是和他父母一样，觉得哥哥比较厉害，实际上哥哥结婚的钱，都是弟弟给了一大部分。

他一直谈不好恋爱，遇到自己喜欢的漂亮女孩，不敢追，总感觉自己不够好；遇到人家主动追求他时，交往了之后又被人家抛弃，因为他显得非常没有自信，非常没有安全感，对女孩要么管得很死，要么就没有办法跟女生正常交往，老是为了一点小事争吵，非得要把人家说哭了不可。后来结婚了，妻子给前男朋友发了一个节日问候，他就大发雷霆，开始各种作死的审问。妻子实在吃不消，要离婚。妻子在愤怒的时候，说他没有前男友大，竟然导致不能勃起。

后来，我推荐他看了性心理医生，同时陪他一起来回顾、审视他的成长史。

4. 唠叨无力型的成长史

这种成长史是这样的，父母的一方比较嘴碎，婆婆妈妈，盯着一个事情会说半天，总是不相信自己，也不相信自己的孩子，同时他/她自己也无法做好事情。无论孩子做好了一件事情，还是做坏了一件事情，都会被父母唠叨，没完没了，长大了之后，就会被说得心生厌烦。

在这个过程中，孩子没有得到认可，也会变得说话比较啰嗦，没有自信。因此，这种男生刚开始和女生交往时，女生会感觉特别贴心，受到了特别的关注、关爱，但时间一长，就会发现没有被尊重，也没有得到认可，更没有被信任。这种男人通常比较难以跟女生建立长久的男女关系，而且在男女关系中，这个男人获得爱情的感受会比较少，更像俗语里所说的事儿妈。

5. 温暖热爱型的成长史

这种成长史是这样的，父母给予了孩子足够多的关爱、呵护、体贴，也给予了鼓励、独立和自由，孩子与父母的关系比较对等，双方能够比较好地交流，孩子在不断成长，对家庭是热爱的，是可期待的，不会特别期盼离开家庭。即使离开，也是正常的分离，没有纠结或者波动，能够很快平复自己的心情，回到家里也是愉悦的。

因此，他与女生的交往会比较顺畅，能够懂得女生，交流沟通顺利，表情达意准确，甚至能够引领女生。自己在感情中享受到了爱，也能够给予对方自己的爱。出现了各种矛盾冲突，能够妥善处理，就算是分手，也会好聚好散，而不会发生太多纠缠和撕扯。

第五节　丈夫的家庭

在很多情况下，女人选择对象，往往都会忽略对方的家庭，以为表面上的门当户对就好了，以为未来不和婆家住一起就好了，以为只要丈夫对她好就好了，以为结婚之后，丈夫都会变好，以为生了小孩，夫妻关系就好了。

但是事实上，结婚是两个家庭的情感模式、交流沟通模式、性爱模式以及生活习惯的组合。丈夫的家庭和妻子的家庭一样重要，就如同上一节所分析的家庭类型那样，婚恋中的女方，也要去深入了解丈夫的家庭。

当然，这里比较强调家庭的作用。但对婚姻来说，除了家庭，肯定还有其他的作用力的。

我们先来讨论男方家庭模式对婚姻的影响，主要是从男女强弱、沟通模式和情感模式等方面来讲述。

一、男尊女卑的家庭

男尊女卑，这种思想是比较传统、保守的，并没有阶层区分，在什么样的阶层里都有这样的思想。一般来说，这样的家庭都是家长制，以男人为家长，女性为从属。在他的眼里，男人最大，一切都要围绕男人，女人能力再强也不行，甚至故意压制女人。最典型的就是《围城》里面，方鸿渐家庭那种情形。

在这种家庭里面，男人主外，打拼事业，是比较典型的大男人主义，甚至还有点大老爷主义，女人都要伺候好男人和家庭。女人大多是主内，照顾家人。话语权和财产权都控制在男人手里，女人在家没有地位，类似老妈子。夫妻感情是属于依附型的，也就是女性依附男性，男女关系比较浅，男女双方交流不顺畅，女性更多是隐忍自己的内心需求。因为夫妻亲密度不够，男人往往会在外面搞婚外情，而女性就算知晓了，也只能默默承受，以期男人在外疲倦、厌恶了，再回归家庭。

在这种家庭长大成人的男人，往往会继承他父母的夫妻关系模式。他也会有男尊女卑思想，也会有大男人主义，甚至大老爷主义。在自由恋爱期间，会显得很有担当，但女人往往会感觉到得到的关爱不够。随着恋爱和婚姻的推进，感情会比较快速冷淡下来，女性有索求，则会发生冲突。他会责怪女性做作，不懂事，不懂体谅男人。而在婆媳关系里面，婆婆又会比较强势，甚至不断管教女人要懂得怎么样做好妻子。男人非常尊重老妈，由不得妈妈受半点委屈，因为他一直都觉得，妈妈付出的太多，受到的不公平待遇太多。一旦发生婆媳大战，男人必定支持自己老妈。一旦发生夫妻吵架，婆婆必定支持自己的儿子，做得好的，也只是表面上责怪自己的儿子，实际上还是责怪儿媳做得不好。在得知自己儿子劈腿后，则会以自己的婚姻悲剧来做比较，建议儿媳就这样忍一忍，到她儿子腻味了，就会回归家庭。

二、女强男弱的家庭

女强男弱，是指在家庭里面，夫妻双方扮演的角色，释放的能量，以及展示的力量，女方都表现得比较强势。有一种家庭，并不一定是女人能力很强，也不一定是男人挣钱能力就比女人弱。女人挣钱能力弱，或者说社会地位比较差一点，但是她同样可以获取家庭的关键核心影响力，也还是可以表现得很强势，咄咄逼人。还有一种家庭，女人往往通过某种力量，获取优势地位，从而表现出强势，比如有的男人，性格比较温和，或者有某种难言之隐，女人则通过自己比较火爆的脾气，或者是温柔的手法，来控制男性，通过压制、胁迫，导致对方难以反抗。第三种家庭，女人就是各个方面都比男人强，因而具有了天然的女强男弱的地位和优势，在这种家庭里面，女人因为挣钱多，社会地位高，在这种激烈的夫妻冲突中，全面击败男人而获取优势地位。

在第一种家庭里面，男人常常也会被母亲压制，被控制和约束。孩子会感觉到父亲太弱，甚至会同情父亲，因为他看到父亲其他方面的强大，因而会困惑而同情。父亲在家庭中地位较弱，同时又是被控制的，男孩子会感觉自卑和弱小，害怕女人，从而产生攻击性。但是，他在选择婚姻对象时，又会很矛盾，一方面会厌恶控制力强的女人（强势女人），一方面又会渴望女人比较强大。他与女人互动时，对女人具有天然的防御心，女人比较难以接近他的内心，他也会有反抗，但更多还是会顺从。一旦顺从得久了，他就会感觉到厌烦，会渴望温柔体贴的女人。所以，他如果出轨了，对象一般都是他妈妈的某个影子，正面的或反面的。

在第二种家庭里面，男孩常常会感觉到这个家太吵了，不得安生，会试图去调和父母的关系，但最终都会无能为力。所以，他会尽快想法逃离这个家庭。因而他选择对象，会比较草率，往往会选择表面略显温柔，但是骨子里却比较强势的女人。因此，两个人很快就会进入他父母的那种抢夺模式。男人在这种夫妻争夺式、女强男弱的家庭里面，会从心里感觉父亲比不上母亲，感觉父亲很窝囊，会佩服母亲，甚至有时会为母亲打抱不平，会觉得母亲在外在家都是一把好手，很辛苦。因此，在选择对象时，他会欣赏比较强势、能力比较强的女人，又会感觉自己把握不了这样的女人，会害怕。最终，男人与女人的冲突会比较多，但男人又害怕冲突，而且他也会采取夫妻争夺优势地位的斗争形式。他劈腿时选择的女人，大多数会是身材略矮小，比较温柔听话，把他当大爷一样的女人。但是，这种女人无法满足他的内心需求，最终会被抛弃。

三、鸡犬不宁的家庭

鸡犬不宁，是指夫妻双方处于拉锯战中，争斗激烈，你来我往。双方都争强斗胜，是非对错观念强。在夫妻相处过程中，会因为各种大事小情进行辩论，谁也不服谁。夫妻两个人，不仅言语上会相互攻击，甚至会大打出手。这种家庭中的男孩，会对男女关系感觉到绝望，非常害怕这样的女人，因而他会暗自下决心，不会娶这样的烈女，也不要做这样的激男。

他试图去调解父母，让他们尽量不要争吵，但是完全无效。他特别渴望早日离开这样的家庭，因为害怕这样的男女关系，甚至不想建立自己的家庭。如果这样的男人建立了家庭，相对来说，他会更加乐意接受容易沟通、比较温和，甚至温柔的女性。他会在男女关系里面尽量避免吵架或争夺，但是男女关系必然会有各种磨合，不可能没有争吵。这反而掩盖或者忽略了对方的感受，让女生感觉到无力，或者无法沟通。最终，女生想吵，但吵不起来，双方的关系进入由男生控制着的冷漠状态。此刻，女人往往容易被迫出轨，而男人也会考虑选择新感情，或者干脆回避，不谈婚姻。

四、出轨隐忍的家庭

出轨隐忍，往往是夫妻的一方出轨，而另外一方隐忍不发，或者发而不离，比如男尊女卑的家庭、女强男弱的家庭。这种夫妻关系往往都是失衡型的，强势的一方出轨了，弱势的一方处于隐忍的状态。整个家庭氛围都会感觉到有一重隔阂，会让家人感觉到不对劲。

在这样的家庭里成长起来的男人，往往会重复父母走过的路，也会选择出轨，而且往往是不愿意离婚的，会把婚外情作为婚姻的一种补偿机制。而且，这种男人还会有冠冕堂皇的理由和说辞。

五、离家出走的家庭

离家出走，是夫妻一方离家出走，不再回归，子女完全由另一方来抚养。在这样的家庭成长的男人，得到的是不完整的爱，而且很迷茫，他总会问爸爸或者妈妈在哪里，但得不到真实的答案。尽管得到了某种不真实的答案，他还是会感觉到不安和自卑，甚至产生憎恨。当然，也许留守家庭的这一方，其实也不知道他/她到底去了哪里，于是不停地找寻，整个生活没有了方向，惶惶不可终日。单独照顾孩子的一方，会表现出执着固执的特点。

这样的男孩会比较早熟，学会照顾家庭，甚至体贴单亲。由于这种比较特殊的成长史，这个男孩会变得非常糟糕。在这种缺失家庭，男人长大成人之后， 对家庭的责任感会比较缺乏，尽管他骨子里发誓要照顾好妻子、孩子，但他其实已经接受了一方照顾家庭和孩子的模式。因此，好的时候，他对家庭和孩子会非常好，糟糕的时候，他能够一走了之。关机，拉黑，逃避，他都做得出来，出轨这样的事情，当然也做得出来，而且可能出轨而不再回家了。

六、异地婚姻的家庭

异地婚姻，是夫妻结婚之后，却分隔两地。这种家庭实际上也是不完整的，而且会处于风雨飘摇中。虽然老一辈的婚姻，夫妻两地分居的比率较大，也成功地保持了婚姻，但现在的家庭，两地分居者大都存在婚外情。婚外情和婚姻两者维持着微妙的平衡。平衡一旦打破，双方常常会选择离婚，婚外情则会修成正果。

男孩在这种家庭中，往往得不到完整的爱，但是又都有来自双方的、有缺憾的爱。在这种异地婚姻的家庭里，孩子会特别渴望得到另外一方的爱，另外一方也会因为愧疚，而施予他更多物质上的补偿、感情上的接纳，以及控制上的娇纵。因此，他会生活在两个形式的父（母）爱里面。他会非常渴望家庭团聚的温暖，也会协助养育他的父亲（母亲）。

这样的男人结婚之后，对夫妻关系会比较冷淡一些，不会认为彼此需要很多交流，会更多自顾自，让对方感受冷落和失落。他要建立的夫妻关系，是比较松散型的，亲密的夫妻关系对他来说，会有窒息感。当然，也不排除一些男人会特别重视家庭，因为他骨子里面渴望完整的家庭，渴望完整的父母关爱，但他往往在这种正常的亲密夫妻关系中，会感觉到别扭，会发生很多因为空间和隐私的矛盾冲突。

七、动荡不安的家庭

动荡不安，不是指夫妻关系动荡不安，夫妻关系的动荡不安，归类到鸡犬不宁型的家庭，而是特指家庭多次搬迁，而造成的物理位置的动荡。我遇到过的一个最典型的广州婚姻管理客户，就是这样的。他在河南出生，然后去了广州，后来又去了深圳，最后落脚在广州。在他的成长过程中，缺乏父母的爱。最开始，是父亲去了广州，然后母亲也跟去广州，几年后他才过去，基本上总是落后于父母的脚步，成为了临时留守儿童。

男孩在这种家庭，会感受到不安、焦虑，对未来会有很大的不确定性，比较难以建立起与他人的紧密关系，甚至会产生不自信。当然，也会有少数超人，适应性特别强。同时，他也会特别渴望亲密的朋友，但又非常害怕失去，因为家庭的迁徙，他已经失去了很多好朋友。但越是害怕失去，越会比较容易失去朋友。结婚之后，他渴望安稳的家庭，特别渴望女性能够从事稳定的工作，来全身心照顾这个家。如果女人从事的工作不稳定，他会焦虑不安。另外，如果他经常出差，那么他会很快在外地有新的情人。

八、和谐友好的家庭

和谐友好，是夫妻处于好朋友的状态，夫唱妇随，双方比较能够沟通协调。男孩在这种家庭中成长，会看到男女关系的良性交互作用，彼此相互尊重，相互满足。

这类男人建立的婚姻，也能够与妻子交流协商，比较尊重妻子。当然，任何类型的家庭都免不了会出轨，因为任何人都可能会有腻味厌烦。所以，他也许会找一个特别有个性的女人搞婚外情，但最终他会感觉比较累，又回归家庭。

九、幸福交互的家庭

幸福交互，我个人认为这是小概率家庭，估计不会超过万分之五。因为这种夫妻的感情非常深，有深度、厚度、广度，夫妻更加在意两人世界。

但是，在这类几乎完美的家庭中成长起来的男孩，却会感受到巨大的压力，越长大成熟，越会感觉到压力和疏离感。这个世界就是这样奇妙。夫妻关系太好了，反而会对子女忽略，反而带给子女压力。男孩以后的婚姻，也许会不好也不坏。

男人和女人的婚姻幸福，往往都要去系统了解分析男女双方的原生家庭，成长中的重大事件，以及个人成长史，包括情史，看看两个人婚姻模式、沟通模式、性爱模式，以及矛盾冲突处理模式是否匹配，以及匹配在什么地方，不匹配的根源在哪里等，夫妻之间需要修正哪些不匹配的地方。

第六节 夫妻俩的婚姻生活

婚姻生活是从什么时候开始的呢？一般而言是从举办婚礼开始的，当然，法律上的夫妻是从领结婚证开始的。也有一些人不办婚礼，领证后就开始在一起生活。有些人会说，我们从谈恋爱开始，就异地恋，结婚了还是异地婚，那怎么算？可以从你们的心理转变的时候开始算。也许，这种异地恋转为异地婚的人，永远就没有过婚姻生活。所以说，婚姻生活，是要两个人在一起生活，过日子，培育婚姻，养育子女，发展个体和事业。

所有的婚姻生活，都要经历这么五个阶段：

第一个阶段是蜜月期。在这个阶段，双方如胶似漆，恨不得彼此陷入对方肉体，形影不离，进出都是成双入对，疯狂性爱。

第二阶段是冲突期。在这个阶段开始审视对方与自己的差异和理想与现实的落差，正是这些差异和落差导致彼此产生矛盾冲突和受骗感，开始找寻自己认为的正确价值，开始指责、抱怨、缓和和对抗，最激烈的会失望到要离婚，感觉完全结错了婚，嫁娶错了人。在这个阶段可能会发生婚外情，因为自己感情不稳定，特别想找人倾诉，要么找旧情人，要么就是在网上找人。

第三阶段是幸福期。在这个阶段来临之前，已经经历了冲突期，双方会进行调整，也会共同成长，然后会进入一个舒适区，让双方都感觉比较舒服，而且会有珍惜婚姻的感情需要。在这个阶段，很多问题也会不断产生，但是彼此能够协商，能够妥协，甚至很快达成一致。双方在这个阶段，因为同心同德，事业和生活得到了比较好的发展和协调。双方都对彼此感到满意，都感受到了对方的尊重、真诚、爱情、体贴和关怀。

第四阶段是平淡期。幸福时光总是过得很快，不知不觉中，双方走向了平淡。其实，就是习惯了对方的付出，天然地享受着对方的爱，而且很麻木，忽视了回馈对方。夫妻二人都各自忙着事业，或者是忙着照顾小孩，两人的交集在减少，灵肉交流在变浅。夫妻双方依然有默契，做着双方熟悉的事情，新的探索减少了，兴奋高潮的临界点好像提高了，总有一种不得力的落寞感，双方彼此都不说，但都体会到了，偶尔挣扎，很快就放弃了。

在这个平淡期，夫妻的互相感受在减弱，但对外界却比较敏感，也许，外界异性对你有那么一点点触碰或好感，你都会在内心惊觉一跳，甚至对自己对其他异性产生感觉而自我控制。有控制就有失控，当你渴望打破夫妻之间的平淡时，你渴望有点生活的激情，你就会寻找或接受异性。好了，你开始了婚外情，这个婚外情让你亢奋，也让你内疚，还让你害怕。

第五阶段是凋谢期。平淡期会比较漫长，长到你感觉窒息，而有了窒息感，就到了凋谢期。凋谢期和平淡期会有一点点重合，也就是说，在不经意间，夫妻两个人的感情，也许就滑入了感情凋谢期。在感情凋谢期里，夫妻两个人的交流，几乎是没有的，或者是无效的。两个人的生活感受，彼此都无法把握。这种陌生感不停袭击双方的内心，双方挣扎在离婚还是继续的边缘，性爱变得更少，而在少有的性爱里，双方的满意度很低，甚至感觉到性自卑或者性障碍。夫妻两个人，虽然同在一个屋檐下，或者分居了，彼此的心偶尔才会考虑到对方，双方靠着惯性，继续维持了这段婚姻，不吵也不闹，安安静静地，你不知道对方，对方不了解你，越发感觉到两个人之间的陌生，甚至越来越感觉对方别扭。在彼此的心里，都会有渴望，想去激活这段婚姻，可是双方都感觉到无力，或者一方在做无力的努力。在这段婚姻里，也许有一方已经开始了婚外情，他/她变得不那么内疚，不那么害怕，甚至渴望被发现，因为发现了婚外情，才有勇气来离婚。

我一般不按照婚姻生活的五个阶段，来讨论具体的婚姻生活，而是按照婚姻生活的具体感觉，来描述婚姻生活。这样，可以让大家更加真实地体验婚姻生活，回忆自己的婚姻生活，也会有一种身临其境感。

一、爱的幸福

爱的幸福，也许就是恋爱终于迎来求婚了。此刻，满满的都是有情人终成眷属的幸福感。无论有没有求婚的仪式，比如单腿下跪、钻戒之类的，男人都会肯定地说，你嫁给我吧，我会用一生来爱你，保护你，宠爱你！

当然，求婚也是有好多种的。第一种是未婚先孕，那就匆忙求婚，无论有没有诚意，女生得到男人迎娶的意愿，还是会很高兴，总算不必担心胎儿的去留了。但是，这种未婚先孕所导致的婚姻，往往都是冲突比较多的，甚至更容易导致出轨和离婚，因为双方不一定能够度过新婚期综合征、孕育期变态反应，以及婆媳关系三重冲突。

第二种是激情求婚，常常都是闪婚族爱玩的事情。他们并不认为婚姻是什么重大的事情，一个冲动就说你嫁给我吧，对方一个冲动就真嫁了，所以闪婚多，闪离也多，双方对婚姻的预估太少，期望太高，而且没有心理准备真正过婚姻生活。有道是，饮食男女难过，禽兽男女好爽。

第三种是正常恋爱，水到渠成。恋爱时间通常也不长，一般是1到3年，双方对于婚姻有憧憬、有规划，双方父母也都支持。这种婚姻相对来说，比较好面对新婚综合征，不过还是会有激烈冲突，甚至闹离婚，但真正离婚的不多。

第四种是罗密欧朱丽叶型的求婚，也就是双方父母，或一方父母坚决反对结婚，但是两个人还是一意孤行成婚了，最后父母也只好默认了。夫妻双方的矛盾，从婚后开始出现了。

第五种是长跑式的求婚。两个人恋爱多年，都要进入到感情凋谢期了，才缔结婚姻，结果很快就进入婚姻平淡期。

第六种是相亲式的求婚，也就是通过相亲来确定婚姻，目的非常明确，恋爱就是来结婚的，同意交往则意味着就确定了要结婚。

二、繁忙的婚礼

婚礼是婚姻里面最折磨人的事情之一。婚礼不仅仅要考虑男女双方家庭的婚俗，以及礼节、礼金、彩礼，还需要拍婚纱照，预订酒店和菜品，还要邀请参加婚礼的人，婚礼上的节目、台词和嘉宾等等，还好现在有婚庆公司，可以节省许多心力。如果新人在异地，则可能面临要搞两地，甚至三地的婚礼婚宴。

我做了这么多年婚姻管理私人顾问，最深的体会就是，婚俗、礼节、礼金分配和人员座次安排，常常会引发矛盾冲突，甚至搞得婚都不结了，为婆媳关系或翁婿关系埋下隐患。

有一对夫妇，从订婚就开始闹矛盾，女方要求29.8万的彩礼，男方说最多6.8万，否则就不结婚了。还真因彩礼闹得推迟了婚礼半年多，后来双方协商彩礼为16.8万。但因为彩礼结了梁子，男生婚后就没有去过老丈人家，也没有一个电话。 还有一对夫妻，在婚礼上，婆家人就跟女方家长发生了冲突，因为女方没有把男方家长安排在主位，而且女方来的人比男方来的人多一桌。结果女方家长赔礼道歉，婚礼搞完，亲家之间水火不容了。

最灿烂、最具有表演形式的婚礼结束之后，夫妻两个人都得要归于平静，而这个平静就是要归于普通的饮食男女，归于普通的生活。

三、婚姻生活来了

婚姻生活开始落地生根。两个人正式对外对内以夫妻形式共存了。双方朝夕相处，很快就原形毕露了。其实，也许两个人本来都没有装，但是因为结婚——婚礼上的誓词还言犹在耳，会让人提高对对方的期望值。如果对方还是婚前那样的表现，或者略微不如婚前，这种期望值的落差，直接会让人产生战略上的否定：这是我要的人吗？这是我要的婚姻吗？你是不是在欺骗我的感情？

也许你并不会直接说出来，但是你会从行为和语言上表现出来。你会开始责怪对方没有婚前那么照顾你，没有婚前那么黏你，没有婚前那么热情，也没有婚前那样完全听从他/她，没有婚前对他/她那么好。你肯定会否定，你会说其实你一直是这样，从来没有变化。

好，他/她可能不再纠缠这些，紧接着他/她开始揪着你和他/她的生活习惯的差异，比如你洗脸漱口的方式，他/她看着很不舒服，太浪费水或者牙膏了，毛巾拧得不干；比如你进门没有及时换拖鞋，没有赶紧去洗脸洗手，再比如你乱扔袜子、卫生巾；比如你洗碗不干净。再比如，你吃饭吧唧嘴巴，发出声音，你说话声音太大，或者睡觉打呼噜。

指责完了你的生活习惯之后，开始抱怨，抱怨你没有以前电话多或者短信少，甚至说你没有去他/她的微博或者微信，点赞或者评论，然后说你做菜太咸或太淡。还会说，你咋没有以前那么准时了？一说你忙吧，不要来接我了，你就真的不来接我了；你现在不做饭也不洗碗，说是要做家务，结果都是我一个人干；花钱大手大脚，乱买东西；工作老是加班，怎么忘记了重要的日子？

抱怨完你的各种小问题之后，开始防卫和对抗。他/她说你，你就得乖乖听乖乖做，否则就开始跟你闹别扭，或者冷战不理你。你说他/她，他/她立马会反击你，彼此谁也不听谁，都只顾说自己的，也搞不清楚到底是为了自己舒服一点，还是为了胁迫对方，当然忘记了对抗的初衷，也抛弃了当初嫁娶的誓言。

防卫和对抗累了，人心也散了，就进入静默期或者说冷战期了。双方心灰意冷，对婚姻没有什么憧憬了，对爱人也失望了，大家各顾各的，谁也不干涉谁，甚至连性爱都没有了。

在婚姻生活里，情绪就如过山车一样，期待、害怕；激情、担忧；舒缓、放松；离场时，又有点想念。

在婚姻生活里，人的脾气，就是针尖对麦芒，就是作用力与反作用力，一旦针尖对棉花，麦芒对面团，强力对太极，生活就会顺心如意。

在婚姻生活里，就没有开心、没有高兴吗？当然有，而且可能还比较多。但是，为什么我不写呢？因为人就是那么善于忘记好事，容易记住坏事。

如果你能够具有过滤功能，把不舒心的事情尽量过滤掉，那么你完全能够控制好婚姻生活。如果你不能过滤掉烦心事，那就用心倾听对方，让他/她讲完，不用着急去辩解，也不用用力反对，倾听完了，要抱着对方，一起去尊重、面对事实，调整和引领双方的情绪。

四、一切那么和谐

在婚姻生活里，矛盾冲突在不断发生，也在不断地解决或积累。当矛盾冲突的发生和解决，形成了一个模式之后，双方会进入一个矛盾不是矛盾、冲突也不是冲突的状态，双方不会为矛盾和冲突而困扰，因而双方会感觉彼此的满意度提高了很多，也感觉两个人的感情加深了很多。两个人的了解增加，互信增加，性爱也滋润了，一切都显得那么和谐了。

大家要注意，和谐了，不是矛盾和冲突没有了，而是双方能够解决这些出现的问题。也就是说，能够解决的问题都不是问题。

大家也要注意，和谐了，夫妻双方的矛盾和冲突也会减少，甚至双方的矛盾和冲突会变得稀少，夫妻关系会显得很祥和。

大家更要注意，和谐了，夫妻中某个人或两个人会对这种和谐感到很满足，慢慢地，也会对这种和谐的甜蜜果实感到很平和。

五、偶尔吵架

有些女性会说，哎呀，从恋爱到结婚这么多年，两个人从来没有吵过架，怎么现在开始跟我顶嘴了，甚至开始跟我吵架了，是不是男人变心了？

和谐的婚姻，和谐的夫妻关系，随着双方的成长，彼此会发生一些步调或感受不一致的现象。在这种和谐的惯性里面，会让人感觉不一样，甚至感觉是一种挑战，从而激发起新的小抗拒，然后就会发生冲突或者矛盾。这些冲突或者矛盾，会被忍受或者忽略，但某些状况下，大家谁也不忍了，就直接吵了起来，夫妻双方每个人都要表达自己内心的想法和感受。有时候，夫妻之间也许累积了一些负性能量，这种偶尔的吵架有利于双方的情感释放，有利于夫妻的能量传递，也有利于夫妻的内心交流。

夫妻之间的这种偶尔吵架是好的，有利于夫妻关系的发展。一是这种吵架警醒夫妻，注意对方有不满意或不满足，注意双方可能存在新的差异；二是这种吵架也能激活平淡如水的婚姻态势，这种波动有利于激发夫妻略微钝感的感情神经，有点波动对于婚姻的稳定性反而有利；三是这种吵架也可以作为夫妻双方新成长的动因，夫妻的双向供需平衡总是保持不变，双方的人生体验是会降低的，而且会导致满意度降低。一成不变的婚姻生活，不是谁都想要的。

因而，夫妻之间偶尔吵架是有利的，应该正向看待这个问题，不必太紧张或者害怕，更不要多疑或者起疑心。

六、交流少了

夫妻之间的交流，是夫妻关系里面最重要的一环。夫妻交流不是仅仅局限在两个人聊天，还应该包含肢体协同、眼神交互、性爱和其他活动等。夫妻交流是一个系统，交流彼此的感受、思想、思考，以及生活蓝图等。交流的过程，双方需要进行能量传递、能力互助，以及资源共享及贡献。夫妻交流，一则是感情表露、抓取和回馈；二则是双方的信赖再建、巩固和加深；三则是随时反思并化解误会，共同提升认知层面和共创美好未来。

夫妻之间的交流，为什么会少了呢？一则是夫妻交流机制惯性大，习惯之后，感受麻木了，或者说耐受性增强了，丝毫没有什么新鲜感，人的机制就是图新图刺激；二则是夫妻交流的内容匮乏，交流的内容总是那些事儿，丝毫没有增加新的内容，也没有加深旧内容的内涵；三是夫妻交流的形式老套、模式化，比如性爱里面就是那么三板斧，比如夫妻两个人的冲突，总是听妻子的，或是丈夫的，比如下厨总是那么几样菜；四是夫妻交流的效果差，每次交流得不到很好的回馈，对方敷衍，交流效果低于自己的预期，因而感觉交流有没有都一样，降低了交流的渴望；五是夫妻交流的恶化后遗症，夫妻两个人交恶不是一天两天的，两个人的交流甚至令人感到恐惧，就会尽量避免交流，所以，夫妻双方交流出现不畅通，一定要及时疏通，而不能以自己就是这样的脾气或性格来作为借口，尤其是你一再强调你就是这样或者对方就会那样，那么你们之间沟通的大门就会关上。

大量的婚外情，都是从夫妻交流这块开始的。夫妻的坚固婚姻，就是从两个人交流减少，交流不畅，交流没劲，交流不新鲜开始改变的。他/她与外界的异性开始了简短的聊天，然后大家觉得非常聊得来，接着发现彼此都很懂对方，最后交流到床上去了。

诸位可以回忆一下，你丈夫出轨是从什么时候开始的，他最明显的变化是什么。

七、他说他其实有点累

累，是现在这个社会的通病，是一种亚健康的状态。而在婚姻里面，男人经常说，他感觉到累，而且没有不累的时候。其实，女人常常会让男人多休息，体贴点的会做更多的家务，但是男人还是说有点累。其实呢，男人这个时候说有点累，根本就不是他身体感觉到累。如果不能忍受，他找医生即可解决这个问题。你为他多做家务，其实并不能真正解决他身体的累。那么男人喊有点累，到底是什么累呢？

作为女人，你要知道，他的累主要在三个方面。一方面是事业压力，这种事业压力大多是事业瓶颈或者事业竞争带来的，这种累确实让人心力憔悴；二是感情失调，感情失调往往是夫妻满意度下降的结果，两个人共同话语交流少，或者难以交流，性爱麻木没有新高潮，感情惯性麻木，要么是老喜欢说的没有爱情只有亲情，双方关系走向恶劣，一直憋着，成了千年王八万年龟；三是人生没趣味，人生没有了方向，追求变得难以实现，情绪比较波动，忽而高涨，忽而低落。

这三个方面的累，夫妻之间在家庭里都要面对，而且无法逃避，越是忍受，越是感觉压在心头，无法释放。

丈夫说，有点累。你要试着去陪伴，而不是去安慰，你越安慰，越会让他感觉到心烦意乱。当然，陪伴不是你跟在他身边，而是能够理解他、共情他，挠他心里的痒痒。其实，难度还蛮高的。

八、婚姻有点烦人

恋爱开始后，大多数人都是开心的，少数人心里有缺失，明明痛苦，却还继续纠缠不清，最后居然还结婚了。婚姻开始后，甜蜜伴随而来。短暂的甜蜜之后，扑面而来的就是矛盾冲突。双方做出调整之后，进入了和谐期。享受着暴风雨之后的彩虹，然后就进入平淡期。有点累了，有点烦了，想要挣脱了。

为什么好好的婚姻，会感觉烦了呢？

其实，要回答为什么会感觉婚姻烦了，不如回答婚姻烦在什么地方。这样更加好操作，会让大家更加能够理解婚姻，懂得要去抓那些主要环节。

首先，烦的地方是婚姻对象不得劲。这是结婚之后，因为日积月累的各种矛盾冲突和婚姻生活感觉，而得到的一个模糊感受性结论。但是这个结论，又不敢轻易开口说，因而会制造各种麻烦来表达这种感受。这种感觉往往是这样的：感觉没有娶对人，或者没有嫁对人，感觉婚姻没有意思，感觉生活没有意义，整个人都感觉心灰意冷，极度渴望外面的世界。

然后，烦的地方就是爱人办事能力不足，人不聪明，对自己事业没有帮助，在朋友面前不能给自己长脸。其实，人因为付出方向不一样，因而发展方向也会不一样，收获也不一样，思考方式和深度也不一样。你以为对方真的能力不足吗？那是完全忽略了对方的优势，只看到了对方的弱势，找茬贬低对方，故意引发冲突。

接着烦的地方，是爱人的社交能力不足，往往会感觉爱人不会说话，不懂做事，也就是不懂为人处世，说话得罪人，说话不讨人喜欢。其实，本质上，爱人的说话和做事没有什么变化。如果一定要说变化，那就是爱人一门心思为家着想，为家操心。

紧接着烦的地方，就是与爱人没有共同话题，谈不拢事情，也商量不了大事情。一沟通，就是孩子教育；一沟通，就是吃喝拉撒睡；一聊天，就是你爱不爱我；一说话，就是语气不耐烦；一谈事业，就是看人家谁谁。总之，两个人关注的事情完全不一样。

最后烦的地方，就是性生活无趣。

其实，婚姻哪里会有不烦人的呢？婚姻久了，总会有感觉到疲劳麻木的时候；婚姻久了，总会有爱情遇到瓶颈的时候。与其忍受，不如来个小爆发、热讨论，去积极创意创新创天地。

九、性生活有点少了

性生活，是婚姻生活里的核心关键内容。性生活是两个人共同释放性压力的活动，也是两个人互相信任坦诚的活动，更是两个人交流肉体感情的活动。

性生活不会一成不变，人都有一个适应期，而且会随着年龄的变化而发生变化。通常，男人的性交频率在20岁左右达到最高峰，而性交持久时间常常在35岁之后会增加；女人在20岁左右，虽然年轻，但是性体验却并非最佳，反而是三四十岁达到最佳体验。

对于男人来说，婚后还能够保持每周二三次，其实已经算可以了。这并不是说男人没有持续性爱的能力，而是和一个女人长期性爱，会让男人比较容易厌倦，从而失去了性交动力。

是的，婚姻里面的变化，彼此最容易感受到的，尤其是女性容易感到的，就是男人做爱的次数减少了，当然，做爱的冲击力度也小了。是不是性生活少了，婚姻就会出问题呢？也不尽然。只是有一点，丈夫对妻子的肉体熟视无睹了，他只是正常释放动物性压力。也许，他开始进入单身时的自慰。其实，有很大一部分男人，常常会把自慰作为婚后性生活的一种补充。

基于上述分析，夫妻的性生活变化，女性应该引起高度的重视。女性也好，男性也罢，在婚后的性生活里面，应该不断去学习新的性爱方式，推陈出新，双方共同探讨，共同修炼，进入一轮新的高潮。

十、回家晚了

夫妻两个人的互动越来越少，那么丈夫回家往往就会越来越晚。男人晚归，要么真的是因为工作比较忙，没有办法按时下班，但是长期不按时下班，常常是他自己不想那么早回家；要么是男人的心不在家里而在家外，他觉得在外面更加自在，更加舒服，有应酬晚回家，没有应酬，找应酬也要晚回家；要么就是去跟别的女生约会去了，然后告诉妻子需要加班，需要应酬，实际上完全没有这回事。

所以，任何女人遇到丈夫长期晚归，一定要警惕。

十一、家里冷了

男人回到家里，如同空气一样，没有与家里人的互动，不会和妻子互动，也不会和孩子互动，更不会与老人互动。回到家里，他要么看电视，要么玩手机，要么上网。丈夫不仅与家人没有什么互动，回到家里，也是一脸的阴沉不开心，好像与家庭为敌一样。丈夫甚至连做爱都懒得做了，宁愿自慰。

女人有时候去试图跟丈夫沟通，但是丈夫无动于衷，多说几句，就会说你这个人烦不烦，你就不能让人安静一会儿，甚至会愤怒地摔门而去。

第七节　婚姻中的矛盾冲突

夫妻两个人为何会发生矛盾冲突呢？很多人会说，是对方不够爱自己，互不相让而导致矛盾冲突。事实上，夫妻之间发生矛盾冲突，与爱不爱是无关的。

夫妻，是由男女构成的。男女之间，本身就存在差异，两个人因为差异而相互吸引，并产生爱，有了这个基础才会结成夫妻。但是这种男女性别差异，也正是夫妻矛盾产生的根源之一。当然，我也反对把男女性别差异当作矛盾的借口，如果真是这样，那男女之间就永无宁日了。

男女之间的差异，不会比男男或女女之间的差异更大。所以，两个人就是天然的两个不同个体，这就是差异的天然所在。夫妻之间的真正差异，来源于双方的原生家庭、教养模式、成长史以及其中的重大事件等方面。夫妻之间的矛盾冲突，除了夫妻之间直接产生，还有由外界引发的，比如婆媳关系引发夫妻关系恶化，身体、工作和子女教育等方面，引发夫妻之间矛盾产生或激化。

在上一节里，我按照婚姻生活的具体感觉，描述了婚姻生活中夫妻之间的矛盾冲突，在这一节里，我再按照夫妻关系的推进、发展，来一一展开讨论，或者说按照婚姻生命周期来讨论描述。夫妻的矛盾冲突，在各个阶段参与的人不同，矛盾冲突的根源也会不一样，矛盾冲突的表现形式也不同，解决方法也是不尽相同的。另外，夫妻之间的有些矛盾冲突，可能一辈子都不能解决，只能带着矛盾冲突维持婚姻。有些矛盾冲突可以用一段时间来解决，有些矛盾冲突很快就解决了。夫妻之间的矛盾冲突，也会新旧交替发生，也会迭代升级。一日夫妻百日恩，一日夫妻也会有矛盾冲突，只是大小不一，强弱不同，威力不一样而已。

一、婚礼冲突

婚礼冲突，表面上是对婚礼习俗的理解不同而导致的。双方父母主导，甚至是某一方的亲朋发起，从而引发夫妻矛盾。双方父母主导的婚礼冲突，主要包括礼金、婚宴、礼数，以及婚礼仪式等方面。双方父母的想法是，你得尊重我，你现在都不尊重我，以后就更加不会尊重我，所以在各种表现形式上要争面子，比如礼金数额、婚宴档次、宾客人数、婚车数量，以及婚礼先后顺序等方面。

我曾经辅导过一对闹离婚的夫妻。他们结婚五六年了，男方还在纠缠当年为何要那么多礼金，导致他妈妈去求人借钱，而女方则坚持自己家已经是退让到最低的数额了，也表明了实在没有也就算了，但是，婆婆就是要去争这口气，非要去借钱凑礼金。双方父母在子女结婚三年之后，还在为此争吵。这种心结，本质还是男方觉得女方没有顾及男方的家庭经济情况，导致男方母亲颜面丧失，也就是女方没有尊重男方。

网络上也报道过，杭州土豪嫁女，结果丈母娘不让女儿入洞房。原因就是，以前男方答应给女方另外准备一套住房，小夫妻一起住，结果根本没有另外购置住房，新娘还要跟小姑子及公婆一起住，所以感觉受到了天大的委屈。

婚礼的矛盾冲突会演变到不可收拾。本质上，还是父母没有把子女当作成年人，将子女婚事恶化为了敌我矛盾，而不是结为亲眷。深挖下去，可以归结为父母的分离焦虑。父母总感觉子女还是宝贝疙瘩，受不得半点委屈。父母常常说，我都不舍得让我儿子（女儿）受一点气，你还来这一套，坚决不行。

很多人的婚礼变成了离婚的前戏，有的甚至演变为葬礼。婚礼的矛盾冲突处理不及时，会为未来的婚姻埋下隐形的伤害。

二、蜜月冲突

新婚燕尔，新婚蜜月，按理说是两个人最快乐开心的时候，但大多数男女在婚礼举办之后，并没有什么蜜月期。因为大多数男女，在结婚之前已经举行了周公之礼，滚床单都是轻的，很多是同居了数年。国外有统计数据表明，婚前同居过的，婚后并不会更加幸福，反而会更加不和谐。这是为什么呢？

我们先来看看蜜月期的主要矛盾冲突是些什么。

一是感觉爱人好像没有以前那么爱自己了，或者说没有想象中那样爱自己了。女人或男人都会有这种感觉，因而会产生失落。这种感觉产生的原因，往往是高预期低现实产生的心理误判，其实两个人的实质关系没有发生什么变化。但有一点可以肯定，很多人会放松一下自己绷紧的神经，恢复到他/她的本来状态，也就是很多人说的原形毕露，实际上没有那么凶险。

二是感觉爱人好像没有以前那么宠自己，或是没有像以前那样哄自己了。你会发现以前都是形影不离，对方有什么好的都会想到你，但现在对方竟然会只顾自己，甚至只忙自己的事情。产生这种情形的原因是，婚前常常都会有一种特别的待遇，为的是保全彼此的关系，暂时让渡自己的利益，而一旦结婚了，会感觉彼此已经是合法夫妻，不再需要额外付出，一样可以保全彼此的关系，直接去实现自己的利益，甚至会占用对方的利益。恋爱和婚姻，两个人的关系在心理上会发生变化，恋爱失去自我，婚姻回归自我。

三是感觉爱人是个骗子。婚前许诺了要办到很多事情，但是却都没有办到。比如原来要去马尔代夫度蜜月，结果去了三亚；比如婚后男方要干家务，结果度蜜月的时候，丈夫就什么都不干了。产生这个感觉的原因，是因为恋爱中人很容易失去理智，从而许诺超出自己能力范围的事情。事实上，当对方许诺的时候，你应该可以做出判断，对方是为了哄你开心，还是真的能够做到。两个在恋爱中的人，智商都为负数了，女人听到了就以为会变现，而男人说了出来，只是表达对你的需要，为了拴住你不让你离开他。

四是感觉为了一点小事都能吵架，一点都不懂得谦让一下，一点都不懂沟通，也完全不懂女人的心思，只顾及自己，非常自私。产生这种感受的原因，是你理解的小事，在对方看来也许不是一个小事，过去一直都让着你，他自己完全没有任何满足，现在他想要争取自己的满足了。

五是感觉爱人完全变了一个人。婚前看起来是一个积极向上的人，结婚了怎么就变成一个浑浑噩噩的人，不思进取。婚前好勤快，婚后好邋遢。这种大转变的原因，是以前就有这个端倪，只是你没有看到，你处于恋爱期的有选择感知，当然，对方也是在掩盖隐瞒，或假装表演。他为了获取你的爱和人，乐意去扮演一个你想要的人，但实际上他不是这样的人，是因为他喜欢你或爱你，所以才去表演。现在，他还是喜欢你或爱你的。

六是性不和谐。在婚前没有太在意，以为这个事情婚后就会好起来，甚至有时候觉得，爱人在性爱这块比较保守。

新婚蜜月期的大量矛盾冲突，其实在婚前就已经存在，只是忽略了，或者是选择性盲目，甚至以为结婚了就会变好，但这一切在蜜月期，都会闪电般展现出来，因为你已经不再是恋人而是夫（妻）了。人的角色发生了变化，对事物的感受角度就会不一样了。

蜜月期的矛盾冲突没有控制好，往往很容易说出口：离婚。轻易说出了，其实想要对方来面对你，想要给对方压力，让对方珍惜你、爱你，从而妥协。但是，往往离婚说了出去，就如同把刀剑扔了出去，是会伤人心、撕裂夫妻情感的。

三、怀孕冲突

怀孕，对大多数夫妻来说，都是一个非常可喜可贺的事情，但此刻也是矛盾冲突最容易产生的时候，而且孕期也是丈夫最容易出轨劈腿的时期。

女人一旦知晓自己怀孕了，就会特别娇气，也就是会有点小心，生怕对胎儿有什么不好。因而，就会希望男人能够给予更多照顾，会提各种要求，尤其是头一胎会更是如此。此时的男人呢，会有一点烦，嫌妻子麻烦，男人不会想到其实不是女人多事，而是想要给胎儿更好一点的照顾。

女人一旦怀孕了，常常也会不想跟丈夫做爱，生怕对胎儿有所不利。但是，男人的性欲却不会停歇，每过一段时间就会积累起性冲动。男人常常会缠着妻子做爱，而不顾胎儿。也有一部分男人，一旦知道妻子怀孕了，就会避免跟妻子做爱，哪怕是妻子想做，男人也会排斥，不想影响胎儿。但是，性欲是无法压制的。性欲犹如洪水，围堵不如疏导。

女人一旦怀孕了，注意力也会更多关注到肚子，关注到胎儿。此刻，女人常常会冷落或者忽略男人，这让男人备感寂寞。

女人怀孕了，开始有妊娠反应了，那么女人会更加烦心，吃不下去，睡也睡不好。随着胎儿的长大，体内的孕激素也会上涨，女人的情绪也会不一样。此时的女人，会变得更加敏感，易怒，情绪不稳定。胎儿继续长大，女人的身体也会发生很多变化。身体肥胖起来，脚肿起来，腰也不舒服，尿频便秘，个别人还会在心理上出现焦虑不安等。

女人一方面期待着胎儿降生，一方面又会担心，担心身材恢复不回去，担心孩子不健康，担心生产时候疼痛。女人此刻最需要贴心照顾，时刻陪伴。有些男人自己不能陪伴妻子，常常会让自己老妈陪伴。婆婆常常会讲她自己当时怎么怀孕，怎么还要干活，还没有人照顾，总之，就是表露出儿媳娇气、命好，难伺候。

这种矛盾冲突，常常不会随着生产结束而结束，反而会进一步扩大。所以，在妻子怀孕的时候，男人还是需要花更多的时间陪她，花更多的精力关注她，需要更加宠着、让着，更多体谅妻子怀孕的不易。丈夫要尽量多陪着妻子去产检。妻子生产时，男人最好在产房外面等候，切勿缺席；否则会让女人一辈子记恨。最后提示，妻子生完孩子，男人一定要首先问候妻子怎么样，要尽量多关注产后的妻子，切勿全心都在孩子身上，这会让她非常失落。

女人呢，唯一需要额外付出的，就是继续为丈夫提供性爱。性爱不仅仅是性交，还可以有其他的性爱手段。

四、哺育教育的冲突

哺育婴儿和教育婴幼儿，最容易发生夫妻冲突及婆媳冲突。

哺育婴儿，夫妻之间的冲突，主要体现在两个人对于哺乳的认知不同。母亲给婴儿哺乳，是非常辛苦的事情：婴儿两三个小时就要吃一次奶，喂奶是没日没夜的；婴儿四五个小时就要换一次尿布，这活也不轻松；还要给婴儿洗澡、按摩，伸展肢体；婴儿万一生病了，就更是磨人。

总之，把婴儿养到能够行走，母亲基本脱了三层皮，更不要说，把婴儿养大到上小学。

小孩最容易生病的时候，是在断奶到幼儿园毕业的这段时间。婴儿到幼儿园毕业的这个时间段里，做母亲的女性常常把所有的注意力都投入到孩子身上，并且会抱怨丈夫不能够分担一些照顾孩子的重担。

除对孩子的投入之外，还有就是女性对孩子的养育方式也会与丈夫的想法不一致。在这个期间，做丈夫的男人常常感觉到被忽略、被冷落、被抱怨，连起码的性爱也得不到满足，更不要说男人自己遇到的烦心事和压力，得不到妻子的安慰和纾解。

教育孩子的冲突，常常是与婆婆产生的。婆婆会有自己的经验和体会，也有她接受到的传统认知。做儿媳的常常会觉得，婆婆的观念不科学，太土了，甚至是对孩子有害的。儿媳一方面想要婆婆来帮忙带孩子，一方面希望婆婆按照自己的方式带孩子，这样，儿媳和婆婆就很难对得上话。所以，婆媳之间的教育婴儿的矛盾冲突，常常要找中间者（丈夫、儿子）来裁决。这就引发了夫妻矛盾，加剧了婆媳矛盾。

哺育教育的冲突，想要解决，就要求女性一方面要照顾孩子，另外一方面也要顾及丈夫。如果一定要给一个比例的话，那就给予孩子80%的精力，给予丈夫20%的精力。同时，婆婆来帮忙带孩子，一定要感恩，儿媳一定要牢记，婆婆是没有义务来帮忙带孩子的。既然是让婆婆来带孩子，只需要把握大的方面，小的方面就任由婆婆发挥。总之，做儿媳的一定要知道，婆婆是不会来虐待孙子孙女的。

五、事业发展的冲突

人生的事业发展，都是具有台阶性的。一般大学毕业之后的三到五年，是一个台阶；进入婚后，事业发展会突然加快，这个阶段也是三到五年；孩子紧跟着出生，这个阶段更多是女性的付出，甚至放弃、牺牲自己的事业，来成就男人的事业发展；随后到了四十岁左右，事业会遇到一个小瓶颈，到四十五岁左右会面临大瓶颈。

事业发展的冲突，往往是夫妻之间的家庭时间和家务平衡的过程。事业发展，说白了就是心力的付出，一分耕耘一分收获，虽然不一定成正比，但不耕耘，肯定没有收获。心力在事业上投入多了，在婚姻家庭上投入就少了。男人要发展事业，女人也要发展事业，最终就是荒废了婚姻家庭，甚至耽误了生养孩子。而一旦夫妻双方达成事业家庭分工平衡，比如说男人负责发展事业，女人负责经营家庭，那么就会发生男人在外面的辛苦，女人无法体会，而女人在家的默默耕耘、费心费力，则男人无法看见。到最后，男人一句话，咱们不是一个层面的人，无法对话了。事实上，两个人起步差不多，甚至工作效能上，女人本来还比男人强，但经过十几年的家庭生活，男人事业风生水起，而女人则事业荒芜。

事业发展的矛盾冲突要解决，一是夫妻双方的角色需要进行周全发展，自己和丈夫（妻子），父亲（母亲）和女婿（儿媳），儿子（女儿）和友人等等关系，要妥善处理。二是婚姻家庭需要双方都参加建设，而不能全然分开，各司其职。三是夫妻双方社交、学习和台阶等方面，要相互渗透。

六、婆媳冲突

婆媳冲突，常常是因为观念分歧、身份争夺和行为差异而产生。

观念分歧：比如在哺育、教育孩子方面，婆媳分歧就很多很大，还有一些传统习俗、三观和人生经验差异。这些观念分歧，在相互都要争谁对谁错的时候，婆媳矛盾要冲上天去了，甚至发展为仇人。

身份争夺：常常是婆媳大战，进一步延伸到谁是这个小家庭的主人。婆媳之间的这种身份争夺，往往也是边界发生重叠，相互入侵干扰所致。很多婆婆会觉得，你这个丈夫还不是我培养的吗？你的丈夫是我儿子，我的儿子当然要听我的，你无权干预。当儿子娶了妻子忘了娘，做老妈的升级为婆婆，这种失落多么痛苦啊。很多做儿媳的会觉得，你的这个儿子现在是我丈夫，当然要听我的，娶了妻子还整天听命于老妈，你到底是丈夫，还是长不大的巨婴？

行为差异：两个不同年龄的女人住在一个屋檐下，免不了因为彼此的生活习惯、消费习惯、饮食习惯和作息习惯等方面的原因，发生不一致而导致矛盾。行为差异，本来就存在于人与人之间，那么为何婆媳之间的行为差异，常常发展到婆媳不能相容呢？说到底还是身份争夺，因为这种争夺，而导致失去了彼此之间起码的相互尊重，甚至连相互漠视都很难做到，好像一定要对方按照自己的意愿来做不可。

婆媳矛盾冲突的解决关键，是小夫妻都要变成成年人，都要进入自己的小家庭角色，而不是引入婆婆，做自己家庭的免费佣人和金主。一旦发生婆媳矛盾冲突，丈夫一定是全力支持妻子，但不是两个人合起伙来欺负老人家。只是你们夫妻形成一个共同体，构建你们夫妻自己的婚姻家庭，让老人家尽量少干预你们夫妻的家庭生活。另外一个方面是，小夫妻需要感恩，需要孝敬老人，而不是使唤老人。

七、社交冲突

社交冲突，常常体现在夫妻一方跟一些特定的人，关系比较亲密，交往比较频繁，从而引发婚姻危机感，一方要求另外一方断绝这种往来，而另外一方则坚持自己的友谊很纯洁，根本不存在非正常交往。

当然，还有另外一种社交冲突，那就是只顾自己社交，而忘记了家人，或者耽误了与家人的相处、对家人的关心和照顾。这是很多商务人士最常犯的错，一门心思全都在商务应酬上。

还有一类是网络社交，纯粹就是陌生人，彼此聊些不着边际的话，有时候也是相互温暖，甚至搞暧昧。

要解决社交引发的夫妻矛盾和冲突，就是要遵守一个原则，即家人与普通人的时间平衡。夫妻任何一方对家人的付出、陪伴和关心，不能少，更不能忽略，要在这个基础上去发展社交。如果连家人都顾不过来，就不要谈社交。

八、前度纠缠

与前度的感情放不下：一是TA的感情管理能力比较弱，也常常出现一些心理障碍；二是TA与前度的分手，存在一定的激情冲动，后来又彼此顾及面子，而迟迟不能够去复合，但没想到一方却已经开始了新的恋情；三是TA与前度在某些方面是感觉挺舒服的，因为其他方面的矛盾冲突，而掩盖了这个方面的和谐，一旦分开，这个方面的好一下就凸显出来了；四是与爱人结婚之后，婚姻没有达到预期的美好，把前度与现在的爱人进行比较，有点难分伯仲，难以取舍，两个人各有千秋，最好是两个人都拥有就好了；五是TA在某些方面对前度有亏欠，比如让对方堕过胎，或许诺过什么而一直没有达成，或者是以前前度善待自己，而自己却对前度很恶劣，现在想给予补偿。

前度，到底会在什么时候会出现呢？很难给出一个确定的时间。也许前度只是一个你想象到、感觉到的人，实际上可能根本不存在。也许，在前度某个情绪低落的时候，她给你丈夫发了一条短信，两人就又胶合在一起了。也许，是你丈夫情绪低落时，去寻找一个温暖。也许，是你丈夫闲得无聊，去关心了一下，导致旧情复燃。也许，是你丈夫发达了，想要显摆一下，让前度感觉过去的分手是错误的。也许，前度和你丈夫有共同的朋友，突然聚会碰到了，就把过去积压的某种情绪释放出来了。

要真正解决前度的纠缠，就只有做“圣母婊”，那就是陪同丈夫走出过去感情的回光返照。

九、感情热度下降

感情热度下降，你大概以为是感情死了，变成亲情了，或者是爱情没了，仅剩下一点惯性了。其实，感情热度下降了，是夫妻感情稳定下来了，两个人开始形成固定交互模式，也就是双方的感情有了惯性。

在热恋期，两个人处于情感剧烈波动期，没有办法清醒感知对方，会有选择地筛选对方的行为。一旦两个人的关系确定并稳定下来之后，双方都会回归到正常的感知状态，也就是对方的付出及反馈，会被全方位地接受和判断，那么此刻好的坏的都会被接收到。此时，甚至会进行前后对比，所以，常常有人会感觉怎么婚前婚后对方完全变了一个人，原形毕露了。这也就是所谓的有选择性的感知。

再过了一段时间，经过双方的磨合调整，就会开始接受对方的好和不好，甚至彼此调整，来改善那些让彼此感觉不舒服的地方，这时双方就进入了一个高平台期。高平台期之后，两个人互动的满意度会下降，这种下降不是因为彼此减少了付出，当然有可能付出也确实减少了一点点，但应该不是很多，而是彼此的满意阈值做了适应性的、默默的调整，从而感觉双方的感情下降了不少，也就进入了感情的瓶颈期或麻木期，这就是我们常常说的七年之痒。这几个时期组合起来，就是爱情生命周期的五个时期：启动期、快速上升期、热恋期、平台期、下滑期。

夫妻两个人的感情热度，很难一直保持在情感热恋期，因为热恋期本来就不是正常的情感状态。夫妻双方也应该很清醒，感情本来就是人生里面的一部分，热恋的感情也只是婚姻里面的一个阶段和一种状态。夫妻双方由热恋的单项满足，转变为情感稳定的多项满足，才是真实的状态，感情终究要落到婚姻生活的点滴里面。要让双方的感情保持一定的热度，这要加强双方的正向互动，更多地去满足和回馈，而不能仅仅单方面地付出或者享受，尤其要重视婚姻共同体的全方面的建设。

十、感到空虚寂寞冷

夫妻一方或者双方感到空虚、寂寞、冷，这是一种什么状态呢？也许就是夫妻两个人之间长期产生冷暴力的时候，最容易感觉到的。除了长期冷暴力，还有就是夫妻的感情进入了凋谢期，两个人都没有动力去付出和满足对方，只是保持着婚姻的形式，情感的需求、性的需求，以及其他方面的需要，要么转移到事业或家务上，要么转移到他人或他物上。

我们常常会看到一些男人拼命忙于事业，早出晚归，甚至经常出差，而女人则默默坚守在家，夫妻两个人倒也相安无事，两个人也许只有在小孩教育，或者父母生病的时候，才会有短暂的交流，其他的一概都客气地保持着距离。在外人看来，这个家庭的夫妻看起来挺温馨和睦的。只有夫妻和孩子知道，两个人的关系真的冷冻到发抖，孩子很乖，生怕做错了什么引发家庭风暴，或者孩子故意闹事，来吸引父母的关注。这个阶段，也就是人们说的，人心散了，但家庭的躯壳还在。我常常说，这就是婚姻的僵尸状态。

在这样的婚姻状态下，一定要吵起来，要把你的感受表达出来，要跟对方去热交流、热沟通，不要害怕夫妻吵架，不要回避你们夫妻感情的凋谢。如果此刻你都不警惕起来，那么双方的距离就会越来越远，对方会以为你其实不在意他（她），你其实一点都没有对这个家庭和婚姻用心。也许此刻，你正等着对方来找你，也许此刻，你正在默默地流泪到天亮，也许此刻，你多么渴望对方的一个拥抱。但是，你没有主动行动，那么一切都不会逆转。

十一、怀疑开始了

在感情空虚、寂寞、冷的时候，也许你不会采取行动去改善夫妻关系，也许你做出了你认为的最大的努力去改善夫妻关系，实质上毫无效果，但是你最容易采取的行动是怀疑。尤其是性生活，几乎在没有任何疑点的情况下，你也会怀疑起来。你会开始注意爱人的账单、手机、酒店记录、人际关系、衣着，以及行车记录等等，一旦你找到了蛛丝马迹，你就进入天地崩塌的情绪阶段。

我常常说，你有怀疑爱人出轨的这个心力，你花那么多时间去找对方出轨的蛛丝马迹和证据，你还不如花时间来看看你们夫妻之间到底出现了什么问题，你们夫妻之间问题的根子到底在哪里，你们夫妻的感情基础到底是什么。用这种思维去审视你们的婚姻，更加积极、正向、主动，更容易挽救婚姻。

十二、他出轨了

是的，他出轨了，你有了他出轨的蛛丝马迹，或非常直接的证据，甚至在你的盘问下，他直接承认出轨了。当然，有个别的男人是不见棺材不落泪，打死不承认出轨的，哪怕是你抓奸在床、转身离开，他就不再承认自己出轨。

丈夫出轨了，你伤心欲绝，天崩地裂，更为准确的是“三个否定”——否定了你们过去的感情和婚姻，让你感觉到被欺骗；否定了现在的你，让你没有自信面对丈夫，感觉自己很糟糕，一无是处；否定了未来，让你看不到婚姻未来的前景，也害怕他未来还会出轨。

事实上，丈夫现在的出轨，并非因为过去对你没有感情，也并非过去的婚姻生活都是在欺骗你；你自己当然还是你自己，只是你对自己的认识错位，嫁接在了婚姻上面；而对于未来的恐惧，则是因为你丧失了对丈夫的信任。

丈夫的出轨，只是对过去婚姻生活的一个总结，是夫妻双方及双方家庭的影响所导致的，并非你做错了什么。过去他能够承受，那么你就没有做错什么，只是在承受的过程中，双方没有了能量的传递和反馈，夫妻一方没有得到补偿性反馈。如果一定要找谁的错，那么就是现在已经超出了对方的承受力，如果还如同过去那样交互作用，那就是错了。

所以，此刻最需要的，是去了解过去发生了什么，在什么方面彼此产生了负性压力，要尊重对方的跑偏，而不是强力迫使对方即刻反转，需要坚定而温柔地陪伴对方，让他（她）脱离现在的出轨状态。

十三、你出轨了

在婚姻里，也许你透不过气来，也许你冷冻得发抖，也许你寂寞得辗转反侧，也许你非常渴望丈夫来好好安慰你，但是他却久久没有反应。有那么一个男人，对你很好，一直对你体贴有加，关心备至。你呢，也一直在抗拒对方，因为你知道你是有家室的女人，所以你会拒绝。但是，你终究是需要感情的女人，需要关注的女人，感情就是女人的饭，一顿不吃饿得慌。

最终，你还是熬不住，开始暧昧起来，开始遐想起来，开始期待起来，触碰对方，心脏都感觉颤动，就这样陷落下去了。是的，你出轨了。内心带着害怕，带着内疚，也带着激越，久旱逢甘霖，你已经无法从婚外情里自拔。

在婚姻关系里面，表面上看起来，男人是最容易出轨的，那么男人出轨的对象还不是女人吗？虽然女人有的是已婚，有的是单身，但是大多数情况下，女人就算知道男人已经成家，还是会犹豫，是继续还是立马分手，就算立马分手了，一样还会有反复和徘徊。

人就是这样，是莲藕而不是豆腐。

十四、你想离婚

离婚的念头，也许早就在你的头脑里盘旋多年。你一会儿考虑的是夫妻毕竟还是有点感情，丈夫应该慢慢会好起来，只要你好好对待他；你一会儿考虑的是孩子还小，这么小没有父亲，非常可怜，不管怎么样，孩子在一个完整的家里，会更好些，哪怕孩子的父亲其实并没有太多关注孩子；你一会儿考虑的是外人的眼光，别人会怎么看你呢，别人会怎么说你呢，闲言闲语的；你一会儿考虑的是父母，父母年纪大了，身体还不好，他们还很保守传统，受不了你离婚的打击；你一会儿考虑经济上还要依靠丈夫，要是没有丈夫的经济收入，你一个人的收入怕是很难给予自己和孩子很好的生活条件。但是，你一直想离婚。

你有时候会跟丈夫吵架，甚至说出要么就离婚吧！你更多的时候，是隐忍着。你自己也不知道自己能够忍到什么时候。

如果你过得不开心，不要首先去想离婚，而是要想到去跟丈夫沟通，交流你的内心感受、想法和需要。也许你们面对面无法交流，但还可以有其他的沟通交流的方式。女人要牢记，沟通不是仅仅就一种方式：面谈。沟通方式，有面谈，有文字，有视频，有肢体，还有性爱，甚至还有生病呢！

十五、你的纠缠

在婚姻质量不好，但丈夫还没有发生婚外情的时候，你纠缠的就如上面写的一样，你纠缠的是要不要离婚。

在婚姻里面，突然面对丈夫婚外情的时候，你第一反应是离婚，然后马上醒悟不能离婚，要保持婚姻，甚至不能就这么便宜地离婚，要牢牢抓住丈夫，只要丈夫能够回归家庭，什么都原谅他。接着，你会发现丈夫不想跟婚外情人分手，或者答应了分手，但还是不断来往，你会发疯一样要求他必须即刻分手，不允许再交往。此刻，你会动摇，还要不要挽救这段婚姻啊，丈夫怕是真的不爱你了。再接着，你又会觉得不能离婚，还是要继续，发生一些争吵，甚至对婚外情人大打出手，甚至对丈夫动粗，闹得满城风雨。最后，你还是觉得挽救婚姻无望，要离婚……

如此反复，折磨着自己的内心，承受着婚外情带来的屈辱，忍受着丈夫继续跟婚外情人交往的煎熬；体重下降，睡眠不好，吃不下去，工作也都不想做了，万念俱灰。

第四章

如何面对婚外情人

如何面对婚外情人，这是一个非常难的问题，但又必须面对。如何专业地面对，是挽回爱人和挽救婚姻的关键。

我们先来看看在现实生活中，女人是如何来应对婚外情人的。我大概梳理了9种，按照对婚外情人伤害程度来划分，大家可以在媒体和网络上搜索这些具体案例。

1. 消灭婚外情人，然后自杀，或等待法律审判。北京一位女士，在忍受丈夫多年出轨之后，终于熬到孩子上了大学，毅然决定与婚外情人同归于尽。她准备好了一桶汽油，尾随婚外情人泼了上去，随后点燃，把婚外情人烧成焦炭。最后，自己喝农药自杀。

2. 殴打、羞辱婚外情人，扬长而去。浙江一个女士，带着女性亲友，围住婚外情人，剥光了她的衣服，然后再殴打、羞辱。另一个女士，把婚外情人击倒在水泥地上，不停地抽打，解气之后才离开。

3. 抓奸婚外情人和丈夫，录影拍照，殴打羞辱。广东一个女士，带着亲朋好友，抓奸丈夫和婚外情人，录影、殴打、羞辱，丈夫还一身白肉去保护婚外情人。

4. 警告婚外情人。上海一位女士，直接公布婚外情人的照片和工作单位，引发网络大讨论，最后上演一轮又一轮的狗血剧情。

5. 与婚外情人好言相谈，劝离婚外情人。重庆有个女士，找婚外情人谈判，结果一言不和，婚外情人甩手就走了。这位女士本打算劝离婚外情人，但是碰了一鼻子灰。最后一怒之下，跟丈夫离婚。

6. 消灭丈夫。广东有个女士，因为丈夫婚外情而且屡教不改，经常出轨，绝望中把丈夫勒死。

7. 伤害丈夫。浙江有一个女士，因为丈夫出轨，一怒之下切了丈夫的生殖器，直接丢进马桶冲入下水道。

8. 举报丈夫。一个女士到纪委去举报丈夫搞婚外情，并顺便揭发丈夫贪污受贿。

9. 伤害自己。江苏一个女士，因为丈夫婚外情，直接跳河自杀，结果丈夫去救也淹死了。

这些具有狗血特点的应对婚外情及婚外情人的方式，最容易得到媒体和网络的报道，而另外一些不太狗血的方式常常不会曝光，比如对丈夫好言相劝；忍气吞声，默默承受丈夫婚外情。但是，这些很多女人常常采用的方式，都没有什么作用，对挽回丈夫、挽救婚姻都没有实际的效果。

还有一些，得知丈夫劈腿了，即刻离婚，最后自己后悔了，想要复婚。还有的，为了报复丈夫，自己也去出轨，结果陷入婚外情的内疚和伤害中，被丈夫无情抛弃。

显然，上述这些应对婚外情人的方法，都是无效的。那么，有没有一套科学、系统的方法和步骤，来指导那些处于困境中的女人，帮助她们去应对婚外情人呢？下面，我就通过我辅导过的大量婚外情的案例，来分析、归纳受害人的心理疑云，有针对性地寻找解困路径，让困惑中的女性能拨开云雾见青天。

第一节　感觉丈夫有婚外情人

常常都说女人的直觉是最准的，所以一旦女人在婚姻里面感觉丈夫有点不对劲的时候，常常都是丈夫确实不对劲。其实，这并非是源于女人的直觉，而是源于女人对婚姻生活的体验。

一、丈夫已经很久没有跟自己过性生活了

一般的中国女人，不太会去特别关注自己的性需求。比如有时候，一个月没有性生活，女人不会觉得有问题，也不会主动去索取性爱，反而会自我压抑，转移注意力。几个月没有性生活，女人会开始焦虑不安，但不会主动去谈性需求，反而是把性压力转移到其他方面，来与丈夫发生冲突矛盾。但实际上，女人本来也和男人一样，有频繁的性需求，女人的性需求只是被自我压抑和忽略了，甚至被羞耻感遮盖住了，尤其是年轻的女人。

老夫老妻如果性生活几个月都没有，一般会引起女性的警觉，因为越

来越多的女人知道，性生活是检验一个男人对你是否还有兴趣的关键。只是女人还是没有把关注点放在自己的性生活匮乏方面。

所以，一旦女人感觉丈夫和她的性生活匮乏的时候，那么就是婚姻亮起红灯的时候。尽管男人会以各种理由不跟女人过性生活，诸如工作忙，身体乏了，最近没有性趣，性冷淡了，做爱不舒服，禁欲了，但是女人还是会感觉这是婚姻的最大麻烦。是的，女人一定要牢记，性生活没有了，婚姻就岌岌可危了。

女人还要牢记一个性爱频率公式，就是年龄的首位数与9相乘，十位数表示多长时间，个位数表示性爱次数。比如我今年是39岁，那么我的一般性爱次数就是3×9=27，那么我应该在20天里面，可以有7次性爱。这个公式一般是针对大于29岁的男人来说的。当然，这是西方男人的公式，中国男人也仅是参考，不可生搬硬套。

二、丈夫经常晚回家，甚至不回家

丈夫经常晚回家，要么说加班，要么说去应酬，总之很少准时下班回家；甚至周末也都经常要加班，要应酬。出差也变得频繁了，不在家的天数增加，有时候还会说，加班太晚不回家，睡酒店，有时候还说应酬喝醉了，睡酒店。如果是公司离家比较远，就会说公司加班太晚，上下班时间太长，不如在公司附近租个房子吧，这样好专心扑在事业上，也好多睡一点觉，保养身体。

其实，这都是鬼话。轻易就可以证明的是，打一个电话给他老板，很快就可以知道真相了。你甚至可以跟他说，要打电话去投诉他公司虐待员工，他就会很紧张，会老实早点回家。这样的话，基本上可以断定，丈夫是劈腿，外面有人了，搞婚外情了。

三、丈夫与自己没话说

谈恋爱的时候，你们无话不说。结婚之后，你们也有很多话说，甚至经常为一些鸡毛蒜皮的事情吵架。但是，不知道从什么时候开始，你们两个人的话越来越少了，甚至连吵架都少了。两个人真正能够说的，也许就剩下了孩子和老人，或者是经济安排。在其他地方，你会发现很难展开两个人的对话，甚至一对话丈夫就会烦躁不安，大声吼叫或者毫无反应，全是你一个人在唠叨。

过去的甜言蜜语没有了，调情的话没有了，连起码的关心安慰都没有了。夫妻两个人好像是来自不同的物种，完全无法沟通，又好像冬天里的雪人，靠得如此近，却默默无言。

四、丈夫给手机加密，频繁使用手机聊天

丈夫以前的手机在家都是随手一丢，有时候甚至是你帮他看手机短信或接电话。但是，现在不一样了，随时带在身上，哪怕是上厕所，甚至洗澡的时候，都不会离开，而且开始用上了密码。可能你还破解过，但是你会发现，过了一段时间，密码又换了。

然后你会发现，丈夫回到家里，就一直用手机，要么在看新闻，要么就在聊天，而且以往阴沉的脸，也开始有了笑容了，尽管是压抑着的笑容。有时候，来了电话要么跑去阳台接，要么直接挂掉了。深夜起来，你会发现丈夫还在用手机聊天，甚至在厕所里低声说话。

你还会发现，丈夫的朋友圈好像把你屏蔽了，他的聊天都是及时删除的。你还会发现，丈夫有两个手机，两个微信号。

五、丈夫上缴的钱减少

丈夫婚后就把工资卡上缴了，年底的奖金也会全数上缴。但不知道从什么时候开始，丈夫的工资一直没有上涨，年底奖金也变少了，但是丈夫的职位上升了。丈夫的信用卡也有了第二张，不知道什么时候开卡的。你有时候会问一下丈夫，丈夫会冷冷淡淡地说，家庭的开支全都是我的钱啊，如果不够了，我会想办法，你不要担心。

六、丈夫的穿着发生了变化

有时候，你会发现丈夫有了新的衣着，要么是领带，要么是衬衫，要么是底裤，要么是袜子，这些都不是你买的，好像也不是你的品位。但丈夫穿着很开心，甚至专门挑着穿这些。你看着丈夫，感觉发生了一些变化，好像是变年轻了，色彩鲜艳了。

七、丈夫心情起伏不定

丈夫的情绪有点不对。以前都挺开心、挺放松的。不知道从什么时候开始，变得不怎么说话了，脸也是阴沉着。有的时候，会情绪很低落，心事重重的样子。你要是一问他，他就会说是工作压力大，又是某个单子、项目，或某个领导、某个下属搞出问题来了。但是，你又会发现，丈夫跟你或孩子在一起会心不在焉，甚至会很紧张焦虑。

他跟你在一起睡觉，也都是绷紧的，冷冷的，背对着你，或者很怕碰到你。

有了上述这七个方面的变化，你会感觉你们的婚姻是不是出了问题，你会感觉丈夫好像是外面有什么麻烦了，或有什么女人了。

第二节　要不要发现婚外情人

一旦你感觉到丈夫出现了状况，你大概就想找出真凶、真相、真情。婚外情人如同鱼刺卡在喉咙里，你一定要找到她、拔掉她。

当然，还有一些女性会非常“智慧”地装作不知道，婚姻继续，生活照常，甚至对丈夫更加好了，更加无微不至了。结果呢？丈夫常常并不会觉得婚外情被发现了，反而会觉得妻子完全在自己的掌控之下，但是，内心依旧会有激情交杂着歉疚，当然，少数浑蛋会觉得妻子太蠢了，活该，甚至觉得妻子不爱他。

想要发现婚外情人，也是不容易的事情。你可以及时学习侦探手段，找到婚外情人跟丈夫的聊天记录，随时掌握丈夫和婚外情人的动向，把丈夫和婚外情人的开房记录和账单调出来，等等。

是的，这是一般妻子都会有的想法，有的去实施了，有的只是一个盘旋在大脑里的念头。

还有一些比较凶悍的，比如对丈夫进行逼供，一哭二闹三上吊。总之，一定要迫使丈夫交代他的婚外情。确实有一部分丈夫如实交代了，甚至都没有实施逼供，一唬就全交代了。

我特别想问问你，发现了丈夫的婚外情，找到了婚外情人，接下来怎么办？你有没有想过，你如何来面对这对热恋男女的行径？如果你还没有想好，那么还是冷静下来，跟我一起来思考一下要不要发现婚外情人。

一、为何要找出婚外情人

你找出婚外情人来，无非是想证明丈夫搞了婚外情。而婚外情是影响你们婚姻的根本，并且导致你们的婚姻到了崩溃的边缘。这是你的想法。

事实是怎么样的呢？首先是婚姻出现了问题，才会导致婚外情，而不是婚外情导致了婚姻问题。一些女人的想法是本末倒置的。当然，有没有婚外情导致婚姻出现了问题的呢？有，那是意外的一夜情而不是婚外情。婚外情不是一次，而是跟某人在一起有一段时间了。

其次，还有一种可能是，当婚姻出现了问题，你没有感觉到，甚至你还感觉婚姻特别幸福？如果是这样的话，那是你和丈夫关于婚姻生活的质量标准出现了问题，是你跟丈夫之间的婚姻建设出现了问题。其实，应该是你感觉到你们的婚姻出现了问题，去发掘婚姻问题，而不是去发掘婚外情。婚外情，不应该是婚姻问题的一种转移，或婚姻矛盾的解决方案，或情绪释放的排泄口。

最后，就算你揪出了婚外情人，甚至把婚外情人赶跑了，你们的婚姻问题还是一样继续存在，根本不会随着婚外情人的离开而解决。

二、发现婚外情人，会对你造成哪些影响

最大的负面影响是，你知道了丈夫跟婚外情人的爱情的种种画面，比如他们一起开过多少次房，每天打了多少电话，每天在聊什么，他们说话的肉麻程度，去了哪些地方，吃过些什么，给她买了些什么，甚至可能他们拍过裸照和AV视频。这一切只要被你发现了，就会深深刻入你的脑海里，随时会像放电影一样在脑海中呈现。

此外，你还会把你和丈夫的恋爱婚姻画面，跟婚外情人和丈夫的画面进行对比，你会非常非常生气，可能以前丈夫从来没有这样对待你，可能丈夫从来舍不得去的海外旅游，现在竟然跟婚外情人去了，可能丈夫从来没有跟你说过的肉麻的话，现在跟婚外情人说了，可能丈夫跟婚外情人

的性爱频率，竟然比你们当初恋爱时候的频率还要高，甚至可能丈夫还在婚外情人面前说了你很多难听的话。这些恐怕也会成为你挥之不去的心痛。

在这样的情况下，你的心宛如刀割。基本上你是崩溃的，完全失去了自信，自我否定，害怕面对现状，恐惧未来。你会觉得，你为家庭和丈夫所做的一切都不值得，真心换来狼心狗肺。你对丈夫会咬牙切齿，恨不能撕碎了他。你看着丈夫，就会感觉到一副道貌岸然的丑陋虚伪的嘴脸，再跟丈夫亲近，你也会觉得恶心。

那有没有正面的影响呢？当然也有一些。你对丈夫的异状，终于心中有数了，你不再对丈夫有各种猜测、疑问了，你终于放下心来，一心一意盯住丈夫，而不再会像以前那样，被丈夫欺骗了。你对婚姻不再像以前那样，不管不顾、不闻不问了。你对丈夫不再像以前那样，忽略抱怨了。你对自己的外表体重不再像以前那样，毫不在意了。你也许不再固执以前的老观念了，比如丈夫负责挣钱养家，妻子负责貌美如花。但除此之外，基本没有什么正面的影响。

三、丈夫搞婚外情，谁会支持你，谁会支持丈夫

此刻你最需要做的是，围绕你们夫妻的人际关系，而且主要是围绕着丈夫的人际关系及与你的交叉关系，做一番思考。围绕丈夫的第一人，是他的妈妈（你的婆婆），婆婆跟你的关系好坏，往往会决定你们婚姻危机的走势，还有就是婆婆对婚姻本身的认知，尤其是她对于孙辈的关注。围绕丈夫的还有他的亲朋好友，这里面谁对丈夫最有影响力？谁能够跟你丈夫说得上话，并且能够影响他，或者他能够听得进去呢？

你就不要指望你的人际关系来干预了，比如你想通过你的父母，或兄弟姐妹来说服丈夫，那基本上等于事态扩大化了，甚至恶化了，会加剧你们夫妻的紧张关系。你这边的人常常会向着你，而对你丈夫进行攻击，至少你丈夫是这样以为和感受的。

也许你会问，那我要告诉周围的人，丈夫搞婚外情了，以此来确认谁会支持自己吗？当然是不需要通过告知来测度，而是要看你平时的观察。如果你说平时没有这个方面的观察，比较粗心大条，那我还能说什么呢？

四、发现婚外情人，对你在法律层面有什么益处

你发现婚外情人，显然不是为了离婚。很多女生以为，抓到了丈夫跟婚外情人出轨的证据，在分割财产方面会有更多有利的地方，甚至可以要求男方净身出户，以此来吓阻丈夫继续搞婚外情。但是，现在到法院打离婚官司，通常很少或者根本不会因为搞婚外情，而判决男方净身出户。当然，在判决财产分割方面会考虑女方，但并不是因为搞婚外情。法院在考虑财产分割的时候，会倾向弱势一方。搞婚外情，只是在精神损失费方面能够得到一些，但金额并不高，也许还不够支付你请的私家侦探的费用。

另外，你所取得的丈夫的婚外情证据，也不一定能够作为呈堂证供。法院采用的证据都要讲究合法性，所以你请私家侦探获取的证据，大多数不会被采用。你自己偷偷安装的窃听器和跟踪器得到的证据，也一样不会被采用。你要是请人在酒店抓奸在床，一样不会被采用。唯一能够采用的证据，是你丈夫自己写的婚外情的忏悔书或保证书，还有就是你装在自己家或公司的安保系统拍录的视频。

具体细节，大家可以咨询这方面的律师。

五、你未来的婚姻打算

发展婚外情人之前，先要考虑一下你们的婚姻何去何从。考虑婚姻的何去何从，基本不太需要把婚外情这个非核心因素考虑进去。考虑婚姻要不要继续下去，首先需要考虑你们的婚姻基础，也就是你们夫妻的感情是怎么发生的，怎么发展的，婚后生活怎么样；接着要考虑婚姻匹配度，发掘婚姻不匹配的根源；然后梳理夫妻的矛盾冲突，过去是怎么解决的，以及矛盾冲突的根源，夫妻双方协同的弹性；再接着要考虑婚外情产生的原因，丈夫发生婚外情的动机，婚外情的过程及深度；最后要考虑婚外情对婚姻的破坏力，以及可修复性。

发现婚外情人之前，接着要考虑的是，离婚后你可能面临的情况。当然，首要面对的是离婚对你的心理打击。你是否能够面对离婚对你造成的心理创伤，能否度过离婚之后情感上的孤独。接着是经济上的变化，也许经济上会减少。如果你是家庭的重要经济支柱，那么经济上你完全没有什么好害怕的。但是，如果你过去这么多年，经济方面主要是

依靠对方，那么这种经济变化就是非常强烈的，你必然要开始增加自己的经济收入。最后是孩子的教养，离婚处理得好，对孩子的负面影响会有限，但是你如果没有处理好，可能会把孩子卷入到婚姻纷争里面来，那么对孩子未来的成长和未来的婚姻都会不利，甚至是创伤，所以要有正确的子女教养观。

发现婚外情人之前，最后要考虑的是，丈夫回归家庭的艰巨性。很多女生可能对丈夫回归家庭会比较乐观，以为一旦把婚外情人揪出来，跟丈夫摊牌了，丈夫要是还爱这个家，还爱妻子，那就会即刻离开婚外情人，回到妻子身边。

事实上，丈夫回归家庭是一个漫长的过程，而且会有反复和徘徊，甚至还会一边按时回归，一边继续保持和婚外情人联系，暗中偷情。哪怕是婚外情人真的就被你解决了，但你还是会发现丈夫处于失魂落魄，或者强作欢颜的状态，所谓人在心不在。同时，你自己也会摇摆不定，一会儿想要继续挽救婚姻，一会儿又会想干脆离婚算了。你自己也是身心备受折磨，受不住婚外情对你的摧残。

看到这里，你大概还是犯迷糊，到底要不要去发现丈夫有没有婚外情人呢？你看，你这种思维还是一种结果导向。系统地思考了这些方面，你其实已经知晓，发不发现婚外情人不是那么重要和关键，而且，就算你一定要去发现婚外情人，也要遵循一些原则：首要原则，不要亲自去现场抓奸，更不要带孩子去现场抓奸。第二原则，发现婚外情人不是为了羞辱婚外情人和丈夫，更不是为了离婚，不能在发现婚外情人的过程中使用暴力，更不能危及对方生命。第三原则，不需要掌握细节，所有的细节掌握了之后，要祛除都是非常费劲的。

发现婚外情人，最多只需要：“哦，我知道丈夫确实搞婚外情了。”

第三节　要不要揭露婚外情人

我辅导的一个上海客户，无意中发现了丈夫的婚外情人，内心很痛苦，但她忍住了，当作什么都没有发生，继续跟丈夫强作欢颜，但是丈夫依然故我，继续跟婚外情人如胶似漆。她在这种自我压抑中，最后睡眠系统就崩溃了，经常一夜睁眼到天明，后来不得不去看精神医生，开安眠药。但是，她还是没有跟丈夫挑明。我问及原因，她说怕丈夫离开，万一丈夫离开了，两个孩子怎么办，而且她做家庭主妇十几年了，担心自己没有挣钱养家的能力。后来，丈夫跟她坦承了婚外情，而且多年了，现在要离婚。直到此刻，她还说，要不是她盯丈夫太紧，丈夫不会跟她提离婚。

我辅导的一个浙江客户，感觉丈夫有问题，然后自己像侦探一样，把丈夫搞婚外情的事情搞得一清二楚，但是她就是不敢告诉丈夫。她觉得维持这个家不易，也不想像父母那样离婚。她就一直忍受，受不了就去跑步。

我辅导的一个福建的客户，无意中看到家里的监控录像，发现丈夫竟然带女人在家里上床。她的心在滴血，然后开始调查，发现丈夫每个月给那个婚外情人钱，而且婚外情人还打过胎。但是，她就是不说。她全面紧跟丈夫，卡死丈夫的经济，最后把丈夫逼得要跳楼自杀。

我辅导的一个北京客户，给丈夫洗衣服，发现丈夫口袋里竟然有买安全套的单子，逼问之下，丈夫坦白了跟公司同事搞婚外情，答应一定会离开婚外情人，回归家庭，并且写了保证书。但是，最终丈夫还是跟婚外情人搞在一起，两个人吵得不可开交。

我辅导的一个马来西亚的客户，感觉丈夫不正常，有三四个月没有房事，因而展开调查，最后把调查的证据放在丈夫面前，丈夫还是不承认搞婚外情，说是正常来往，直到最后在酒店里被抓奸，才不得不承认。但是丈夫坚决要离婚，说妻子太可怕，简直是特工。

我辅导的一个湖南客户，听到流言蜚语，说她丈夫在外面搞“小姐”。她开始调查，丈夫在被调查的压力下坦承搞婚外情，并不是搞“小姐”。女方一开始就要离婚，男方苦苦相求不要离婚。等到女方同意不离婚，但要丈夫必须跟那个婚外情人彻底了断，丈夫又舍不得婚外情人，放不下婚外情。

我辅导过大量的案例，七八成的客户都是不跟丈夫挑破婚外情人的事情，也有二三成的客户跟丈夫挑明发现了婚外情。不挑明的，客户几乎把自己压抑得要死了，心理都有问题；挑明的，客户就会与丈夫发生争吵。

从我辅导的这些大量案例看来，揭露不揭露丈夫搞婚外情，对离不离婚影响不大，但是，对两个人的折磨却是不一样的。那么，到底要不要揭露丈夫搞婚外情呢？

一、你为何不敢揭露丈夫的婚外情

你大概最担心的是，丈夫索性破罐子破摔了，直接跟婚外情人光明正大地搞起来，连假装或掩饰都没有了。又或者，你担心丈夫索性跟你提离婚，反正你发现了，没有什么好隐瞒的，跟婚外情人是真爱，所以必须要离婚了。再或者，你担心丈夫会深深内疚，无法面对你，所以干脆不回家了。或者你担心促进了丈夫跟婚外情人的感情，本来他们只是暧昧一下，或者偶尔在一起，被你揭露了，反而使得他们的感情快速升温。

总之，你担心揭露了丈夫的婚外情，丈夫会跟婚外情人更加紧密，会加快丈夫离开你的脚步。

确实有推卸责任的丈夫，会抓住你揭露他搞婚外情来指责，说要是你不揭露他的婚外情，其实他很快就会结束，而且已经考虑跟婚外情人分手了。搞得好像丈夫搞婚外情，全然是女方的责任，搞得女方深深自责，而对丈夫没有任何阻止，害怕越是阻止丈夫，丈夫越会更快离开她。

丈夫在被你揭露之前，他就知道跟你的感情出现了问题，他要是想解决，要么跟你吵架，要么默默忍受，要么搞婚外情，逃避解脱出来。他非常明确他为何搞婚外情，所以说，被你揭露了，然后破罐子破摔，那是一种虚假的想象。但是被你揭露了之后，他会放下这种偷偷摸摸的精神压力，不管如何，他其实都会有点担心被妻子发现。毕竟他知道婚外情对你是一种伤害，尽管你们夫妻感情出了大问题，但他还是不想那么直接地伤害你。

偷偷搞婚外情，对你是最好的，同时满足了他的需要，这是他的想法。基于此，大多数丈夫搞婚外情都会感觉内疚，觉得自己这样搞婚外情对不起妻子，觉得搞婚外情弄不好会伤害孩子。这种内疚不论是揭露还是不揭露，丈夫都会存在，不会因为你揭露了就不内疚了。只是揭露出来了，他要面对你的指责、发疯和痛苦。他是不愿意，甚至害怕面对你的反应的，因为他不知道你到底是什么反应。他了解你的性格，了解你的处事风格，但实际上，他无法确定你会如何对待他的婚外情。

其实，每个人都不知道真的遇到丈夫婚外情，到底该如何面对。有些女人提前就告诉了丈夫，一旦劈腿就立刻离婚，结果是没有离婚，却直接自杀了。有些女人看起来很温柔，一旦面临丈夫搞婚外情，却采取了疯狂的行动。当然，还有些女人一向都显得很强势，但面临丈夫搞婚外情时，却完全泄了气，无精打采，委曲求全。还有些女人看起来通情达理，非常爱丈夫，但得知丈夫搞婚外情后，立刻离婚，把丈夫赶出门去。

二、丈夫为何搞婚外情

丈夫为何搞婚外情，这个思维是女人常常有的，但这是片面的，甚至错误的。丈夫搞婚外情，有没有他自己的问题？当然有。事实上，无论妻子在家里做得多么好，丈夫都有可能搞婚外情。丈夫搞不搞婚外情，主要由三方面的合力决定：一是丈夫和妻子的婚姻能力的问题，也就是个人对于婚姻的认知，处理婚姻矛盾冲突的模式，以及婚姻质量满意度；二是夫妻的婚姻互动，婚姻成长，以及婚姻共同体的强大；三是婚外情人的可及性、主动性，以及道德约束。

当女性在确定了丈夫有了婚外情之后，应该去内省，而不是外察，更不是外调。

三、你的资源

这个资源是多方面的：一是你个人的能量资源，你要看看你有没有这种能量，去面对你丈夫知晓你知道他搞婚外情，仅仅女方知晓丈夫有婚外情，与双方都知晓这段婚外情，需要的力量是完全不一样的。

二是你与丈夫家人及朋友的关系，你要提前预估一下，丈夫家人和朋友如果知晓了这段婚外情，会持什么样的态度。当然我不是让你去跟他们讲述你丈夫的婚外情，以获取他们的反应。你也要知道这些人里面谁最有影响力，哪个人能够跟丈夫说得上话，哪个人能够影响丈夫的决定，哪个人是丈夫信服的。这些都要靠你日常积累，如果你平时这些工作都没有做，那么只能凭臆断了。

三是你要找谁来辅导你挽救婚姻，很多女人认为挽救婚姻仅仅靠自己及家人，最多是朋友。事实上，这些人都是只能够在情感上支持你，而且会保护你，甚至义愤填膺，更有可能会说她们也是这样忍过来的，不要太在意，忍几年累了就回来的。这是非专业人士做的，他们能够关心你，已经算是不错的。有些人会看笑话，还有些人好心出了馊主意，比如你这么年轻漂亮，他搞婚外情，咱们也别吃亏，也去搞一个。

你真正要找的是专业人士，专门辅导治理婚外情的人士。大家要注意，非专攻婚姻的心理咨询师，是不能有效处理婚外情的案子的。这与一般心理咨询的案子有非常大的区别。

四、婚外情会伤害哪些人

婚外情的最直接的受害人，显然是做妻子的。这种伤害是全方位的、致命的和长久的，基本上是“两个否定和一个恐惧”（否定过去、否定现在、恐惧未来），但表现形式会不一样。

有些女人会从此一蹶不振，完全丧失了生活的勇气，有些女人直接自杀，有些女性精神崩溃，有些女人直接离婚，有些女人揪心疼痛，有些女性纠结，有些女性过度自责。婚外情对女性的伤害，常常会伴随一辈子，但并不是说一辈子都在闹腾，而是这种伤害会让女人重视夫妻关系，时刻保持警醒，以及随时防治婚外情人。

其次是孩子，孩子在婚外情纠纷里完全是躺着中枪。但是，孩子并不一定会中枪，这取决于夫妻两个人如何处理婚外情。如果能做到有效隔绝，避免孩子卷入婚外情是非里面，保持好亲子关系，婚外情常常对小孩的负面影响小，甚至有利于孩子的成长。

接着是双方父母。一般来说，女方的父母会觉得自己的孩子受了委屈，自己的面子也没有了，而男方的父母常常是觉得没有管教好自己的孩子，有点委屈了媳妇，对不起亲家，有些蛮不讲理的，则会说这一切都是女方的错，还有一些觉得儿子的事情与他们无关，不过问、不参与。

然后是婚外情人。大家要知道，婚外情人常常也是受害者，有八九成的婚外情人是被动卷入你的婚姻里面的，是你的丈夫主动去进攻，甚至是欺骗女生的。做妻子的不要认为，一旦婚外情人知道你丈夫是已婚的，人家就应该立刻马上离开，否则就是道德败坏，破坏你的家庭。婚外情人如果是被骗而卷入你的婚姻里面，实际上她的感情已经投入进来，否则就会发觉你丈夫是在搞婚外情了。感情不是说分开就分开的，尤其是女生被婚外情，往往都得到了你丈夫无限的肯定，悉心的爱护，以及美好的蓝图，怎么可能说散就散呢？

最后是你丈夫。你会觉得好奇怪，怎么丈夫还是婚外情的受害者呢？实际上，搞婚外情的男人，心也是纠结的，一方面婚内感觉糟糕，另外一方面婚外情激情四射，早出晚归，在两个女人之间疲于奔命，还要内疚地面对妻子、孩子，以及家人朋友，最后还要担惊受怕，生怕被妻子发现，要找各种借口，说各种谎言。

五、你的人生规划

可能在之前，你都是把自己的人生规划附属在丈夫的人生里面，也就是说，丈夫负责在外挣钱，妻子负责在家花钱，是一种从属的特征。但是，现在丈夫发生了婚外情，你要何去何从呢？这个男人还能够让你如此依附吗？你还能够那么安心依附吗？

最为紧要的是，你是否要挽救这段婚姻，挽回丈夫呢？很多女人此刻并不是去考虑要不要挽救和挽回，而是更加侧重在能不能挽救和挽回。虽然只是一字之差，但却主从分明。“要不要”，这个主角是做妻子的你，是从你个人的需要出发，你的动力在于你个人。“能不能”，这个主角就变成了做丈夫的他，你是在判断对方的反应，那就是你的行为是否会被他认可，他是否有回归家庭的自觉性和动力。这是你人生调整的第一个方面，也就是你开始把控自己，确定自己的方向。

你的人生规划是五个角色，你自己、妻子、母亲、儿媳和女儿，这些方面需要你去全面系统地梳理出来，为实现自我提供意义、动力和满足。

六、你的情绪

女人面对婚外情，最难办的就是做到情绪稳定。实际上，任何一个真爱丈夫、重视婚姻的女人，都没有办法情绪稳定，都会呈现为“L”形的情绪走势。情绪激烈地爆发，随后就急速低落下去，然后在低迷的情绪层做波动。

女人在情绪低落的时候，看任何事情都是糟糕的、负面的，都朝不好的方向去引导发展。

女人在情绪低落的时候，满脸憔悴，一脸灰暗，再漂亮的脸蛋都变得倒霉丧气。

女人在情绪低落的时候，很难自省，更多是自责，老是重复一句话，“我怎么这么糟糕”，或“丈夫怎么这么坏”，根本就无力去行动，去挽救婚姻和挽回丈夫。

女人在情绪低落的时候，会把整个家庭气氛都带入压抑的状态下，人人都感觉这个地方待不下去了，想要尽快逃走。

七、为挽救婚姻所做的付出

女人为挽救婚姻所付出的，不仅仅是你的精力，还需要你的经济能力，尤其是你的意志力。挽救婚姻，不是一时三刻就能搞定的事情，这是一个长期的工程，最短要三五个月，中长的要一年半载，长期的可能要两三年，甚至更长。这个周期里面，需要你花费很多精力去关注你自己和丈夫，需要你去成长自己，甚至蜕变自己，需要你与丈夫去和解婚外情，修复感情，再造婚姻。完全靠你自己来做这些，恐怕也不现实，你还要找婚姻管理导师来辅导和支持，最为关键的是你坚持的意志力。

如果你还没有做好这些准备，要挽救婚姻、挽回丈夫，再过幸福婚姻，基本上就是竹篮打水一场空。

第四节　发现婚外情人后的应激反应

大多数女人发现丈夫搞婚外情之后，大概会有以下反应。

第一反应：不可能

丈夫这么好的人，怎么会发生婚外情？自己当初看上丈夫，就是因为他老实忠厚，没有什么花花草草的。

丈夫怎么可能跟人家发生婚外情呢！女人是这样感受这段婚姻的：夫妻两个人当初结合时，感情非常好，夫妻两个人相处得还不错，夫妻经常有互动，自己感觉婚姻还是挺幸福的。丈夫是个老实人，丈夫是个有家庭责任感的人。

我常常会问她们，你说说你们夫妻之间欢快的时光吧！一时间，她们又会语塞，需要费好大的力气才能够想起夫妻过去的一些时光。她们很多时光，其实不是和丈夫共度的，更多是两个人在一起各自生活，如果有互动，不是因为孩子或者老人，就是因为家庭经济，真不知道他们聊天最多的会是什么。我知道她们更多关注的是自己和孩子，以及物质载体，真心很少关注丈夫这个人，如果一定要说会关心丈夫，那就最多是做早餐，买衣服，丈夫要做爱的时候贡献了身体，丈夫的喜怒哀乐根本不知道。她们当然会说，丈夫根本就不说这些啊。那我要问，为何婚前会说呢？为何婚后也有一段时间会说呢？为何之后就不说了呢？她们就茫然了。

第二反应：天塌下来了，整个人垮了

不论这个妻子是经济上依赖丈夫，还是经济上比丈夫还要好不少，但是面临丈夫劈腿的时候，还是被打蒙了，还是感觉整个世界都塌下了，完全猝不及防。一直都坚信这个婚姻会是一辈子，从来没有想过离婚这种事情，尽管身边确实有朋友也在搞婚外情，或者离婚，但觉得这种事情离自己实在太遥远。

没想到今天却发生在了自己身上，于是六神无主，人一下被掏空了，完全没有方向感了。整个人的精神状态一下就焦虑不堪，颓废到底，吃不下去，睡不着了，也无法做事情，就想找个地方躲起来，这样的时间常常会维持一两个星期。幽默点说，此时把多年的肥都基本上减下去了。根据我的大量客户反馈，一般重量减轻在5~15公斤。如果没有坚持住，就直接可以送精神病医院了。

第三反应：一定要保卫这个婚姻，不能让这个家破了，不能让丈夫跑了

这个信念会突然进入脑海里，并且一下占了上风。本来丈夫被妻子发现了婚外情，想着应该是暴风骤雨的指责或谩骂，劈头盖脸的粉拳，一哭二闹三跳楼，没有想到妻子会来一句，“只要你能够跟那个女的彻底断绝往来，我可以当这个事情没有发生一样，咱们的婚姻继续像过去一样。”厉害一点的女人，会要求丈夫写下保证书或者悔改书。

第四反应：你是受害者

做妻子的你，发现丈夫在外面搞了婚外情，你会觉得自己变成了一个受害者。有些女人会把加害者直接认定为婚外情人，认为是婚外情人抢了她的丈夫，破坏了她的家庭；有些女人会认定为丈夫，是丈夫没有良心，没有道德，没有责任，喜新厌旧，做了陈世美；也有些女人会认为，是丈夫和婚外情人联手，破坏了她的美好家庭，掠夺了她的幸福婚姻，抢走了她的爱人。她是一个无辜的受害者，她又没有做错什么，她甚至是全心全意为了孩子，一心一意扑在这个家上。

婚外情发生了，不是夫妻谁做错了什么，也不是谁道德败坏，而是婚姻出现了问题，夫妻双方的婚姻模式出现了问题，导致双方产生了不满，只是做妻子的你，没有觉得不满，或者说你觉得这点不满没有什么，忍忍就算了。甚至夫妻之间吵架了，做妻子的你第二天就不记得了，而做丈夫的却一直记到现在。

第五反应：丈夫不爱你了，甚至是丈夫从来就没有爱过你

丈夫如果爱你，怎么可能去搞婚外情呢？他现在肯定是不爱你了。是啊，他现在怎么会爱你呢？如果婚外情人是年轻漂亮的，女人会说，自己现在都成黄脸婆了，胖了，皮肤松弛了，难怪丈夫不爱自己啊，男人都是这个德行，只喜欢年轻姑娘。女人还会补上一句，这个婚外情人就是图你们家的钱。如果婚外情人是比自己还不如的，女人会说，丈夫怎么会找这样一个女的，要身材没有身材，要脸蛋没有脸蛋，不嫌丢人吗！找婚外情人还找一个不如你的，你哪点不如她！不服气，不甘心！

丈夫以前肯定也是不爱你的。对，当初就没有说过爱你，当初就是骗你，你怎么就那么容易让他追上了呢？什么要求都没提，就嫁给了他。当初要是爱你，现在怎么可能不爱你了呢？当初那么死皮赖脸地追求你，你看错了眼，那时还有更好的男生追求你，人家那个男的现在过得挺好，对妻子也好。你怎么就看走眼了呢？

第六反应：孩子怎么办

单亲家庭的孩子大都不好，你不能让你的孩子在单亲家庭里成长，孩子不能没有爸爸。靠你一个人养孩子也很困难，要学区房，要上各种辅导班。别人问孩子，你爸怎么没有来啊？孩子怎么回答啊。

老师反映，孩子现在上课不认真，老是走神，成绩也下降了。孩子在家也不说话。有时，孩子看到你们夫妻吵架，就大声喊，你们别吵了，然后砰的一声关上房门。孩子现在也不爱出去玩了，就窝在家里看电视、打游戏，也不听话了。

孩子好可怜！现在孩子很听话，还跟你说，妈妈，我会跟着你的，不跟爸爸，爸爸是个坏爸爸，我不爱爸爸。孩子还说，要努力读书，要挣更多的钱给妈妈。听着就让人落泪啊！孩子还主动叠被子，帮大人干活，以前很磨蹭，现在变得快了很多。看着就让人心疼啊！

第七反应：你很失败

你觉得自己真的很失败。

要是你有事业，你也会觉得有事业又怎么样呢？还不是被那个烂女人把丈夫抢走了，这个事业又有什么用呢？外面的人说得多难听啊，你有本事又怎么样，还不是被丈夫抛弃吗？你会觉得：一个女人，连个妻子都做不好，连自己的婚姻都保不住，连自己的丈夫都拴不牢，要这个事业也没有什么用；把房子装修得那么豪华有什么用呢？还不是留不住丈夫的心。

要是你没有事业，你更加觉得自己失败。现在人老珠黄了，事业也没有，仅仅是个家庭主妇，什么都不会干了。现在离婚了，谁要啊，年纪又大，还带着一个娃娃。把孩子教育得那么好有什么用呢？还不是被丈夫嫌弃呢？

女人感觉自己失败到了极点，就会想还不如死了算了。

第五节　如何与丈夫谈婚外情人

很多女人在跟丈夫谈话之前，常常会去猜测丈夫会怎么想，丈夫的心理是怎么样的。其实，对丈夫的心理，与其去琢磨他是如何想的，不如直接勇敢地去跟丈夫交流，遵循沟通三步走的原则。第一步是确定自己的感受和需要，第二步是用事件＋感受的方法准确表达出来，第三步是得到对方的响应，进行正向反馈。

女性要注意，你和丈夫去谈婚外情人，不是让你去说教，你的说教也肯定会失败。因为婚姻管理导师如果去说教，也会失败，你是跟丈夫去探讨，前提条件就是没有对错，没有结论，没有答案，没有即刻承诺的行动，没有要说服彼此的意图，而是敞开心扉，交流彼此的认知、感受和需要。如果我这样说你还不懂，那么你就以一个婚姻管理导师的身份去跟丈夫做探讨，以第三人的角色，把你作为妻子的角色暂时拿掉。

那么，如何跟丈夫来谈婚外情人呢？

一、确定婚姻困局

一般女人都迫切希望确定丈夫有没有婚外情人的问题。如果丈夫有婚外情人就会几乎崩溃了，就会开始各种闹腾，要求丈夫必须马上跟婚外情人了断。如果丈夫没有婚外情人，就往往以为万事大吉，或者顶多是虚惊一场，丝毫没有感觉到婚姻已经问题百出，而且双方解决婚姻问题的能力已经丧失。有些女人其实已经抓到了丈夫搞婚外情的证据，但是就想从丈夫嘴里得到印证，想让丈夫来坦白婚外情。

但是，女人要跟丈夫谈婚外情人，并不是为了确定有没有婚外情人，也不是要求丈夫承认婚外情人，而是跟丈夫来确定夫妻两个人的婚姻出现了危机、矛盾和紊乱。不论有没有婚外情，你们两个人的婚姻都必须得到整治，而不是继续得过且过，把自己当鸵鸟，以为只要有婚姻存在就好，或者只要丈夫没有离家出走就万事大吉。

那么，你们夫妻两个人的婚姻到底出现了什么问题呢？这是要找婚姻管理导师来协助你去系统梳理和分析的。下面，我从三个方面来做一些简单的梳理。

1. 你们的婚姻现状。你们夫妻现在是一个什么样的状态？诸如有没有稳定的性爱，有没有沟通交流，有没有共同的活动，有没有一起唠嗑扯淡。如果这些都没有，那么你们基本进入了婚姻的另外一种现状：夫妻很多个月没有性爱，或者一个月顶多一次性爱，甚至你索爱都被丈夫以累或没有兴趣或禁欲来婉拒。丈夫总是很忙，要么晚上一两点回家，甚至更晚，要么就干脆不回家。丈夫躲着你，尽量不跟你有接触，尽量不跟你说话，打电话不接，微信短信也不回，个别人还会把妻子拉黑，或者屏蔽朋友圈。丈夫回家也不跟妻子或家人交流，顶多关心一下孩子，甚至连以前喜爱的孩子都不理了，要么专注看电视、上网，要么抱着手机或iPad一刻也不放，时不时脸上还露出笑容，偷偷地笑。丈夫难得有一次跟家人一起出去玩，也是魂不守舍，心事重重，不停地看手机，不停有信息进来。你深夜起来上厕所，会发现丈夫还没有睡觉，还在玩手机，甚至你发现丈夫在厕所里低声打电话或语音。如果你们是异地婚，那么你会发现丈夫也不怎么跟你视频聊天或打电话了，你打电话过去，他要么关机，要么不在服务区，要么无人接听，要么就是提前在晚上八九点跟你说要睡觉了，要么就是说自己喝醉了，要早点睡觉了。总之，你们夫妻俩的交流互动几乎为零，你们之间没有能量的传递了。

很多女人以为，此刻夫妻之间会吵架很凶。其实，在搞婚外情期间，男人常常不会跟妻子吵架，而是冷冻双方的关系，实在被妻子吵得没有办法，吼几句就完了，要么就是摔东西以制止你的吵闹，要么就是摔门而出。

2. 梳理你们过去的婚姻生活和爱情。你们夫妻俩的爱情是怎么产生的呢？是自由恋爱，是相亲认识，还是网恋呢？是一方刚失恋，对方来疗伤？还是一方疯狂追求，对方受了感动？在恋爱过程中，是激情澎湃、如胶似漆呢，还是吵吵闹闹、分分合合呢？有没有堕过胎？恋爱过程有没有受到父母的干预阻止？或者当时你们的恋爱，就是婚外情呢？

你们是为何要结婚的呢？是因为感情到了要结婚的时刻呢？还是未婚先孕不得不结婚呢？还是算了，不找了，就这个凑合结婚吧，跟谁结婚不是结婚？还是到了该结婚的年龄，老大不小了，再不结婚都找不到合适的人了？

结婚是为了什么呢？是着急，想要在那个年龄结婚生小孩？是因为渴望有一个自己的家？是避免未婚生子？是女朋友堕胎太多了，这次怀孕是最后一次了，打掉就没有可能再怀孕了？还是为了让父母放心或安心，完成父母的一个心愿呢？

过去的婚姻生活是怎么样的呢？

办婚礼，双方家庭感觉如何？有没有因此产生纷争呢？有没有让谁家觉得没有面子呢？

婆媳关系有没有负面影响你们夫妻关系？翁婿关系有没有负面影响你们夫妻关系？

孕产期，夫妻之间的矛盾冲突是怎么样的呢？丈夫参与到亲子关系中，是多是少呢？子女教育，夫妻两个人分别是如何开展的呢？

夫妻两个人日常互动如何呢？家务如何安排呢？夫妻日常的关注在哪里呢？相互之间的矛盾冲突在哪里呢？如何解决的呢？夫妻沟通交流在哪个方面呢？夫妻共同的活动有哪些呢？夫妻生活如何呢？

从什么时候开始，夫妻关系变得有点冷淡呢？主要体现在哪里呢？是什么原因导致的呢？夫妻是如何努力来破冰的呢？

3. 梳理夫妻双方行为模式。夫妻两个人来自不同的原生家庭，具有不同的基因，经历不同的人生，养成了不同的人格，形成不同的处理事情的方式。

夫妻两个人都有不同的婚姻认知，婚姻生活模式，男女关系互动模式，冲突矛盾发生解决机制，性爱模式，爱情模式。

夫妻双方都会有各自的依恋模式，心理应激机制，心智框架。

二、要跟丈夫谈婚姻的意义

也许你会觉得好笑，不是跟丈夫谈婚外情人吗？怎么半天也不谈婚外情人，反而要跟丈夫谈婚姻的意义呢？丈夫能听得进去吗？

丈夫现在就是一个心思，想要跟婚外情人在一起，甚至就是要离婚，然后娶婚外情人。丈夫现在的思维很极端，他就认为他是对的，而你是错的。丈夫现在就是认为这段婚姻没有意思了，从来都不快乐，一直都很压抑，一直都过得不好。

那么好吧！就算你丈夫要跟你离婚，他还不是想要再结婚么？可能你又会说，丈夫已经说了，离婚了也不结婚了，再也不结婚了，一个人挺好的。既然一个人挺好的，干吗要去搞婚外情呢？

来吧！跟丈夫好好谈谈婚姻的意义，这是不设标准答案的讨论，不设结论的探讨，你不必急着要求你丈夫现在就给你一个你满意的婚姻的意义，关键在于启发他思考婚姻，思考如何安排妻子和婚外情人。

1. 男人为何要婚姻。是为了传播基因吗？是满足性欲吗？是满足爱与被爱吗？是为了有人暖被窝，或洗衣服、干家务吗？是为了稳定后方，有利于发展事业吗？是为了让后代继承他的基业吗？是为了有益于他的人生吗？是为了有益于他的健康吗？

你可以跟丈夫做任何可能的探讨，因为这本身没有标准答案。不同层级的男人，不同年龄段的男人，不同事业的男人，有或没有孩子的男人，都会有不同的答案或者思考，也许他从来没有思考过这样一个没有什么用处的、博士论文一样的问题。

世界上，任何一个男人在结婚之前与婚姻几年之后，都会有人生的不同体验，都会变得现实，他们都必须去面对因为婚姻而组建的亲密团体，其中包括血缘关系和亲密关系。

2. 男人获取婚姻的力量。婚姻是一种神秘的力量，但凡取得举世瞩目的成就的人，都会有爱情、婚姻这样一个人生历练。

男人有时觉得这段婚姻没有意思了，但又不肯放弃这段婚姻；有时觉得跟你在一起的这段婚姻，受尽了伤害，甚至感觉婚姻没有必要存在，但又疯狂地投入另外一个女人的怀抱，并许诺结婚，或真爱一辈子；有时又觉得婚姻百般不好，但是婚后获取的人生财富及社会声望，又会让他自觉不自觉地感觉有妻子的一份贡献。

婚姻所给予男人的最难能可贵的，是坚贞不渝的友谊，尽管你要说这是爱情。普通人际关系的友谊之船说翻就翻了，可是夫妻之间的友谊之船总说要翻，但一直稳定驶向彼岸。任何男人的财富或地位都不是单打独斗出来的，最早的合伙人往往都是妻子。妻子无限地付出和承担，甚至连自己的事业都可以不要，来协助成就丈夫。

婚姻能够给男人坚毅的品格。

婚姻能够让男人同时处理多边关系。在一般人际关系里面，男人通常处理的都是双边关系。没有能力处理多边关系的男人，要么提升自己的处理能力，要么就退出，被淘汰了。

婚姻不是一朝一夕的、风风火火的事业，而是日积月累、水滴石穿的人生。它需要夫妻双方的细节照顾，需要双方随时的付出甚至牺牲，也是需要一段时间的无回报的付出，真的有点像美国纳斯达克的上市公司，可以先期亏损，但是需要有合理的现金流及业务增长。

婚姻需要两个人在婚姻中进行经营，也许早期可以相对粗放些，但是一旦婚姻家庭体量增加时，则需要进行管理，需要双方确立比较好的夫妻规则和家庭规章，需要夫妻构建强大的婚姻共同体，也需要建立合理的婚姻预警系统，比如设置底线、红线和热线，甚至在婚姻遇到重大危机时，诸如婚外情、感情瓶颈和人生规划偏移等，需要重置婚姻生活流程。

婚姻不是一次性的零和博弈，不是你挣他亏，而是成长型多次性反复双赢博弈，是帕累托改进。

3. 婚姻的使命。婚姻这种制度不是无缘无故产生的，是人类进化过程的优势选择。婚姻的出现，到底有哪些更加有利于人类的地方呢？

婚姻的第一大使命：人类要找寻灵魂伴侣，陪伴灵魂伴侣，固定灵魂伴侣。人，从出生就开始找寻依赖。人，就像微信的页面所显示的那样，一个孤独的人，要面对浩瀚的宇宙和未来，一个人走，真的有点恐惧，不是吗？人要寻找爱人，无非就是要一个灵魂伴侣，陪同走过这一生，达成“生无所忧、死无所惧、完善人生”。

婚姻的第二大使命：让男人更加男人。婚姻是人类的特殊的人际关系，当然，有些高级动物也有类似人类的婚姻制度。人类的婚姻制度是男女之间建立非血缘的亲密关系，从而衍生出向上的法律父母关系，以及向下的血缘亲子关系。在这个多边关系里面，男人需要具有团队、协作、共享、责任、激情、亲密和承诺等方面的能力，在这种关系里面，男人会得到全然不同的历练。男人的角色也由单一的自我和儿子的两个角色，转为自我、丈夫、父亲、女婿和儿子的五个角色，这些角色分工不一、目标不一、满足度不一。

婚姻的第三大使命：二次生命。我们常常都会觉得婚姻是女人的第二次投胎，但实际上，婚姻对于男人来说则更是第二次生命。男人一旦结婚了，那么这个陌生的女人则开始在某种程度上承担起超级妈妈的角色，要引导他如何爱妻子，如何爱孩子，如何爱他的父母，如何去和解与父母的恩怨，要去陪伴疗愈他过去成长中的伤痛，要给疲惫的男人以港湾。

三、要跟丈夫谈家庭的功能

1. 夫妻功能。夫妻两个角色有什么功能呢？夫妻功能，可以分为夫的功能、妻的功能和夫妻的功能。男人作为夫，在婚姻里应该起什么作用呢？传统意义上，男人作为丈夫，常常是挣钱养家，好像这个功能一旦完成或承担了，就万事大吉了。但是，男人仅仅挣钱养家是不够的，男人还需要关注妻子，陪伴妻子，分担妻子的一些负担，成就妻子，给予妻子满足的性爱，这就要花费男人不少的时间、精力、心思以及金钱。

女人作为妻子，实际上和男人作为丈夫，在功能上面是对等的而不是平等的。男人容易因为关注事业而让丈夫的功能减少，甚至仅仅是挣钱养家，男人跟妻子做爱，仅仅是以满足自己的性欲为主，而主观上以为自己做爱了，女人就满足了，甚至完全没有考虑过女人还需要性爱方面的满足。女人也容易因为关注子女和家庭，而让妻的功能丧失，仅仅是完成了女人作为母亲的功能或作为儿媳的功能，这是很多女人容易犯的毛病。

2. 父母功能。父母功能，是一个阶段性发展的功能。在播种期间，男人要提供健康的精子，并且能够顺利播种给女人，而女人要提供健康的卵子、输卵管和子宫等生殖系统。在孕育期，男人需要给妻子一个温馨的环境，女人需要给胎儿提供稳定的情绪和丰富的营养。婴儿期，女人作为母亲需要付出很多，奶水、温暖的怀抱、无条件的积极的关注，以及其他种种。男人作为父亲，更多的是积极关注、陪伴和伺候婴儿等。

作为父母的夫妻，还需要体现出婚姻的幸福，需要给婴儿一个安定、宁静、祥和的家庭环境，给婴儿一个良好的原生家庭。在孩子成长的各个阶段，父母给予子女的是不一样的，这里就不详细阐述了。

在婚姻关系里面，夫妻两人在父母的功能里面，如果有人缺位，或者投入不足，那么与子女的关系就会比较弱，容易在婚姻里面产生脱离感，或者被忽略感、不重要感。一旦在此期间有什么外界异性吸引，就很容易抛下父亲的职责，独自偷欢，而且还心安理得。大家要知道，人与人的关系就是靠不断投入，建立紧密连接的，亲子关系也是如此。亲子关系的紧密，会进一步强化夫妻关系。

3. 夫妻的港湾功能。港湾，常常都是停歇、加能和休整的地方。家庭应该是夫妻在外面打拼后，停泊、休整的港湾。

夫妻两个人建立的这个家庭港湾，现在处于什么状态呢？是回到家里，就有持续无止境的争吵呢？还是回到家相互冷冻、毫无交流呢？或是回到家里，能够得到一点点的安慰、支持和陪伴呢？还是在家里，夫妻能够敞开心扉，相互共情、支持和陪伴，然后满怀开心、放松呢？

这个港湾到底是怎么样的，完全取决于夫妻两个人的婚姻管理能力，当然这种婚姻管理能力，一部分来源于原生家庭奠定的基础，一部分来源于长大过程的外界学习，还有一部分来源于夫妻共同的探索、学习与实践。

四、跟丈夫谈婚外情

1. 跟丈夫面对面谈婚外情。一些女人首先是无法面对丈夫有婚外情，一旦触碰到有关婚外情的话题、字眼、视频和人言，就会感觉无法承受，无法面对，感觉天旋地转，感觉这个日子没有办法再坚持下去。如果在这方面无法突破自己的恐惧，那就只能先回到前面讲述的方面去谈。你敢于去跟丈夫谈婚外情，那你就已经有了一些力量，来面对婚外情，否则你就只能下跪求丈夫回来。任何下跪的女人，都不可能靠乞求去获得爱情的幸福，更加不可能靠乞求去感动出轨的男人回归。

常常都是这样，当女人能够跟丈夫谈离婚的时候，甚至做好了离婚准备的时候，丈夫才会开始来跟你真实地面对婚外情和婚姻。你要有勇气面对离婚，但并非要你真的跟丈夫离婚。这是一种力量，独立、自尊和勇敢的力量。

2. 跟丈夫谈婚外情满足了婚姻的不足部分。大多数情况下，丈夫搞婚外情都是婚姻的补充，也就是找个补充妻子的婚外情人。丈夫搞婚外情，常见的理由无非就是感情淡了，变成亲情；妻子忽略了他，不关心他，对他不好；妻子的性爱不好，没有满足；被妻子压制，一直不自在；妻子没情趣，不懂撩心。总之，就是要找妻子的一堆不是，以掩盖他对婚姻的不忠，尽管他的感受很多情况确实是真实的。注意，丈夫感受到了妻子的不足，这是真的，你别企图去否认这些。

其实，丈夫要是真觉得你这个妻子一无是处，完全不能满足，那么就不是搞婚外情，而是提前就跟你闹离婚了，跟你进行全面争吵了。在你感觉自己暂居上风的时候，丈夫是安静了很多，但是心却偏移了很多。他不愿意跟你了结婚姻，离婚走人，另外再去找寻真爱，他的骨子里知道，女人不都是这样的吗？当初，你不就是他的最爱吗？起码是他能娶得到的最好女人！所以，你在这里就是要让他把婚姻补充，或者妻子补充的这些心声说出来。注意，你不要在对方说的时候，还去压制他，还去否定对方，你就是要认真听他讲述他作为怨妇一样的男人，所过的不堪的、过去的生活。只有你能听进去，他才能变柔软，才能够放下防御、反击。

3. 跟丈夫谈婚外情的真正满足。此刻，你丈夫会跟你说，婚外情人是如何的温柔，如何的听话，如何的懂事，如何的聪明，如何的能干，如何的爱他，如何的般配，如何的乖巧，如何愿意放弃一切跟随他，而且不黏人，疯狂地迷恋他，激情澎湃。只要他愿意夸奖他的婚外情人，他就早晚会嫌弃这个女人，因为这一切只存在于男人热恋期的美好幻觉中。

任何热恋期的男女，对于对方都是选择性地放大欣赏，盲目地漏过真相。热恋期一过，男女双方都暴露在阳光下，也就会对对方有比较全面的感知和扫描。之所以会出现婚前婚后完全不是一个人的印象，原因也在于此。而搞婚外情获取的超级热恋感，一是偷情带来的逆反快感，和情绪外泄的欢愉；二是旧爱已经进入平台期，甚至瓶颈期，而新鲜爱人带来新刺激的新局面；三是微犯罪的不伦恋，带来突破束缚之后的紧张自由感，以及把控自我的自主感。

这种婚外情的满足，实际上是婚姻的补充，当然也有一部分是婚姻凋谢死亡的第二春，这种类型的婚外情，常常都是离婚，但比例不超过15%。

婚外情的满足，常常是猛烈激动的，可持续性弱，伤害力强，攻击妻子孩子之外，还会自我伤害，附带伤害婚外情人。

饮鸩止渴，是婚外情作为婚姻补充的最好注解。这句话，作为妻子的你说出来，没有任何价值，对丈夫也不会有影响。

4. 跟丈夫谈搞婚外情的纠结。一是你要去肯定丈夫在婚外情里获取的欢愉，是在目前的婚姻里无法获取的。即使你去否定，也没有用，因为丈夫在婚外情里面正过得逍遥自在，享受着他认为最美好的时光。这点对于你来说很难，你无法接受丈夫竟然还跟别的女人如此欢畅。

二是你要激发丈夫在婚姻和婚外情里的纠结，你就是要让他处于两难的境地。一方面他舍不得婚姻，一方面他舍不得婚外情。但是，他终究是徘徊在两个女人的心门之外，而不是一边倒，倒向婚外情人。你在面对丈夫的徘徊时，可能会气得发疯。你会在心里说，你怎么就不能做一个痛快的选择，离开那个婚外情人回到家里呢？这么容易的事情，怎么就那么难。你一着急，就又让他退缩到婚外情那边去了。他在纠结，你需要平和稳定，在旁边陪同，微微调整让他回家的路向。

三是你要跟他回忆过去你们在一起的恋爱岁月。过去的恋爱，相信他也是历历在目的，弄不好你都有点不太记得了，同时，他也会把你婚后对他的点滴不好都记在心上。所以，你只需要认同他现在的感受，然后就拉到过去的恋爱岁月，你们一起走过的路，接过的吻，滚过的床单。也许，你丈夫会跟你说这些都是过去，甚至完全否定过去与你存在这样的爱情故事。但是你与他去回忆过去，还是非常值得的。始终要牢记，只要不是你们夫妻之间真的感情破裂了，那么这个再寻旧梦，就有利于他产生涟漪，动摇与婚外情人的感情，再次与你产生情感共鸣。

四是你要给丈夫一个明确回归家庭的方向。可能你丈夫还没有做好决定，也没有理出一个头绪，甚至都没有想过，到底是跟你继续，还是离婚了跟婚外情人结婚。这一切，男人常常是没有提前思考过的。只有在被妻子发现了，不得不面对妻子的逼迫，他才需要做选择；或者情到深处人孤独，因此跟婚外情人许诺，会离婚而娶她；或者完全是婚外情人陷入情网中，想急迫结婚而导致逼婚。一般情况，婚外情都会在暗地里默默地发生，犹如休眠火山一样积蓄能量，有朝一日，砰！火山爆发了。

你跟你丈夫谈婚外情的时候，就必须非常冷静坚定地告知对方，不离婚，不接受继续婚外情，不会容忍一夫一妻一妾的婚姻状态，欢迎丈夫随时归队。

五是你要给丈夫一个温和的家。跟丈夫谈婚外情，自然是要谈到你们的这个家，过去的样子，现在的样子，你们想要的样子。有些女人在跟丈夫谈论婚外情的时候，把家里搞成了斗兽场，把家里搞成了人间炼狱，把家里搞得天天想躲开。这样的家，不要说搞了婚外情不想回归，就是没有婚外情，人也都不想回来。这不是要你假装，而是你要尽快调整自己，进入再造家庭氛围的通道。有些女人，明明丈夫已经确定要回归家庭，但是她们却继续破坏家庭氛围，因为她们心中的恶气还没有出掉，因为她们急迫要求丈夫进入幸福的婚姻状态。

尽管你有一万个理由把家搞成赤壁战场，但是你也有一个理由把家里搞成温馨轻松的样子。当你决定挽救婚姻、挽回爱人，那么受点委屈是在所难免的，未来幸福的婚姻，会弥补现在的委曲求全。其实，也许你可以不用委曲求全，你在婚姻管理导师的辅导下，委屈都会散去，而是全心进入挽救状态。

五、跟丈夫谈与婚外情人的爱情

做妻子的你，当面临丈夫有婚外情的时候，怒气往往都是针对婚外情人的，拼命想要攻击婚外情人。理性一点的女人，则常常会选择否定丈夫跟婚外情人的爱情，而不是对丈夫或婚外情人个人进行攻击。一旦你进入否定丈夫跟婚外情人的爱情的时候，那么你再一次否定了你的丈夫，再一次在表明你比你丈夫高明。你给你丈夫的感觉是，你又一次跟他处于对立面，你真的是没有什么时候去尊重、认同和支持过丈夫。那么，你该怎么跟丈夫谈与婚外情人的爱情呢？

要肯定丈夫与婚外情人的爱情。能肯定丈夫与婚外情人的爱情，真心不易，这要求女人要有强大的内心，更是要求女人自我认可、自我接纳和自我友好。如果你不是这样一个女人，丈夫搞婚外情本来就会摧毁女人，而去确认丈夫跟婚外情人是有爱情的，这更是进行二次蹂躏。

之所以要你去肯定丈夫与婚外情人的爱情，不是为难你，而是你得要真切地知道，你丈夫爱上了另外一个女人，而这个女人也爱上了你丈夫。但是注意，丈夫跟婚外情人的这种爱情，并不会得到幸福的结果，甚至一发生就注定了虐心。婚外情本来就虐心，能不能结婚都两说，结婚了也都会有再次伤害。

你要是不能够理解丈夫爱上了其他人，那么你就无法理解在婚姻里面，夫妻之间本来就需要一次又一次地爱上对方，因为爱的这个状态常常都是比较短暂的，爱情只是促使你们决定在一起。夫妻之间的维系，更多不是靠爱情，而是靠友情、恩情、能量交互以及相互满足等，进而把这些行为固化为一种夫妻行为习惯。

当你肯定丈夫跟婚外情人确实在当前这个状态下，是一种爱情的滋味，那么丈夫起码会认同你这一点。你不愿意认同，也是担心丈夫会说，你都知道我们俩是有爱情的，那么你退出吧，成全我们俩。没有听说过，有爱情的男女就得要在一起结婚。不是有句话说，相爱容易，相处难么？更何况，两人结婚，还需要考虑婚姻匹配度，考虑婚姻可持续性，更要考虑结婚的动力。何况婚外情要结婚，还需要额外提前处理好婚姻里面的问题，安置好各方面的人员，以及疗愈婚外情的心理创伤。

当然，有些丈夫在外面搞的婚外情，其实不是真的所谓爱情，就是看到女人就想上，上完了，缠绕一段时间，然后抛弃，再去寻找下一个女人。这种丈夫，他的性心理出现了问题，需要去进行性心理治疗。

下面谈谈所涉及的具体步骤。

1. 跟丈夫谈婚外情人的处境。婚外情人也不是一般人能做的，心理承受力真是要求很高。一般婚外情人自己就会有焦虑不安感、内疚感和负罪感，尤其是这个婚外情人是被丈夫骗成婚外情人的。尽管也有婚外情人感觉很光荣，甚至就是靠做婚外情人发家致富、改变命运的，但这是个别女人。这类靠婚外情人发家致富的，反而容易分离，无非就是谈一笔买卖而已。大多数女人，如果一开始就知道男人已婚，那她们常常不会选择做那个男人的婚外情人。当然，在不断的被追求中，也有会动心的，从而卷入婚外情中，但这种女生其实会更加负疚，甚至会觉得自己不是一个好女人。

婚外情人除了要面对自己要不要做婚外情人，还要面临自己的父母的认同，当然还会在意其他人的闲言碎语，也会担心正宫去自己单位闹腾。婚外情人在跟已婚男人挑明了是婚外情的时候，婚外情人是焦虑的、紧张的、纠结的，也是害怕的，无论婚外情人装得多么镇定，但是社会传统的紧箍咒还是在默默念啊！

2. 跟丈夫谈婚外情的归宿。婚外情也属于爱情范畴，是爱情都讲究一个归宿，这个婚外情到底要去向何方呢？当婚外情因为各种原因而被唤醒，进行澎湃的生物响应的时候，爱情就这样吹起了冲锋号。

一旦爱情受到了阻碍，也就是说，一旦婚外情受到了阻碍的时候，此刻婚外情本身并不会缠绕在爱情里面，而是团结起来推翻阻碍物。在爱情里面，有个罗密欧朱丽叶效应就是讲这个。结果，两个人看起来热情似火，实际上这并不是两个人纯洁的爱，而是婚外情的两个人团结起来，阻击婚姻里的妻子及其他反对者。一旦阻碍物消除了，要么是妻子索性不管了，要么是妻子索性离婚了，那么这两个人搞婚外情的人，才真正地全身心投入爱情里面。此时，两个人的真实面目才会暴露出来，才会有很多男人后悔离婚了，才会有很多婚外情人感觉，这个男人怎么不是在有妻子的时候那么好啊？真的有点眼瞎啊！

当然，也有一部分男人离婚之后，跟婚外情人在一起，确实非常般配，两个人确实是亲密爱人，会获得幸福，但这是小概率事件。那做妻子的，是不是就可以完全放任丈夫的婚外情，从而有利于他们两个人自然分离呢？显然，放任丈夫去搞婚外情，是对丈夫最大的忽视和冷落。任何一个爱人都不会对丈夫的婚外情无动于衷，因为爱就会采取行动挽回丈夫。只是要看采取什么行动是最优的。

知道了婚外情这种爱情的一般发生机制，那么我们来看看，婚外情的最终归宿会是怎么样的。

婚外情的第一种归宿就是逆袭成功，夫妻两个人离婚，然后男人跟婚外情人结婚。婚外情人和这个男人可能会认为终于称心如意，有情人终成眷属了，但是这种婚姻开始之后，男方常常会认为这是在心智迷乱或者鬼迷心窍的时候所做的决定。婚后的矛盾冲突主要来自两个方面，在外部方面，受到社会道德压力，受到公婆的不待见，甚至子女的排斥；在内部方面，两个人的婚外情转变为婚姻之后，双方不再是那种婚外情的刺激、婚姻补充，以及抱团抗争，反而归于平静，真正面对爱情和生活。婚外情的高峰体验结束，两个人之间差异型矛盾冲突开始呈现，婚后夫妻两个人的婚姻矛盾冲突会显得更多。婚外情逆袭成功后，真正生活幸福的，则要比正常恋爱结婚的概率又要小很多。

婚外情的第二种归宿就是纠缠不放，又没有结果。常常都是男方不离婚，也不放弃婚外情人，并且继续保持与两个女人的关系。婚外情人无法离开这个已婚的男人，做妻子的你也无法离开丈夫，又无法让丈夫彻底了断。有些人认为，这种婚外情是男人享受齐人之福，能够搞定。但是，不少这样的案例，常常会发展到以凶杀作为终结。尤其是这种婚外情进入疲劳争夺期，这种极端事件发生的概率便大大增加，酿成人间悲剧。

在这种婚外情家庭里长大的孩子，常常早熟早恋，反叛逆反，孤独内向，成年之后婚姻也常常不成熟，或者会出轨，或者很难进入婚姻里，或者在婚姻里很难建立夫妻亲密关系，或者婚姻过度紧张——在婚姻里没有安全感，但非常重视婚姻，渴望婚姻家庭，生怕婚姻结束。当然，也有婚姻比较幸福的，他们特别懂得珍惜婚姻，懂得婚姻里的夫妻之道。这些人常常也是经过了自我成长，脱离了父母婚外情的受害人身份。

这种纠缠不放的婚外情，走到最后还是归于老夫老妻的平淡，甚至到最后，婚外情人一样会被嫌弃，当时这个男人怎么嫌弃妻子的，也会怎么嫌弃婚外情人。最后，虚度时光的是婚外情人，而这样的有婚外情的婚姻也是名存实亡，损人害己。

所以，我常常会和婚外情人说，这种纠缠不清、拖泥带水的已婚男人，你没有必要去等待和追随，他的原生家庭的婚姻负面影响太严重，心智不健全，他的婚姻模式不健康，你们的婚外情未来会很凄凉。你不是他的妻子，没有必要那样去付出，甚至等到有一天他的妻子成长起来了，也会离开这样的男人。

婚外情的第三种归宿，是结束婚外情回归家庭。这种婚外情的归宿对于妻子来说，是最好的归宿，也是最期待的，其实，对婚外情人来说，更是最好的。只是这个过程非常煎熬，稍微没有掌握好火候，可能丈夫会延迟回归，徘徊在家门之外，或干脆不回归了，但也不跟婚外情人在一起，会有一点时间纠缠，也有些女人会把已经跟婚外情人分离的丈夫弄离婚了。

丈夫搞婚外情的女人都要牢记，丈夫回归家庭的五个步骤：第一步，丈夫想回归，或表达了想回归的可能性，你一定要支持、肯定他。第二步，你要接纳他回归，你可能会由第一个阶段求着丈夫回归家庭，变成了要不要接纳丈夫回归，你会产生动摇，甚至你会反思，跟这个男人这么些年的婚姻，原来自己一直过得很卑微，或一直被丈夫忽略，没有被肯定，没有得到丈夫应有的回馈，整不好你就闹着要离婚，或者要丈夫保证以后再也不跟婚外情人有任何来往，也不允许跟其他女人来往，然后各种求证丈夫爱不爱你，以及各种不安全感，甚至连跟别的女人正常来往，都会被你怀疑，或者晚点回家，就被你夺命追魂地电话查岗。第三步，是你丈夫会有徘徊，还会跟那个婚外情人联系，甚至还跟婚外情人去开房，你要了解男人跟婚外情人的分开，第一要经过观念上跟婚外情人断恋，第二是物理肉体上的断联，不见面、不联系、不开房，第三是精神心理层面的断开，已经坦然接受了婚外情人不再是恋人，没有了心理依恋，没有了精神上的依靠，没有了心灵慰藉。所以，你一定要支持、坚定他观念上与婚外情人的断恋，温柔地给予丈夫肉体上的亲密慰藉，引领丈夫走出徘徊的回头路，搭建夫妻的心灵之桥。第四步，疗愈婚外情造成的情伤，和解婚外情的怨恨。第五步，再建婚姻共同体。没有这五个步骤，有过婚外情的婚姻，很难再踏上幸福健康的婚姻之路。

婚外情的第四个归宿，是结束婚姻、结束婚外情。这是女人都不希望看到的结果，但却有很多这样的案例。这种归宿还有其他的演化版，那就是结束婚姻，跟婚外情人结婚，但随后没有多久又离婚。结束婚姻，往往是男人在婚外情之前就有感这段婚姻的已经死亡，维持着不过是苟延残喘，他没有勇气去解体这段婚姻，或者是妻子发现了婚外情，不能承受，武断离婚了，或者在丈夫的婚外情里面觉醒了，感觉这个丈夫并非自己所需，最后选择主动离婚。

发生婚外情本来就是婚姻困顿的一服汤药而已，并非是真心爱那个婚外情人，一旦离婚之后，就面临着要给这个婚外情一个交代。这反而让这个男人清醒过来，这个婚外情人并非自己的结婚之选，因此选择离开婚外情人。当然，也有可能是，在这个男人离婚之后，婚外情人反而感觉这个男人薄情寡义，或认清楚了这个男人并非是自己的所爱，只是借这个男人的肩膀用一下，医治自己的孤独寂寞，或者疗愈一下情伤而已，婚外情人也就做出尽快结束的果决行动，否则就把自己给坑进去了。

婚外情的第五种归宿就是伤害。这种伤害并非是因为婚外情拖延太久导致的，而是因为三方里面的某一方人格不健全，易失控导致。婚外情是一种很容易引发心理障碍，甚至精神疾病的剧烈冲击。爱情也会如此。这类伤害：第一种是直接伤害自己，第二种是伤害他人，且很多是走极端，后果严重。还有可能会把孩子给伤害了。比较轻微一点的，就是把这个男的婚外情给曝光，导致其丢失工作或名誉受损。也有的妻子，会直接伤害婚外情人，或者这个男人被妻子发现了婚外情，直接把妻子给伤害了。

3. 跟丈夫谈与婚外情人的分离。丈夫与婚外情人的爱情，十之八九需要进展到谈分离的这个阶段，不是因为他们走不到婚姻殿堂，而是你需要丈夫跟婚外情人分离，而且你发现丈夫有婚外情后的自动反应就是，要求丈夫跟婚外情人立刻“断了”。女人常常会说：只要他断了，自己还是可能接受他，甚至当作这个事情没有发生，翻篇了事。但这种摊牌，女人常常都会失败。丈夫知道了你的底线是你不会追究他搞婚外情，那他就会继续婚外情。

那么，应该怎么跟丈夫谈与婚外情人分离呢？

首要的第一步，要明确对婚姻和婚外情的态度。态度决定了日后的走势，也让丈夫清楚知晓你的决心。对于婚姻的态度，那就是坚决捍卫，不会轻易离婚。婚姻里出现了危机，要两个人一起来面对。对于婚外情的态度，就是坚决反对，绝不允许婚外情和婚姻同时存在。做出这战略性的第一步，只是表达你的坚决意志，并不是强迫他立刻给你承诺，更加不是要丈夫立刻跟婚外情人分离。如果你试图要求丈夫即刻行动，甚至寻死觅活地闹腾，只会把丈夫推到婚外情人的怀里。

第二步，你要明确跟丈夫真诚的爱和对婚姻的重视。可能你会跟丈夫说，假设他要是找到了真爱，那么你愿意离婚，但要求他净身出户，并且不给他孩子，那么你只会被丈夫看成贪婪、无人性和逼人太甚。他现在的婚外情当然是真爱，当然是他的第二春。丈夫感觉你对婚姻的理解，就是钱财和孩子，以为有了钱财和孩子，你连丈夫都可以不要，他算是看清楚了你的嘴脸，他会觉得他找婚外情人完全是正确的，你是一个完全无爱、无感情、无情趣的女人。

你真正需要跟丈夫谈论的，是你们的爱情的发生、发展和高潮，然后稳固，结合成婚。你可能在孕产期对丈夫会有忽略，甚至冷落，这是母性使然。你可能在婚姻生活里比较霸道任性，没有顾及丈夫的感受，甚至没有满足丈夫，这是你身在爱里不太懂回馈爱。你可能在婚后没有太重视夫妻性生活，这是你性思想保守老旧。你对丈夫的感情一直真挚，从来未改变。你需要明确，因为这场婚外情，让你意识到了，婚姻危机是你们婚后夫妻相处的一个结果，你现在看到了婚姻问题，要夫妻两个人一起来面对解决。之所以愿意来解决婚姻危机，都是因为爱，因为夫妻之间有深厚的感情，如果没有爱和感情，那就会即刻选择离婚的。

你把婚姻当成人生重要的有机组成部分，当这一有机部分出现问题，不是轻易切除，而是要紧急抢救，再来慢慢调理，让这部分再次焕发青春。你也可以跟丈夫探讨婚姻，婚姻有自身的规律，要尊重婚姻发展周期。夫妻两个人的发展也是阶段性的成长，在不同阶段，夫妻两个人都会有不同的需要，这些夫妻的需要和夫妻的付出，构成了婚姻。在婚姻里面，夫妻两个人的满意度不一致，会产生矛盾、冲突、危机，甚至离婚。所以，婚外情发生了，正好是警醒夫妻俩需要去共同面对，一同去解决婚姻里面的问题，化解危机，调理婚姻。

婚外情一发生就去离婚，婚姻管理能力不会提升，进入下段婚姻还是要出现问题，难道还去离婚么？

第三步，你要明确要求丈夫跟婚外情人分离。这是一个早晚必须要做出的决定，绝不允许丈夫脚踏两只船，更不能让他觉得在这个方面有协商的余地，绝无可能妻子跟婚外情人共侍一夫。他可以此刻不做决定，他也可以一个月不做决定，但是他必须要知道搞婚外情不是长久之计，而且你的内心承受能力也是有限度的，搞不好哪一天就崩溃了，无法再承受丈夫婚外情的打击，就会选择放弃婚姻。

要让丈夫明确，跟婚外情人分离是一个非常确定的事情。但是你也要知道，丈夫离开婚外情人，回归家庭，是需要三个过程的。

第一阶段，丈夫在观念上确定要跟婚外情人分离。他在感性上觉得跟婚外情人在一起是幸福快乐的，但是他也感受到了婚外情带来的各种折磨和困扰，只是他跟婚外情人的爱情还悬在空中，没有落地到日常生活。他在理性上也知道跟婚外情人没有结果，没有未来，早晚要分手。如同掉在深水里抓到救命稻草的人一样，丈夫不舍得放掉那根不能救命的稻草，你要去鼓励、支持他，做出这个观念上的决定。

第二阶段，丈夫在物理层面跟婚外情人断开。也就是说，丈夫不再跟婚外情人有见面、信息和语音上面的联系，也不再有肉体关系。刚开始他常常能够坚持一下，但是很快会感觉如坐针毡，坐立不安，睡不好，吃不好，工作也没心思，甚至整个人生都感觉没劲。在这个层面，需要你要有智慧来转移他的注意力，需要你有紧有松的陪伴，当然，也需要你给予他积极新鲜的性爱生活。

第三阶段，丈夫在心理依恋上跟婚外情人分离。这是非常关键的一步，做到这一步，挽回丈夫、挽救婚姻就取得了阶段性的胜利。丈夫对婚外情人不再感觉是割舍不了的，不再感觉她是生命里的唯一，不再围绕她而喜怒哀乐，与她仅仅是一点淡淡的相见不如怀念。你更加需要跟丈夫重新建立依恋基础。

你也要知道，这个过程，丈夫会有反复，你需要不断地支持、鼓励、肯定他为回归家庭所做的努力，你也要及时引领他走出徘徊，甚至看到他进三退二时，都要给予积极肯定和陪伴。不要害怕丈夫的反复，跟婚外情人的分离不是切豆腐，而是藕断丝连；你要想你丈夫彻底跟婚外情人分离，需要你坚定意志，温柔支持，积极关注，真诚肯定，耐心陪伴，无怨无悔的守候。

4. 跟丈夫谈婚外情人的难舍难离。婚外情人可能是单身，那么多感情投到丈夫身上，你说要人家一下子就不跟丈夫联系了，哪里有那么容易。万一碰到婚外情人本来就是有家庭的，结果因为你丈夫的介入，人家倒是离婚了，结果你丈夫却还保持了家庭，没有离婚，他承诺了人家离婚，现在说要人家婚外情人离开，那么就更加不易离开。

在你了解了婚外情人的现状后，你才能够做出正确的事，否则你只会引发婚外情人孤注一掷，跟丈夫纠缠到底，跟你拼个鱼死网破。最终，吃亏的还是你，而且三败俱伤。所以，你要跟你丈夫谈婚外情人的难舍难离，其中分三个层面。

第一个层面，婚外情人的感情。很多人会认为婚外情人跟丈夫哪里会有真感情，就是贪图你丈夫的钱财和前程。实际上，你丈夫也没有花多少钱在婚外情人那边，甚至还有婚外情人倒贴钱给你丈夫的情况。在前面，我也讲过女人做婚外情人的满足，金钱和前途只是其中的两种情况而已，还有很多其他的满足。婚外情人无论当初是怎么跟你丈夫发展的，到了最后都免不了注入感情，这是女人的一个特点，女人动感情无非是早晚的事情。我辅导过的婚外情人分离的个案也证明了这一点，婚外情人真要断绝这段不伦恋的时候，大多数也都是伤心欲绝的，痛苦不已，面容憔悴，形容枯槁。在辅导婚外情的案子中，也发现涉足婚外情的男人有钱、没有钱的情况都有。你怎么也想不到，一个男人打一份三四千元收入的工，竟然还发生过几次婚外情。有些婚外情人在爱情闹昏头的时候，低微到只要这个男人跟她在一起就可以，哪怕是不离婚也可以；也有的婚外情人只要拥有这个男人就好，哪怕是净身出户，反而是很多男人不肯净身出户，舍不得财富。任何一场恋爱要进入婚姻，都希望有物质基础来保障感情的稳固发展，但爱到头脑发昏时，什么物质都不会考虑了。婚外情也是爱情，既然是爱情，那么婚外情人也会有昏头的时候。

第二个层面，婚外情人的付出。婚外情人在跟你丈夫的过程中，除了耗费了青春，弄不好还打过胎，弄不好还失去了自己原来的感情，甚至婚姻、家庭、孩子，弄不好还失掉了工作，弄不好还要被你嘲笑讥讽，弄不好还为了你丈夫真的自杀过。你大概会觉得做婚外情人活该，但是她是一个人，一个跟你丈夫产生了感情的女人，一个为了感情能够付出一切的女人。我们常常说付出要有回报，婚外情人在你丈夫那边获得了什么呢？一方面获取了益处，比如获取了爱，获取了温存，获取了甜言蜜语，获取了一个爱情的承诺（结婚），获取了从来没有享受过的疯狂性爱，还获取了财物，有些是没有获得财物的，那么更加悲催，她会觉得完全没有什么收益。有些是获取了一部分财物，那么她内心还会好受些。你不要觉得婚外情人不要脸，等你真的想要离婚的时候，你也一样会有这种念头，人没了，财物会补偿你这颗受伤的心。有些极端失去理性的女人会说，人都没了要财物做什么，到头来还是会后悔，离婚怎么就不要财物呢？另一方面获取了坏处，比如获取了焦虑不安，获取了内心愧疚，获取了惴惴不安，获取了社会的道德谴责，甚至获取了婚外情人这个要跟随一辈子的身份，连带她生了孩子也会传递到孩子身上。

第三个层面，婚外情人的依恋。我在前面反复讲过，婚外情人跟你丈夫的感情也是一种爱情，尽管是一种不伦恋情。婚外情人跟你丈夫建立了情感，产生了一种依恋关系。这种依恋关系，是基于感情、性爱和精神等交互作用后，获得的超级体验，并且把你丈夫转化成为了婚外情人的心理支柱。婚外情人在跟你丈夫进行分离的过程中，会感受到自己好像被掏空了，无所依赖，在感情上进入低谷，无法再爱他人，对未来感觉渺茫，没有你丈夫这个世界都失去了色彩。所以说，婚外情人离开你丈夫也是要脱掉几层皮的。

第六节　如何与外人谈婚外情人

你想要找外人谈丈夫有婚外情人的事情，你的需要是什么呢？一是你想把心中的憋屈讲出来，让自己心里舒服一点，不想让自己独自承受；二是你想获得他人的援助和支持，你感觉自己一个人无法挽回丈夫，无力阻止丈夫的婚外情，希望外力能够协助你把丈夫拉回来，把婚外情人赶走；三是你希望给丈夫形成压力，让丈夫众叛亲离，让他自觉回归家庭。

与外人谈婚外情人，这就不可避免会暴露丈夫的婚外情。丈夫发生了婚外情，要不要跟外人讲了呢？这是一个比较难以拿捏的事情。关键是你不知道如何去分析其中的问题，这需要专业思维和系统思考。

哪些人是外人？丈夫和婚外情人之外的都是外人。

一．按照影响力来分

第一类是对你丈夫有影响力的，能够跟你丈夫交流的，你丈夫能够听得进去的。这类人可能有的是父母及其兄弟姐妹或亲戚，可能有的是丈夫的铁哥们、好朋友，也可能是丈夫的公司领导或合伙人；第二类是对你丈夫没有影响力但比较熟悉的人；第三类就是一般人，可能是隔壁邻居，也可能是丈夫的单位同事，甚至可能是路人。之所以要按照影响力来分类，就是你要知道哪些人你去跟对方讲述了丈夫的婚外情，对方可能会跟你丈夫去沟通，做说服工作。那些没有影响力的人，你根本就不要去说，说了也没有什么用。

二、按照面子来分

也就是说，这些人可能对你丈夫的自尊心会产生负面影响。这种自尊心往往维护着你丈夫在外面的一种个人形象或声誉，甚至会影响你丈夫的生意或工作的晋升。第一类丧失日常面子的人，首先是你自己，有些丈夫在妻子面前一直形象很健康，结果他搞婚外情了，那么他可能不好意思见你，会抬不起头，无法面对你。还有就是你的父母，再有就是双边的亲戚，这种姻亲里的面子问题最难搞，所以，一般情况最好不要让父母、兄弟姐妹和亲戚，知晓你丈夫的婚外情，大闹更加容易损害这种自尊心（面子）。也就是说，未来夫妻两个人复合了，但是他会感觉比较难以面对其他亲戚。第二类丧失面子的人，这类人见面不多，诸如邻居或一般朋友。有时候丈夫婚外情暴露之后，他的社交关系会发生梗阻，他会回避这些关系。第三类丧失声誉的人，这些人往往涉及的是商业关系、同事关系，诸如供应商、投资人或合伙人。人们的评价体系是建立在你这个人的人品操守上，尤其是同一个单位里面，这种人品操守就显得更加至关重要。有些人搞婚外情会损害他的对外合作业务。第四类是没有什么面子问题的人，这些人往往是路人甲，跟你丈夫也不熟悉，但是一旦这些人主动进攻你丈夫，那就很危险了，尤其是网民。网民遇到一些诸如国企、政府的工作人员的婚外情都会群情激昂，会产生极强的破坏力，他们要么网聚人的力量，挟持舆论要处理你丈夫，要么直接人肉搜索或骚扰你丈夫。

所以说，从面子的角度，你更加要谨慎，因为这些面子的丧失，往往都是你丈夫的心理感受，现实也许并不一定如此，但是你无法去论证这种面子丧失对你丈夫产生的巨大影响。

综合起来，如果你一定要去找人谈论丈夫的婚外情，那么要找有影响力的、嘴巴严密的、非日常见面的，以及不影响声誉的人，这样的人应该是不多的。而另一些人可能会把你丈夫的婚外情搞得沸沸扬扬，天下皆知。那样的话，你们夫妻离婚的可能性就增加了好多倍。

三、按照与你的距离来分

1. 在家庭内部，最近的就是跟你一起居住的老人和孩子。但你要知道，这些人也是外人。老人，要么是你的父母，要么是男方的父母。你的父母呢，跟你是血缘关系，他们一般都是向着你的，不问是非的，心里想的就是“我的女儿不能吃亏”“我们的脸往哪里搁”“太不像话了，人品有问题”“早就跟你说了，这个人不可靠，不能嫁给他”。带着这种情绪，你的父母很难真正与你丈夫对上话，只会产生新的矛盾冲突，导致更加难以见面。通情达理的父母，常常会让女儿撑住，沉住气，好好反思，看看婚姻里面出现了什么问题，有什么办法去做修复，会陪伴和支持女儿。

你跟公婆关系好的话，他们会骂自己的儿子“太坏，这种事情怎么做得出来”“我一定会教训他的”“坚决会反对他离婚”“坚决不会接受那个不要脸的女人”，他们会给儿子很大压力，父子（母子）吵架，甚至逼迫得儿子不敢回家，很可能好心办坏事。你要是跟他们关系不好，他们很有可能会支持儿子搞婚外情，甚至怂恿儿子离婚，他们会说你这样的女人，对公婆不好，对丈夫不好，总之你是各种不好，所以他们儿子出轨了。

离你最近的孩子，往往会成为你们夫妻婚姻危机的受害人，而且可能是最大的受害人。丈夫因为婚外情，他在外面的时间多了，自然就无法像以前那样关心孩子，孩子很敏感，而且很直接，你对他好，就要给予关注和陪伴，否则都是假话。你因为丈夫搞婚外情，情绪会不稳定，愁容满面，情绪低落，容易暴躁发怒，没有耐心，甚至还会失控，痛哭流涕，这些孩子都会感受到。在这种情况下，孩子会自然选边站队，支持你，会觉得你可怜，会同情你，想要保护你，并且对父亲产生敌意。孩子卷入你们的婚姻危机漩涡里，会给他（她）的心理以重大打击，他（她）可能会认为自己做得不够好，认为自己不乖，才导致父母失和。他（她）可能还会在你们的婚姻互动模式里面，学习到婚姻的所谓真谛和经验教训。这就是把原生家庭的创伤、疤痕传递给了孩子。

2. 家庭边缘的人。兄弟姐妹或亲戚。这些人跟你的父母或对方父母差不多。当然，兄弟姐妹跟你是血缘手足，是同辈。所以，婚外情的事，一般不太好对他们讲，尤其是年轻一点的，丈夫可能会认为，怎么他（她）还来多事，对我说三道四的，有时候反而不好再见面了。亲戚关系则又更加距离远了一些，也不太好说话，除非在你们家里有特殊影响力，否则，他们基本上不太会介入，顶多就是劝和。这些亲戚，往往都是逢年过节要见面的，所以，他们要是介入了、知道了，反而不利于未来走亲戚串门。很多男人会说，我们要是和好了，以后怎么去见你的兄弟姐妹或亲戚呢？

3. 工作范围。这个圈层，一方面是他们可能会影响你的工作形象，或者你丈夫的工作形象，这往往会导致升迁受到负面影响；另一方面是他们可能会影响你的情绪，你担心他们会风言风语，在看你们夫妻的笑话。实际上，现在这个社会没有多少人真正来关心你的私人生活，顶多就是饭后谈资，而且大家也都习以为常了，有些人或许会表达同情，当然，如果是竞争对手，可能会借题发挥，或打击报复。

第七节　如何面对婚外情人

丈夫有了婚外情，你是不是特别想找出那个婚外情人到底是谁？好，如果你找到了那个婚外情人是谁，你要怎么办？你应该立刻冷静下来，“跟那个婚外情人如何面谈”，是你必须认真思考的问题，这关系到婚外情人是否能够从这段婚外情中离开。我再次提醒你：婚外情人的离去，只是你挽救婚姻的一步，而且不是第一步，也不是关键的一步。

我们在网络上可以看到各种妻子对付婚外情人的行为，实际上，那些方式都在激化矛盾，最后导致伤害。这是典型的把婚外情归结为婚外情人是祸根，典型的外归因，显然无法真正挽救婚姻，更无法挽回丈夫，最终的恶果，还是自己吞下去，甚至还可能成为了杀人犯，被判死刑。那么，到底如何来面对婚外情人呢？

一、关键是要遵循“三心”大原则

1. 感恩之心。你知道丈夫搞婚外情之时，大概早就气爆了，遇到婚外情人，牙齿都快咬碎了，连冷静下来都是强忍住的。要做到感恩，实在是强人所难。但是，难道你不应该感恩她吗？如果不是婚外情人出现，你还以为你们的婚姻处于健康幸福的状态，起码你是感觉挺幸福的。尽管夫妻偶尔也有点吵架，甚至你也觉得夫妻之间没有什么话说，但生活还算凑合，你根本就没有想过婚姻出现了大问题。也许，你想过要让婚姻更加幸福点，夫妻更多点交流交心，但是你总是感觉有心无力，不知道怎么去改善你们的关系，也从来没有想过要找婚姻管理导师来辅导你的婚姻。

当你发现了丈夫搞婚外情，丈夫对你有种种不满，你完全不相信这些都是真的。比如说，你这个人特别任性，说话，做事，都要按照你的意思来办，容不得半点商量，如同老佛爷一样强势。比如说，你这个人性爱没有一点新意，也完全不会顾及丈夫的要求，甚至经常拒绝丈夫的性需求。比如说，你这个人对公婆不孝，但却要求丈夫孝敬你的父母。比如说，你这个人一心扑在事业或孩子身上，几乎很少关心过丈夫的喜怒哀乐。比如说，你在外人面前肆无忌惮地指责批评丈夫，完全不顾丈夫的颜面。比如说，你说话很冲，三两句话就跟丈夫吵起来了。比如说，你完全没有主见，什么都要依靠丈夫，但是却总喜欢指使丈夫。比如说，你花钱大手大脚，从来不顾及丈夫挣钱不易。比如说，你总喜欢攀比，总是斤斤计较……

这些感受，你丈夫也都曾经跟你说过，但是你从来没有听进去，说完吵完，依然故我。第一次提出离婚，你说你会改，结果呢，你还是那样。这下好了，丈夫也不要你改了，直接找了别的女人。你是不是慌了神，觉得丈夫那么好的人，怎么都没有想到他会找别的女人。现在你决定，只要丈夫回归家庭，你就改。甚至，你现在都直接找到我来协助你挽救婚姻，挽回爱人，但实际上我第一要协助你的，是提升你的婚姻管理能力和婚商，要促进你对于婚姻的理解、对爱人的尊重，和对于夫妻关系的重视。

除此之外，婚外情人还让你丈夫找到了作为男人的责任、快乐、尊严、自信和意义，甚至让你丈夫有了第二春的感觉，尤其是在性爱方面感觉自己威武雄壮，甚至跟你偶尔的性爱，质量都提升了很多。

你应当真心感恩，并且意识到，这个婚外情人的出现，让你真切地感受到了婚姻危机的集中爆发，让你有了改善的原动力，让你重新进入妻子的角色。

如果没有婚外情人，你会有如此的决心吗？

2. 不伤害之心。对于婚外情人，你不需要去伤害对方，而是要同情对方。在此之前，我也讲过什么样的女人会做婚外情人，什么样的丈夫会找婚外情人。根据我的治理婚外情的将近500个案例来看，有八九成的婚外情人，都是被动卷入别人的婚姻里面去的，甚至有些是被男方欺骗的。个别婚外情人想要离开男方，甚至还被男方胁迫。尽管也有一部分女人主动做婚外情人，是为了男方的钱，或者从男方那边得到商业或事业上的好处，但是这种女人就好比妓女一样，要分离她们，反而是比较容易的。其实，最难分离的，就是那些投入了大量的感情、青春，甚至钱财被骗的女人。

一般的女人，一旦确定自己是婚外情人，其实她们也是纠结的，也非常伤心、难过、悲愤，甚至个别女人会羞愤自杀。做婚外情人的女人，在想要离开男方的时候，常常得不到男方一句真心话，她们也常常是为了得到男人的一句话，而久久不愿意离开这样的已婚男人。甚至个别婚外情人在得不到这样一句话的情况下，起了杀机或歪念，要么被害，要么伤害男方。

有大量的已婚男人，会欺骗做婚外情人的女人，他们明明知道不可能有结果，还会不断地给婚外情人转正的希望，一再要求婚外情人不要离开，给他时间去处理跟原配离婚的事情。但是截止日期到了，又提出另外一个截止日期，就这样三个月又延长到六个月，甚至有些可恶的男人会要求三五年。如果你知道婚外情人这样的状况，你还会动伤害她们的心么？

其实，很多情况下，是你的婚姻出现了问题，但是你一直安于现状，蒙在鼓里啊！甚至是因为你软弱，不敢跟丈夫正面挑明，你早就知晓他搞婚外情，导致你丈夫纠缠婚外情人这么长时间！等到最后，你觉得你实在忍受不了，你觉得你实在是被婚外情人欺负惨了，你觉得丈夫实在是被婚外情人蒙骗，你觉得丈夫只要婚外情人离开，就会回归家庭，结果导致你采取暴力手段去驱赶婚外情人，或消灭婚外情人。实际上，你是大错特错了。

你没有伤害婚外情人之心，反而能够与之善意沟通，进而了解她的真实意图，这样才能更好地协助婚外情人离开你丈夫。

3. 让婚外情人死了转正之心。对于这一点，你必须坚决表明你的底线和态度，绝对不能有半点犹豫或者条件。你要表明，你知晓现在婚姻处于危情阶段，知晓丈夫移情别恋，但你们夫妻之间具有强大的感情基础。其实，最怕的是没有感情基础，但丈夫却已经发生了婚外情，比如有些本来就是相亲闪婚的，两个人本来就没有特别动情，只是为了达成父母的心愿，或者感觉到了该结婚的年龄，这样的婚姻，挽救的可能性比较小，也许这个婚外情才是他的真爱呢！那些恋爱三五年甚至更长时间的婚姻，丈夫发生了婚外情，并不是夫妻离婚的标志事件，不足以导致婚姻的必然解体。

你要知道，在你跟婚外情人面对面之前，丈夫也许早就跟婚外情人谈过，他会表示跟你离婚而且态度很坚决，所以你有必要告诉婚外情人你的底线，甚至也可以把丈夫跟你的谈判告知对方。当婚外情人面对的是一个矛盾的结果时，她就已经产生了困扰甚至纠结，一旦纠结产生了，就容易动摇，进一步会导致她跟你丈夫的矛盾冲突，甚至她单方面会下定决心，就是要离开你丈夫。最后就取决于你如何强化她的离开之心。当然，你会说万一婚外情人根本就不接触你，也不跟你谈，那怎么办，那一样可以发短信告知对方。除了要让婚外情人知晓你的决心，还要让她感受到你的坚强意志和坚硬的心，对丈夫无条件的爱和支持及包容，要采取果决的行动。

我辅导过的几个女人，在这个方面做得很差，她自己不停地动摇，甚至把丈夫逼迫得到婚外情人那边去寻找温暖。一旦造成这样的结果，婚外情人就会感觉到机会来了，而且会觉得你根本不配拥有这么好的男人！好在每个星期一次的辅导，能及时纠正这样的错误做法。

二、然后是做三个“准备”

1. 了解婚外情人的准备。对于婚外情人要做一定的了解，你可以从丈夫口中来得知，也可以从婚外情人的外围来调查了解。你要去了解婚外情人的家庭情况，包括她父母的婚姻状况等，了解婚外情人的情史，了解婚外情人的工作状态，了解婚外情人的需要。也许你觉得这有点难。有点难也要尽量去了解，能了解多少是多少。

如果你丈夫对婚外情人都一无所知，那么就非常奇怪。所以，当你确定要去面对婚外情人的时候，你就需要得到丈夫的支持。你大概会说，丈夫怎么可能会帮助你去对付婚外情人？你要对付婚外情人，就会引发丈夫的对抗。有些男人不愿意跟妻子说婚外情人的情况，但是如果你确定要从丈夫那里了解婚外情人，那么你是需要耐心和善意的。甚至你可以提示：男人要跟一个女人在一起，就要对女人有全方位的了解。这样才能确定是否能够在一起。之所以要比较全面地了解婚外情人，是因为你需要知道这个婚外情人的婚恋的三个需要，即底层需要、核心需要及婚姻需要，需要知道这个婚外情人的渴望、恐惧和安全感，需要找到婚外情人的柔软部分。

2. 准备一份友善。之前说过，要对婚外情人有同情心，这还是不够的，还需要一个同理心。那就是你要真正地去了解，婚外情人实际上也是一个需要爱的女人，她也需要一个好的丈夫，需要一个长久的婚姻。无论是婚外情人是未婚单身，或离异单身，还是已婚，她之所以成为你丈夫的婚外情人，卷入你们的婚姻中，她必然是一个缺爱的人。你走过去给她一个拥抱，如果给不了，起码可以强做欢颜给她一个微笑，一个友善的眼神，她的心就会稳定下来。

婚外情人只有心情稳定下来，你才有机会跟她共情，让她理解婚姻不是容易获得的，也让她知道你是一个为爱坚守、为婚姻付出的女人。好多妻子以为给婚外情人一个下马威，婚外情人就被吓跑了，给婚外情人一脸的鄙视，甚至破口大骂贱人，婚外情人就会羞愧难当了。这种想法是错误的，任何一个女人一旦知晓自己当了婚外情人，其实她已经开启了防御机制，你的这些行为都无法动摇她认为的爱情。尽管你可能采取了一些措施，让她感觉到害怕，甚至恐惧，但是她的这种害怕、恐惧、楚楚可怜，不正是会激发你丈夫的保护欲吗？不正会让你丈夫觉得你好可怕吗？你竟然能采取野蛮暴力，恫吓婚外情人，天知道到时候会采取什么措施对付他本人呢？

当你采取友善的方式对待婚外情人，她可能会觉得你好像比较软弱，所以，你的友善不是去哭诉，乞求婚外情人，而是温和而坚决，微笑而坚定，善意而不容侵犯。她会感受到你是一个理解她的人，是一个知晓自己的婚姻面临危机的人，是一个冷静的人，而且你已经准备为婚姻而战。她不得不知难而退，因为她看不到一丝转正的希望，而且她的退出，不会带来更多的情感伤害，反而能够获得一个新的出路。

当你采取友善的方式对待婚外情人，你丈夫会感受到你的温柔和善解人意，感受到你充分的爱、无私奉献，以及坚毅的支持和陪伴，他也会感觉到你要调整婚姻生活的决心，他也会知道要离婚会旷日持久，他也会懂得离婚、娶婚外情人，并不见得就能患难与共，他会知晓婚姻问题到底还是要去解决，而不是离婚逃避，只有夫妻一起来面对婚姻，人生才会圆满。婚姻遇到问题，就换妻子，这个男人的婚姻早晚还会重复出现问题，难道又换妻子吗？俗话说，换一次妻子，败一次家。

3. 准备一份耐心。婚外情人要跟你丈夫彻底了断，这是一个过程，你不要指望说断就断了。这会是一个反复的过程：婚外情人先是要下定决心，跟你丈夫分手，在观念上觉得，跟你丈夫在一起已经没有意义，也没有未来，当然要是你丈夫也挑明要分手则更好。接着是他们在物理层面不接触，也就是切断电话、短信和微信的联系，有些是单位同事的，也要尽可能不见面。然后还要在肉欲、物欲和情欲上隔离，不能给予物质上面的帮助，当然也不能给予情感上的慰藉。再接着是切断依恋关系，这种依恋关系是对双方的底层满足，满足原生家庭的缺失，满足成长过程的渴求，满足自我的匮乏，是最难做到的。最后才是婚外情人走出来获取新生，重新获得去接受新爱的力量。这样一个反复的过程，会导致爱情折磨，去留纠结，以及保弃婚姻，不是一般女人能够做到的，需要一份坚强温柔、持久坚韧的耐心。

你可能能够支持她一周两周，或一月两月，但是如果有三四个月，甚至五六个月，多至一年的，估计你就无法坚持了。你会怀疑婚外情人是否真的离开了你丈夫，你也会怀疑丈夫是否能够真的离开婚外情人，回到婚姻里面来，甚至你会觉得婚外情人尽管离开了，丈夫尽管回归了，但是他们两个人的心始终都是联系在一起的，无人能够取代，你会感觉到绝望，看不到婚外情人与丈夫的分离。

所以，你在这个过程里面，不仅要陪伴丈夫，支持他走出这段婚外情，还要相信、支持婚外情人，陪伴她走上离开你丈夫的道路。在这个过程中，你确实要受委屈，确实会感觉到痛苦，甚至怀疑挽救这段婚姻值不值得，但是唯有耐心才能够让婚外情人坚定离开，唯有坚持才能够让丈夫收心回家。

三、再然后是做三个收尾

1. 谅解婚外情人，不要让她背负内疚。之所以这样，是让婚外情人彻底地离开你们的婚姻，不带着对你们的内疚，也就不会惦记着你的丈夫。你们要让婚外情人满怀着对未来的憧憬，满怀着轻松去走未来的路。

2. 安置好婚外情人。之所以要安置婚外情人，是要让婚外情人安心，不动荡，她过得好点就不会惦记你丈夫。有些人喜欢做事做绝，把婚外情人赶走，甚至还让婚外情人处在焦虑恐惧中。在这种情况下，你丈夫只会更加想要保护婚外情人。但是安置婚外情人，不是要让婚外情人继续跟你丈夫在一个公司，也不是让婚外情人继续跟你丈夫有业务上的往来，而是让她有保障地离开。如果你们没有能力安置婚外情人，那么就让你丈夫离开。这是有一点成本的，要看你们的经济能力了。

3. 处理婚外情人的婚外情伤。婚外情人的婚外情伤并非你个人能够处理的，所以，如果能够请专业的第三方来协助，那会更加有利于婚外情人疗愈。当然，在这个过程中，不必去说婚外情人心理有病，很多人不能够接受自己心理有病的说法，本质上心理也没有什么病，但是一个女人被卷入他人的婚姻里面去，当然是会产生很大的压力、屈辱和内疚，甚至勾起原生家庭和成长过程的创伤。很多女性会认为婚外情人都是活该的，破坏别人的婚姻就应该受到惩罚。你越是如此看待婚外情人，婚外情人就越不容易离开。不要认为把婚外情人打跑了，你的婚姻就安宁了，你丈夫就真的回家了。

第五章
如何面对丈夫

小沙感觉到丈夫可能劈腿了，为何会有这样的感受呢？

首先是他们夫妻两个人已经无法沟通了，一说事情两个人就要吵架。这种情况已经持续一年多了。而且，他们最近发展为两个人干脆无话可说，直接避免接触了。

接着是丈夫的手机和电脑加密了，而且手机不离身，连洗澡都要带着。丈夫回家就玩手机，经常玩到深夜。一接电话就躲开小沙，有时深夜还躲在厕所里打电话。一旦小沙碰一下手机，丈夫就火冒三丈，恨不得要吃人，凶得很。

然后是丈夫拒绝过夫妻生活，说自己现在性冷淡了，不想做爱了。以前丈夫每个星期都会有要求，哪怕是在月事的时候都会有要求。当然，这之前，小沙有半年的时间拒绝夫妻生活，丈夫就到卫生间去自慰。

再接着就是丈夫常常闹离婚，有时候还说过不下去了，不想活了，求小沙放了他，给他自由。以前吵架小沙会提离婚，但丈夫常常求和，不要离婚。

最后是丈夫回家很晚，经常都是凌晨回家，甚至不回家。丈夫回家都有一股其他女人的味道，或者洗过澡。

小沙跟丈夫闹过，但是没有用，也试图示好示弱，但也没有用。小沙问过丈夫，在外面有没有婚外情人，丈夫也坚决说没有，就是说过不下去了，要离婚。小沙找过公婆，想要公婆来劝劝丈夫，反而被公婆说了一顿，而且要小沙对他们的儿子好点，不要闹，等他们的儿子消停了就会回来。小沙威胁丈夫说，要去找他的单位领导，结果丈夫竟然动手要打人。小沙想到找私人调查公司，去调查丈夫，看看有没有出轨的证据，结果付了一万多元，一个多月没有回应，再打电话，却被拉黑了。

小沙不知道怎么面对丈夫，感觉非常无力。

应该怎么来面对丈夫呢？下面是我的详细分析。

第一节　要不要调查丈夫

很多男人在你没有掌握证据的情况下，是不会承认他在外面搞了婚外情的。为何？一是出于自我保护的应激反应，不承认婚外情，对于男人来说一般是比较有利的，收放自如，完全可以自己把控。二是避免妻子失控、闹腾，男人以为妻子要是知道了他的这个丑事，会闹得很厉害，害怕无法控制局面，搞得自己灰头土脸。三是害怕妻子逼迫分手，不承认有婚外情，意味着还可以偷偷摸摸搞婚外情，妻子也无法逼迫他分手，他还可以保持婚外情，还可以保护婚外情人。四是他还没有想好如何面对妻子，也没有做好最坏的打算——离婚。承认了有婚外情，就意味他必须要做一个选择，选择继续婚姻，就得回归家庭，选择婚外情人，就得离婚，他不可能同时公开拥有妻子和婚外情人。五是他对婚外情人的感情，其实并没有那么坚定，他知道婚外情人给他带来了妻子不能带来的满足、激情和快乐，但是婚外情人并不能完全替代自己的妻子，而且他还没有足够大的动力离婚，去娶婚外情人，甚至这个男人完全知道这个婚外情不过是妻子的补充，妻子要是有婚外情人的这些好处，他都完全不会去搞婚外情。

一、梳理你们的婚姻生活及其矛盾

如果你要去调查你丈夫，那就意味你必须要面临如何面对婚外情人，以及如何跟你丈夫摊牌的问题。

你是否有能力、能量和智慧，去面对婚外情人呢？如果你没有这方面的准备，就会出现暴力对付婚外情人的场面，或者是被婚外情人的气势给压倒，甚至被婚外情人忽略而气得要死，反而加剧了与丈夫的矛盾冲突。这种矛盾冲突是你丈夫去保护婚外情人，引发你的妒忌而产生的。

你要跟丈夫摊牌，告知丈夫你掌握了他搞婚外情的证据。你就是要逼迫他选择。他所能做的选择，或者是继续跟婚外情人在一起，不离婚，然后你被气得发疯，或者就是答应回归家庭，但是继续偷偷跟婚外情人来往，或者是跟你直接提离婚，要是跟你协议离婚不成，那么就向法院提出离婚诉讼，而且直接说明是因为婚外情，无非就是给你一点点精神伤害补偿费。

这些是你要的么？显然不是你要的，你本来想要的是，丈夫承认婚外情，然后跟婚外情人断掉，最后回归家庭。你以为掌握了证据，你丈夫承认了婚外情，你就掌握了主动，可以要求他做有利于你的事情，其实你搞错了。你丈夫如果要跟你坦白他的婚外情，自然不需要你去查证，也就是说，要么他藏不住事，经受不了偷偷摸摸搞婚外情，隐藏不了自己的内心焦灼，无法做双面人，要么就是他已经做好了面对你的准备，无惧你的一哭二闹三跳楼。如果是他没有打算跟你坦白婚外情，要么是他还没有做好心理准备，来和你面对他的婚外情，要么就是压根儿就不想让你知道他搞婚外情，他想继续扮演好丈夫和好父亲的角色。在这两种假设下面，你去挖丈夫的婚外情证据有意义吗？一旦你挖掘出来了，丈夫会有什么样的反应呢？当然是错愕、愤怒，也可能无言以对，然后呢？要么索性暴跳如雷，跟你闹离婚，但是他本来没有想过要离婚，只是他此刻要以离婚来维护他的尊严，以离婚作为对你的反击；要么索性跟你坦白就是搞婚外情，而且搞得时间还挺长，是真爱，或者你成全他，或者你忍辱负重，接受他一夫一妻一婚外情人，他是无法跟婚外情人分开的。一下子，好像就要进入死局了，你变得被动了。实际上，只要丈夫在外面搞起了婚外情，要去重建婚姻的幸福，本来就很被动、很困难了。但是从正向来看，这也是一个重建婚姻幸福的契机，如果没有婚外情，你大概也没有要处理婚姻矛盾冲突的勇气和动力。

二、确定是离婚还是解决婚姻冲突

不能去调查丈夫婚外情的事情，难道就这样忍气吞声由着丈夫去搞婚外情吗？显然不是。你需要怎么做呢？

首先，你要去梳理你们的婚姻生活及矛盾冲突，最好在婚姻管理导师的辅导下来梳理，否则你可能会发生偏差，把婚姻问题全部归结为丈夫及其家人的原因。然后，你要跟你丈夫阐明你对婚姻的感受，你要明确你们目前的夫妻关系恶化，婚姻质量糟糕，可以举例来说明，这种举例不是要去指责、抱怨丈夫，更不要含沙射影地说丈夫是在搞婚外情。

如果当面无法交流，那完全可以书面表达。最后，要告诉丈夫，你受够了这样的婚姻生活，不能允许婚姻继续这样发展下去，必须要夫妻两个人一起来面对这些婚姻矛盾冲突，一起来解决，如果真的解决不了，最终婚姻肯定要破裂的，家庭肯定是要分崩离析的，很可能妻离子散、家破人亡。

除非你确定要跟你丈夫离婚，否则没有必要那么着急去调查丈夫有没有婚外情，没有必要去找出婚外情人。你要知道，你只要管控好家庭财产即可。真等到要离婚，再调查丈夫和婚外情人都不会晚。所谓雁过留声，搞婚外情都是有痕迹的。

第二节　要不要揭露丈夫的婚外情

前面我说过，要不要揭露丈夫的婚外情，本身并不是关键，最关键的是要让丈夫跟你在一个平台上，来面对你们夫妻的婚姻矛盾冲突，尤其是婚姻危机。如果丈夫一直回避跟你谈婚姻危机，一直回避跟你谈婚姻问题，一直把你当傻瓜来哄骗，甚至一直用冷暴力来对待你，那么当你积累了足够的力量的时候，你是可以跟丈夫摊牌的，告诉他你知道他有婚外情，只是一直不愿意挑明，希望夫妻之间有一个台阶能够顺利下来，不想撕破脸皮。但是现在如此，不能够再继续假装不知道了，不能够继续容忍，不能够继续让丈夫误判形势。

可能丈夫会反驳你，否认他搞了婚外情。你并不需要把你掌握的证据质朴地摊在他面前，你更不需要立刻找婚外情调查公司来收集证据。你只需要告诉丈夫，这么多年婚姻的变化、婚姻的现状以及你的感受。你们的婚姻出了问题，才会导致夫妻之间的关系发展到没有爱的能量传递，没有夫妻生活，没有夫妻互动，等等。不是因为婚外情人的出现，才导致了婚姻问题，而是婚姻问题导致出现了婚外情人。有没有婚外情出轨的证据不重要，如果想要拿出来，不是不能，而是觉得没有必要，因为拿出了证据，对夫妻来说都是一个二次伤害，有对婚姻的感受就已经足够了。夫妻双方一起来面对婚姻现状才是根本和方向。

挑明丈夫的婚外情，不是为了离婚，也不是为了羞辱丈夫，当然也不是审判丈夫，更加不是亲朋好友齐上阵，来逼迫丈夫就范，而是为了让丈夫来面对当前的婚姻危机和婚姻困局，一起来面对，一起来解决。

那么，怎么来挑明呢？

一、你不需要把证据摆在他面前

你只需要告诉他，你感觉他不对劲了，把婚外情导致的当下现象告诉他，要么是已经几个月都不过夫妻生活了，要么就是几个月都是深夜晚归，要么就是回到家里完全没有交流，一门心思就在玩手机、跟人聊天，要么就是家庭用支不给了，以前从来不重视穿着的他，竟然也开始把自己装饰得人模狗样了。在没有证据摆在面前，可能丈夫会满口否认。他的否认不重要，重要的是你告诉他，你发现了他的不正常，你发现了你们婚姻的不正常。

二、你不需要跟他的父母或领导说，只跟他本人说

有些女性遇到丈夫婚外情，常常不是首先跟丈夫说，而是先跟丈夫的父母去说，个别的甚至跑到丈夫单位去闹。这样去揭露丈夫，只会让丈夫认为你在故意破坏他的形象，故意把事情搞大，认为你是在伤害、威胁他。没有哪个男人，愿意接受这种损害形象、破坏前途、引发父母无颜面的揭露。他做的事情，就直接跟他本人说，控制在夫妻范围之内，也算是维护了丈夫的社会尊严。在两个人之间，这个事情反而好谈。

有人说了，要是这些方法都不行了，到最后要不要曝光丈夫的婚外情呢？原则上，没有必要曝光，因为婚外情是夫妻之间的事情，婚姻是非常私人的事情。哪怕是最后判决离婚，一般都是不公开开庭。

三、揭露丈夫，不是要去强迫丈夫立刻回归家庭，而是让他无法逃避婚外情

如果是抱着揭露了丈夫的婚外情，丈夫就会立刻回归家庭的预期，那么常常都是会让自己有更强的受挫感，更加绝望。揭露丈夫婚外情，是希望他能够面对婚外情，而不是你做鸵鸟、他做逃兵。当夫妻两个人一起来面对婚外情，一起来坦承各自的婚姻感受，那么这个婚姻能挽救的可能性就会很高。越是着急要丈夫离开婚外情人，越是着急让丈夫归家，最后丈夫反而越不容易回家，因为他具有防御情绪。

第三节　要不要发泄痛苦

女人面临丈夫的婚外情，这种痛苦不是一般人能够承受的。很多女性一旦怀疑、确定丈夫有婚外情，体重常常在一周到二周之内，要瘦掉好几公斤，吃不香、睡不好，工作也分神，容易伤心痛哭，心如刀绞，严重的甚至抑郁到要自杀。婚外情对于女性的伤害，我反复说过，是三个否定，即否定了过去的爱情和婚姻，否定了现在的容颜和成绩，否定了婚姻和人生的未来。

一、找谁去谈婚外情创伤

那么，丈夫有了婚外情，能够跟谁去说呢？

女性常常会选择跟闺蜜讲，然后闺蜜会帮着你一起大骂你丈夫“不是人”“王八蛋”“忘恩负义”等等。但这样的辱骂，让你会更加觉得丈夫对不住你。还有的会帮你出馊主意，“忍气吞声”“抓奸”“打跑婚外情人”“把钱财转移”“也出去找一个”等等。但这样做，只会恶化夫妻关系。如果不这样做，不是堵住了一个释放负性能量的渠道吗？难道要把人憋死吗？

女性还常常会跟公婆去说。有的公婆直接找自己的儿子算账，结果导致公婆与儿子发生矛盾冲突。有的公婆本来是要去找儿子算账，但是儿子把婚姻生活的点滴一说，错全是你的，公婆反过来还来指责你的不是，结果把婆媳关系还闹崩了。有的公婆会劝解你，要你放宽心，他们的儿子还不懂事，一时贪玩，等他玩腻了就回来了，这会把你气死吧！也有的公婆会说既然是这样，那就离婚吧，本来就对你不满意，想要儿子跟你离婚，这下好了，儿子看样子在外面有人了，正好可以催你离婚。当然，也有的公婆会安慰你，不管怎么样不会同意他们儿子搞婚外情，也不会接纳那个婚外情人，就算离婚了，也还要认你做干闺女，也算有了一个同盟军，但是这个同盟军往往都会让你忍。这条路好像也走不通。

还有的女性干脆去网络上找陌生人诉说，结果一来二去，跟网友发生感情了，最后自己也搞起婚外情了。丈夫一旦发现了，就意味着离婚。但是，常常会发现离婚了，那个男人也下床走人了。原来这不是真爱，是一夜情啊。这条路也堵死了。

当然，大多数女性还是跟自己的丈夫说。但是说的结果就是，夫妻两个人吵得不可开交，甚至闹离婚，有的直接搬出去了，有的就是冷战。

二、寻找婚姻管理导师的帮助

最佳的方式，我还是推荐女性寻找婚姻管理导师，去跟专业人士诉说，一是可以释放掉这种痛苦和压抑的情绪，二是可以找出婚姻矛盾冲突的根源，三是可以解决这种冲突和矛盾，促进夫妻关系和解。

在婚姻管理导师的辅导下，跟自己的丈夫去诉说这些痛苦，更加有力量。一是可以有效地让你的这种痛苦，被丈夫知晓和感受到，二是可以让丈夫一起来面对这种导致你痛苦的根源，三是可以加强你们夫妻之间的沟通，也有利于你们夫妻之间的能量传递，同时能够让你得到安慰，从而稳定情绪。

男女都带着情绪是无法进入沟通频道的。

女性面对丈夫婚外情产生的痛苦而积累的情绪，有以下几种处理方式：一是运动，根据女性的特点，比较刚烈或中性的女性可以选择比较柔和的运动，诸如瑜伽和慢走，我特别推荐瑜伽，比较柔弱的女性可以选择剧烈点的运动，诸如跑步和游泳，有些特别压抑自己的女性，可以考虑去玩砸地鼠的游戏，或者去空旷的地方大喊。二是冥想，让自己排除杂念，进入关注自己的状态。三是参加一些社交活动，转移注意力，获取一些开心的能量，增加人际交往和支持。

第四节　要不要追问细节

我辅导过的案例里面，有一些丈夫对自己的婚外情进行了详细坦白。坦白的结果是，他们的妻子闭上眼睛都是他的婚外情的画面，好像电影一样，一幕幕展现在眼前。关键是这样的一幕幕，还不是一天两天会再现，而是一个月几个月，甚至终身都会再现。

他们跟妻子坦白的细节主要包括以下内容。

一、是怎么相识的

男人跟女人相识，要么是旧相识，比如老同学、老同事、老乡、玩伴等，要么是新相识，比如因为工作关系的新相识，或者是因为妻子的关系而新结识，或者是因为寂寞空虚冷，而相互吐露心声的网友，或者是偶遇，要么是自己主动搭讪，要么是被动搭讪。

最让女人受伤的是她的闺蜜，这是一种双重背叛，也是内部瓦解攻占。最让女人担心是丈夫的同事，因为工作原因，两个人总要不断接触，最怕断不了，断不干净。最让女人感到恶心的是丈夫找“小姐”做婚外情人，“小姐”太污，自己还不如一个失足女，自尊心受不了。

女人愿意知道丈夫是怎么认识这个婚外情人的，这个对女人的打击不大，反而会让女人放心些。如果男人不肯说婚外情人的来源，反而会加重女人的疑心。

二、是怎么发生感情的

已婚男人跟女人发生感情，要么是男人生病了，这个女人来照顾，男人感觉到了温暖，尽管妻子也照顾了，但没有这个女人照顾得那么贴心，当然也有妻子不在身边，那就完全是空巢被替代了；要么是两个人聊得来，尤其是婚姻家庭里面的鸡零狗碎，或者工作上面的不公平、不甘心，引发了男人的共鸣，好像这个女人特别了解、体谅自己；要么就是两个人相互欣赏多年，突然有一天某一方讲述了自己的婚姻不幸，两个人就干柴烈火了；要么就是旧情复燃，两个人分开多年，突然相见，激动万分，对方过得并不好，引发了男人的愧疚感；要么就是旧人重逢，以前也没有发生什么感情，只是有一种情愫在，一种未完成的力量积蓄着，对方也是过得闹心，一下就点燃了要追求新生活的冲动，此刻已经说不清楚谁主动谁被动了，双方再也无法控制，于是就奔涌而出了；要么因为男方不断关心这个女人，然后她开始相应推进，导致双方判断是感情发生了；要么是因为双方志趣相投，妻子反对的娱乐休闲活动，这个女人竟然全都热烈参与，男人一下感觉找到了知音；要么是男人失意，这个女人给予支持、鼓励，甚至帮助，从而导致男人以身回报。婚外情的发生有千万种状况，归结起来就是两个人的匮乏，双方都能够临时给予对方满足。

女人知道了自己的丈夫是怎么发生婚外情的，反而更加容易进行调整或者改变。当然，女人常常会有过犹不及的改变，会让自己丈夫感觉那是很虚假的，而且是不可持续的。所以，女人的调整要得法。

女人知道了自己的丈夫是怎么发生婚外情的，也会让女人愤恨：愤怒的是自己付出了那么多，丈夫却一点不知道，却被那个女人的一点点付出迷了心窍；怨恨的是丈夫没有感恩的心，反而是个白眼狼，因为做妻子的为了整个家，做牛做马，无怨无悔付出，却仅仅因为某个方面没有照顾到丈夫，丈夫就移情别恋，甚至说找到了真爱，要离婚。

三、跟婚外情人是怎么相处的

跟婚外情人约会，送婚外情人礼物，接送婚外情人上下班，一起出去旅游，出去吃大餐……所有这些方面，丈夫讲得很详细，妻子就会在心里记账本，看看哪些方面，丈夫对待婚外情人比对自己好；哪些方面，丈夫跟婚外情人做过，跟自己却没做过，甚至丈夫带着婚外情人重游夫妻俩的故地……做女人的，最愿意盯着这些细节了。

做妻子的最忌讳丈夫还带婚外情人去夫妻两个人一起度蜜月的地方，或者最开心的地方，或者最美的地方，故地重游。做妻子最恨的是自己想要的，丈夫从来没有给自己，却轻易给了婚外情人。做妻子最痛心的，是丈夫对自己几乎是抠门的，但对婚外情人却是大方的。

四、是怎么做爱的

其实，任何一段激情，最终都会在性爱方面上演。婚外情的最大满足之一就是性爱。

男人出去搞婚外情，在性爱这块往往都想证明自己“能行”，或是想要获得性爱上面的新体验。没有了那些夫妻之间的性心理负担，完全颠覆了妻子的性爱模式。因此，有些男人就会把婚外情的性爱新体验告诉妻子，非常具有画面感。

我可以非常明确告诉大家，丈夫讲得过于详细，做妻子的就很难有勇气再跟丈夫进行性爱。做妻子的，时时刻刻、分分秒秒，都会呈现丈夫跟婚外情人滚床单的画面。所以说，丈夫也好，妻子也罢，没有必要去讲清楚婚外情性爱的细节。

五、是怎么交流的

有些女人不等丈夫说跟婚外情人是怎么交流的，自己直接就把丈夫跟婚外情人的聊天记录全部都看过了。丈夫跟婚外情人的每句话都犹如刀子一样插入心脏啊！丈夫跟婚外情人一天通话几个小时，而且还不断地在微信或者QQ上聊天：讲各种话，极尽温柔，非常体贴，非常宠爱，打情骂俏，肉麻得不行，山盟海誓，贬损妻子，真爱婚外情人，甚至把夫妻之间那点事都跟婚外情人讲了，把妻子贬得一文不值，或从来就不爱，现在挚爱婚外情人。当然，有些男人也会跟妻子讲跟婚外情人如何交流，无非就是两个人心有灵犀一点通，两个人心心相印，不需要多说什么，彼此就懂了，还有就是婚外情人从来不顶撞他，婚外情人很温柔，婚外情人很聪明，婚外情人很听话，婚外情人很崇拜他。

六、丈夫对你的感受

男人要出去找婚外情，当然有各种理由。男人常常会以单身的身份去接近陌生女性，一旦被对方发现是已婚男人，他就会以自己婚姻不幸来获取这个陌生女性的同情。对熟悉的女性，这个男人常常会以自己的婚姻闹心，作为突破口来攻心。归结起来，男人搞婚外情都会跟婚外情人说，他的婚姻过得不好，妻子对他不好。对于这块，要是丈夫愿意跟你讲，哪怕是指责、抱怨的性质，你也要好好听，不要着急去反驳他，因为任何反驳都无法改变他的真实感受或者体验。所以，你只需要听他到底对这段婚姻是什么体验，对你是什么感受，对这个家是什么感觉，这是非常关键的。

有不少女性客户来找我之前，对丈夫对她的控诉很反感、很抵触，甚至进行了激烈的辩论和争吵，结果丈夫干脆不讲了。这样的话，这个婚姻就无可救药了，因为你根本就不在乎丈夫，也不可能做任何改变。但是女人发现丈夫搞婚外情，往往都会跟男人说，你只要回归家庭，什么都好说，我都原谅你，我愿意做改变。

作为妻子的你，需要知道的是以下的细节：一是你家的财产有多少被转移给了婚外情人；二是丈夫出轨的动机是什么，丈夫在婚外情人那里获取了哪些满足感，这些满足感本应该是你提供的，但你却没有提供；三是你丈夫的计划或者打算是什么。另外一个，就是你自己对于这段婚姻的感受，你自己的感受是非常重要和关键的，这是你之后调整夫妻关系的基础。

第五节　要不要原谅丈夫

很多女人发现丈夫发生了婚外情，会很快跟丈夫说：你只要跟那个婚外情人分手，回归家庭，我们好好过日子，我就原谅你。结果呢，丈夫不领情，反而知道了你的底线，他只要最终回来，你就可以接受他。

那么，到底要不要原谅丈夫呢？当然是要原谅的，但是要抓准时机，而且不是为了原谅而原谅，不是为了丈夫回来而原谅，而是因为你搞清楚了婚外情的根源，有力量跟丈夫重建婚姻才原谅。原谅丈夫，其实是一个心理成长的过程。原谅丈夫，不是一个口语表达，而是内心里接受丈夫，行动上支持、陪伴丈夫回归婚姻。

那么，如何来原谅丈夫的婚外情行为呢？

一、不要第一时间告诉他，你要原谅他

首先，你并不是真正地原谅他了，只是感觉要失去他了，想要立刻把丈夫抓住，而且抓回来。你自己内心的恨啊气啊痛苦啊，还都全压着呢，这是“先礼后兵”的缓兵之计，而且后来一定会“用兵”，也就是后期会对丈夫实施各种心理酷刑，不把心里的那些委屈发泄出来，或不打击报复，那是不可能的。哪怕你真的就是做到了说原谅就原谅，但是你对丈夫的信任已经被破坏了，要像之前那样信任他几乎不可能。夫妻之间就是这样，刚开始百分之一百的信任容易做到，一旦信任崩塌，再要做到就非常难，尤其是心安的信任更是难之又难。

其次，丈夫的心理预期也是你会跟他闹离婚，起码要闹别扭，完全无法想象你一下就“轻松”原谅了。他没有想到你会原谅，不接受你的原谅，也不敢相信你会轻易原谅。

最后，他心里有愧疚感，他不希望你那么轻易就原谅，他内心里是希望你给予他适度的惩罚。如果你轻易原谅了他，他也会怀疑你对他的爱，会怀疑你也许不够爱他，因为他伤害你那么深，而你却无动于衷地原谅了他。

二、原谅他，不需要设置他离开婚外情人、回归婚姻的先决条件

首先，很多女性原谅丈夫的婚外情是有先决条件的，这个先决条件就是丈夫跟婚外情人分手，回归婚姻，而且是即刻达成。这种原谅的本质，是强迫对方订下城下之盟。

其次是作为女人，你真的有力量达成这种先决条件吗？实际上，当丈夫发生婚外情的时候，女人其实没有那么大的力量。女人常常有三种力量，第一种就是立刻离婚的冲动力量，第二种就是乞求丈夫回归的软弱力量，第三种就是冷静面对的清醒力量。个别女人采取冲动力量，但离婚后后悔。一部分女人采取软弱力量，也有一部分女性采取清醒力量来理性面对婚外情，最终挽救了婚姻，挽回了丈夫。

最后是自己的丈夫会接受你这个比较强悍的先决条件吗？丈夫常常不会那么容易屈服的。他处于热烈的婚外情中，怎么可能说分手就分手呢？另外，丈夫跟妻子之间，男人本来就不习惯于直接服软，或者示

弱；而且他还不认为他在外面搞婚外情，犯了多么严重的错，以至于要你来原谅；甚至个别男人还会认为只要他同意跟那个婚外情人分手，你就应该无条件接受他回归婚姻，不需要取得妻子的谅解，妻子谅解不了或者不谅解，那就是无理取闹，或者是不懂事，或是不识大体，不懂丈夫的心。

三、原谅之前，需要把你的感受告诉他

当女人真的知道丈夫在外面搞婚外情的时候，一类人是有可能不敢去对质的，她们害怕一旦挑破了这个事情，丈夫反而更加肆无忌惮地去婚外情人那边。所以，我们看到有四五成的女性其实是做鸵鸟的。无非就是有的是装作不知道，继续过去的生活；有的知道了，会对丈夫更好，以便挽回丈夫的心；只有极少数的人会去反思婚姻里面到底是出了什么问题，然后去一一调整，不是单纯地讨好丈夫。在这里面，还有一部分人会去寻找专业人士来协助，提升个人，从而促进夫妻关系优化。

另一类人是反应激烈，跟丈夫一哭二闹三上吊地闹腾。这类人除了是情绪失控，更多是控制欲强，她们是不允许丈夫失控的，而且她们童年期都通过哭闹来满足自己的需要，她们是不愿意委屈自己的。

第三类人就直接要离婚，自尊心强，但自尊感低，丈夫搞婚外情就是赤裸裸地否定她们，她们是不能够被否定的，在被否定之后会强烈地反制，但是在离婚之后，又常常会后悔甚至愤恨。很多情况下，丈夫其实不知道你的心情，他也许更多的是担惊受怕，像做错事的孩子一样。

无论你是处在何种人群里面，你都需要及时告知你的感受，而且不是一次，而是多次。这种多次的沟通，是要达成三个目的：一是他知道你是什么感受，二是他理解了你的感受，三是他认同了你的感受。有很多女性会天然地以为，男人就应该知道，就应该理解，就应该认同，怎么还会有男人不懂这些呢？凭什么他做错了，伤害到了女人，他还能不知道呢？

四、让丈夫走进你的内心，原谅才是有效的

原谅丈夫，并非真的是原谅他去搞婚外情这件事本身。每个男人出去搞婚外情都有自己的理由，而且足以说服他自己出去搞婚外情，甚至

他本来就不觉得搞婚外情有什么错，错在你这个女人太较真。他会说，你看吧，他出轨搞婚外情，也没有想过要离婚，他挣钱还都给到家里，对家人、老人都很好，你还要怎么样呢？怎么就不能接受他在外面还有个女人呢？怎么就不能接受他搞个三妻四妾呢？两个人天天在一起，怎么就不会腻味呢？你看，这就是男人的一些想法。他的想法跟你的想法是冲突的。

所以，你应该把丈夫拉到你的内心，去听听你的心声，去听听你对爱情、爱人、婚姻、家庭的认知，去看看你内心对他的认知和约束。

如果丈夫不了解你，不理解你，不认同你的这些感受，那么你原谅他，就等于纵容了他。下次他可能还会去劈腿。

五、原谅丈夫是个过程，丈夫履行承诺需要时间

原谅丈夫搞婚外情，要经历三个心路历程：首先是你口头上的原谅，也许你内心并不想原谅，只是考虑各方面的因素，你说出来了原谅；接着是你观念里的原谅，也就是在你的内心也已经理解了丈夫出轨，谅解了丈夫的婚外情行为，确信了要跟丈夫重建婚姻，这个观念的建立，是从动摇不定到最后坚定的过程；最后是你行为上的支持，行为是受你的观念支配的，你对于丈夫的原谅，最后要上升到信任丈夫，在行动上支持丈夫从婚外情里面走出来，而不是继续怀疑他，跟踪他，翻手机，查信息，闻气味，清口袋，最关键的是，丈夫出去后，你是心安的，起码不是担心、烦躁的。

丈夫要从婚外情里面彻底出来，回归婚姻，这真不是刀切豆腐两面光，反而是藕断丝连，大局已定，但还有脆弱的丝连着。这个丝可以很脆弱，一拉就断，也可以很坚韧如同钢丝。丝一拉就断，就是靠你跟丈夫的连接，你跟丈夫的连接恢复正常了，那么他跟婚外情人就弱了。丝如钢丝，往往都是你跟丈夫连接没有建立，还在跟丈夫闹腾不休，那么丈夫对婚外情人就会念念不忘，觉得还是婚外情人懂他的心，还是婚外情人温柔体贴，还是婚外情人懂事，选婚外情人还是对的，跟妻子继续才是错的。

通过上述五个步骤，你基本上知道了分寸的把握。在这个过程中，你依然要释放你的善意，而不是等到最后才去和解。说实在的，这个过程确

实是虐心的，因而需要你有个合适的情感出口，否则你真心不容易保持冷静，真心会忍成内伤。

第六节　要不要惩罚丈夫

丈夫搞婚外情，而且还不马上分手，回归婚姻家庭，做妻子的就常常会想到去惩罚丈夫，从而达到三个目的：一是出气，心里憋屈难受；二是警告，老娘不是好惹的；三是痛了才会放下。其实，惩罚了丈夫，最后的恶果常常是女人去承受。

一般情况下，女人会如何惩罚丈夫呢？

一、谩骂

谩骂是最低层级的惩罚，一般也就是骂丈夫王八蛋、人渣、没良心等。但是，谩骂也会不断升级，进而演化为对男人的自尊、人格及其父母的贬低。到了这个级别，男人可能会激烈反抗，甚至记恨在心。

二、一哭二闹三上吊

这种惩罚表面上是女人在撒泼闹腾，在作践自己，实际上的破坏力还是指向丈夫的。这完全是把丈夫婚外情公开化，让大家都知道丈夫干了肮脏丢人的勾当，让社会公德来谴责丈夫，让身边的朋友来看低丈夫，让丈夫的单位或合作方来否定丈夫，让双方的亲人来羞辱丈夫。那么，我要问一下，这样整了丈夫之后，你到底是继续婚姻，还是离婚呢？离婚后，丈夫是别人的了，管他呢！问题是，你不想离婚，你想继续使用这个丈夫，结果丈夫在外人眼里成了低人一等的人，你是不是觉得他贬值了很多了，甚至前途都没有了。而你跟一个前途堪忧的人在一起，你是否觉得你是这个事件的最终受害人呢？

三、性惩罚

第一类性惩罚，本身也不是女人真心愿意的，往往是出现性心理障碍，常常会觉得丈夫很脏了，或者觉得自己没有性吸引力了，因而不再做爱；第二类性惩罚，是女人主动选择的，她不再跟丈夫做爱了，之前其实也有性爱，只是不那么频繁，丈夫竟然在外面搞婚外情，老娘就不伺候你了；第三类性惩罚，是性爱过程不投入，甚至会抱怨指责，比如一些新性爱姿势，妻子就不乐意了，比如丈夫要是几天不搭理妻子，妻子又说自己身材不好了……

夫妻之间非常关键的一个连接就是性爱。夫妻性爱是相互之间的肉体依恋、需要和交流，也是彼此信任、袒露和释放的方式。为什么大家常常说，夫妻之间要床头吵架床尾和？这个和，就是夫妻性爱。和的过程，也是一个相互安慰，甚至认错的过程。

夫妻之间，要是连性爱的这扇门都关闭了，那么基本上就动荡难安了。

四、剥夺钱财

上海的妈妈最喜欢教育女儿，要把丈夫的皮夹子管牢。这在全国也是普遍现象，管住男人的胃，卡住男人的钱，就能保住婚姻。这种想法非常落后，完全忽略了男人之所以进入并保持在婚姻里面的根本。男人之所以在婚姻里面不出来，关键是他需要女人的陪伴、关注、支持、认可并成就他。

女人把男人的钱财都拿走了，给男人一点生活费，这样的男人不可怜吗？这样的男人不会觉得更加没有自由，更加没有获得信任吗?

五、写保证书

好多丈夫发生婚外情，女人都会要求丈夫写保证书。可能女人并不觉得这是一个惩罚。但是，保证书里面的内容却是惩戒性质的，而且不要忘记，这个保证书是可以作为婚外情的法律证据的。保证书常常要说明丈夫自己对妻子不忠，搞了婚外情了，想要回归家庭，因而以人身和财产做保证，如果再犯错就净身出户，等等。有些更为恶劣的，是要求丈夫不仅净身出户，还要求额外赔偿，甚至不允许再见孩子。

保证书本来也是好的，相当于丈夫的一种承诺。但要命的是这个承诺太没有弹性，而且不符合婚外情分离的发展规律，这是强烈压制、扭曲的分开。人是分开了，但心里却不甘，甚至老是惦记着。这样的保证书，一旦一一对应丈夫的行为，就会发现丈夫其实是做不到的。那么，如果你要求实现保证书的内容，其结果就是去离婚。法院也不会支持保证书不合理的部分。不要忘记，保证书本意就给双方一个再造幸福婚姻的机会，而不是为了去实现离婚。

六、不信任

对丈夫不再信任，这是对丈夫致命的惩罚，而且具有非常强的否定性，也给了丈夫一个绝望可怕、没有出头之日的未来。当你不信任丈夫的时候，丈夫完全是能够感受到的，那么相应地，他就更加不会跟婚外情人彻底分开，而且你们夫妻的连接也不可能再有效。在这样的情况下，你们的婚姻还存在下去，不就是形同虚设了吗？不就是僵尸婚姻了吗？而你的本意是想要婚姻幸福啊！

七、自己出轨

女人发展到给丈夫戴绿帽子的层级了，那就不是一般的惩罚，而是报复了。我辅导过的客户里面，真有几个女人去做了这样的报复，好在没有被丈夫发现。但关键是，报复之后，女人更加痛苦了。丈夫出轨了，妻子也跟着去出轨，表面上是惩罚，实际上是报复，但根源上却是女性的自我认可丧失，想通过其他男人，来肯定自己的女性价值。女人因此成了最终的受害人。在这种情况下，女人去劈腿，在本质上是没有遵从自己的意愿。

八、离婚

对搞婚外情但本意并不想离婚的男人来说，离婚是一种悲剧性的惩罚。这让男人直接产生挫败感，直接丧失了婚姻和家庭，是一种最激烈的惩罚。但是，离婚对女人不也是伤害吗？最关键的是，你本来并没有想要跟丈夫离婚。

九、自杀

有些女人会用自杀的形式来惩罚出轨的丈夫，以为这样可以让丈夫一辈子愧疚，一辈子都走不出来。实际上，没有几个男人真的会因为妻子的自杀而愧疚一辈子，新的女人会温暖他的心，心理咨询师也能够协助他正确认识妻子的自杀，从而减轻他的罪恶感，甚至完全消除了罪恶、愧疚感。你的死能够惩罚到丈夫吗？

十、杀他

有些更为极端的女人，会对丈夫及其家人采取疯狂的情杀犯罪行为。这其实就已经是病态的心理反应了。进行这样的犯罪惩罚有必要吗？

我举出上述十种惩罚丈夫的行为，但最终的受害人，却还是女人自己。你可能要问，难道丈夫搞了婚外情就这么便宜了他吗？他以后能够长记性吗？

虽然我个人不推荐女人因为丈夫婚外情而去惩罚他，但如果你一定要让他长记性的话，那就是要让他知晓，婚姻质量不高，你是不能容忍的，继续搞婚外情肯定是会让婚姻破裂，妻离子散，一家人不能团聚在一起。其实，这就是你心里的真实感受。我经常说，你有离婚的力量，你丈夫才会重视你的挽救婚姻的付出，否则他只会把你挽救婚姻的付出当作乞求他，依赖他，他反而觉得你无论如何都离不开他，于是更加肆无忌惮地继续保持跟婚外情人的婚外情。

第七节　要不要分居

分居有三种情况：一是丈夫在外面搞婚外情，感觉婚外情就是真爱，感觉一时一刻都离不开婚外情人，在被妻子发现了婚外情之后，这个丈夫常常会提出分居；二是女人发现丈夫在外面搞婚外情，愤怒之下，会离家出走，要么是去了外地不再回家，要么是回了娘家不再回家，从而造成夫妻分居；三是丈夫搞婚外情暴露了，在夫妻协商的情况下，夫妻选择分居来面对婚外情。这三种分居，女人的心都是在滴血的，痛苦的，被否定的，不得不面对丈夫婚外情的发展进入高潮阶段。很多女人其实不懂男人决定分居的时候，已经是他对婚外情人的感情发展到了高潮，但同时也就意味着这种感情即将走向下坡。因为对此的无知，女性会产生恐惧，从深层次来讲，则是前面说过的，丈夫搞婚外情，是对女人进行了“三个否定”。

女人常常会对丈夫因婚外情要分居感到恐惧，害怕丈夫跟婚外情人更加亲密了，害怕丈夫就此一去不复返，害怕就此婚姻会完蛋了。

女人的这个恐惧，当然有一定的道理，问题是丈夫要出去分居，谁能阻止得了？关键是你怎么去面对他的分居，怎么去跟分居的他相处。

女人的害怕有一定的道理，那就是男女之间亲密关系的建立，确实需要紧密结合在一起，需要双方共同去完成很多事情，互相陪伴，度过很多带着情绪的时光。因此，丈夫去跟婚外情人同居，当然是有这种风险。但是不要忘记，丈夫偷偷去跟婚外情人幽会开房，这种刺激更加强烈，而且丈夫和婚外情人之间始终处于不满足、超强期待的感情状态下，这种偷情的感受远远超过了亲密关系的感受。从某种程度上来说，丈夫跟婚外情人去同居，反而破坏了那种偷情感受，进而去把偷情落地变成现实。男女之间一旦进入现实中，鸡飞狗跳的事情就开始了。

上面讲述了丈夫要出去分居的心理需要和动机，那么在分居时应该怎么面对丈夫呢？这才是真正的关键。女人一定牢记，分居不表示婚姻已经到了无药可救的程度。

一、要承认他对婚外情人的感情

你越是去诋毁他对婚外情人的感情，他越会对你发起更加强烈的进攻，并且来证明他跟婚外情人的感情才是真爱，才是他此生的真实需要，而你不过是错爱，而且现在根本就不爱。所以，你不得不承认他其实对婚外情人是动了感情的，而且婚外情人也确实弥补了你们婚姻里面的匮乏，或不足的一面。婚外情人给予丈夫的感情，目前是满足了丈夫这么多年婚姻里面的那个痒点，让丈夫感觉很舒服，甚至焕发了第二春。你如此跟丈夫沟通，丈夫反而觉得你是真挚的，无私的，难能可贵的，懂他的，甚至丈夫会产生幻觉，要是能够一夫多妻制多好啊！

二、要陪伴丈夫度过这个婚外情的高潮顶部及凋谢过程

陪伴是积极的陪伴，而不是纠缠丈夫，更不是拼命召唤，要把丈夫抓回到身边，当然更不可能是去消灭婚外情人。陪伴丈夫，是完全无条件的，是陪伴他度过他的婚外情从发生到凋谢的心路历程，他的喜怒哀乐，他的烦躁不安，他的多重压力。

你看到这里，估计要对我恨死了，我为何要维护丈夫的劈腿，为何还要替丈夫说话，本应该痛批他呀。如果痛批丈夫的婚外情，就能挽回丈夫，我当然愿意痛批。但是实际上，你以及双方的亲友，都已经做了痛批，结果却是他跟婚外情人的联系更加紧密了。

三、待他如客

当然，你家的客人不会如此伤害你，这主要是说你跟丈夫的相处模式。这种相处模式的总体方针，就是回家则热情招待，离家则依依不舍，满含深情。这样做，女人当然是难受的。这不是相当于漠视了丈夫的婚外情，放弃了自己作为妻子的权利吗？会不会纵容丈夫更加肆无忌惮搞婚外情呢？会不会让他认为你更加没有尊严，没有离婚的力量呢？其实都不会，因为你已经非常清晰地坚定了你的立场：长期搞婚外情，肯定是要离婚破家的，你现在所做的，是基于你对丈夫还有感情，还有爱，暂时不舍得破裂这么多年的婚姻和走过的人生。任何男人，看到妻子的这种为婚姻所做的韧性坚持，都会动摇跟婚外情人的所谓真爱。在你对丈夫宾至如归时，婚外情人其实对未来与你丈夫结合的念想已经是寒冰暗结了。

第八节　要不要陪伴丈夫

陪伴丈夫？他需要什么陪伴？他不是有婚外情人在陪伴吗？

陪伴丈夫？他会感觉到孤独，感觉到压力吗？他会接受我的陪伴吗？

其实，如果你真正走进丈夫的内心，你会发现丈夫在外面搞婚外情，并没有你想象的那么轻松愉快、风流快活。这些都是临时而短暂的，而且是停留在路上的，婚外情的麻烦、烦扰和压力，在面对妻子和婚外情人时，都会发生。

男人在外面搞婚外情，常常需要面对四个方面的压力：他在面对婚外情人时，还不能放肆，要小心伺候着，就跟当初他跟你谈恋爱的时候一样；面对你呢？他也不是那么轻松，刚开始怕你发现婚外情，一旦你发现了婚外情，他还要跟你争夺他的自由身，要给你很好的理由，甚至还要讨好你，希望你不要一哭二闹三上吊；他还要面对双亲，他的父母就算是替他说话，也很少会支持他分居，去找婚外情人，丈母娘和老丈人当然是反对的，就算不当面指责他，他也很难抬头去面对；他要面对社会，除了朋友，要面对公司里面的人，尤其是公司领导，有时还要面对合作伙伴。如果是公务员，还要面对纪委。当然，也有极品渣男，他在外面搞婚外情，还搞得好像是大爷一样，其他人都是他的奴婢。这种人是极少数的。

在婚外情里面，他最难的就是如何摆平这些阻力，实际上，他是不可能摆得平的。这种摆不平，会产生新的挫败感，甚至不被理解和接受。婚外情之后的烦躁不安、无力感和愧疚感也会经常侵袭他的思绪。他的这种心情，又能跟谁说呢？除了铁哥们能够敞开心扉说几句，但也不能总说吧。自己的烂事，还得他自己扛；只有极少数男人会找婚姻辅导老师或心理咨询师。他是一个男人，一个脆弱的男人，他随时都需要宽松、温柔、坚定的陪伴。有时候，我都觉得这些搞婚外情的男人真是太过分了，但是谁让你还爱着他呢？谁还爱着，谁想挽回这个婚姻，谁就要首先付出，承受一部分委屈，给予柔情似水的陪伴。

那么，如何来陪伴搞婚外情的丈夫呢？

一、接受丈夫的移情别恋

这一条非常关键，一旦这一条不接受，那么与丈夫之间的矛盾冲突，就还会集中体现在夫妻之间的内斗上，你还会纠缠于丈夫为何要去搞婚外情，这个婚外情人到底是什么鬼，能够把你丈夫勾引走。也许你会说，明明是丈夫总是不承认他搞了婚外情，他一再否认婚外情，但事实上他就是每天和婚外情人约会后才回家，甚至根本不回家。他连承认都不承认，我怎么接受呢？他不承认有他的理由，那就是不愿意面对婚外情的压力。但是，你需要去接受丈夫移情别恋，你不需要逼迫他承认，而是要他意识到你们的婚姻处在危机中，你不接受这个危机继续蔓延，你需要跟丈夫一起来处理。

当然，在丈夫因为婚外情人而已经提出分居的情况下，也是一样如此。一旦接受了丈夫移情别恋，那么就不再是内斗，而是集中在夫妻之间的连接修复，内观夫妻之间的矛盾冲突的表象、根源和动机。注意，我说接受丈夫移情别恋，不是要你消极地应对，更不是要你放任自流，默默接受一夫一妻一情人的现实而无能为力，而是在接受的基础上来积极应对，有所作为，放弃夫妻内斗。

二、以爱为基础的付出

有些女性，说起来好像是很爱很爱丈夫，但是认真分析起来，其实她早也对丈夫失去了爱，两个人早就很少互动，此刻还不舍得放手。其中的原因，除了婚姻的惯性，还有就是对未来的恐惧，尤其是不甘心，以及自私。丈夫再不好，再不爱，也不能就这样离婚，成全了婚外情人。

但是，有大量的女性其实还是爱丈夫的，以前也有互动，只是女性作为妻子不太称职。丈夫也对妻子有感情，只是感觉妻子要是有另外一面就好了，因而找了一个妻子的补充品，而不是替代品。

所以，我在前面也是不断强调，挽救婚姻，挽回丈夫，先要确定丈夫的出轨类型。尽管丈夫劈腿确实令人备受打击和挫折，但你对丈夫仍充满着爱意，所以你才能够协助丈夫卸下婚外情的纠缠，你才能够无怨无悔、无条件地去支持丈夫来度过婚外情的压力和危机。

如果没有爱的基础，女性其实很难为这个丈夫再次付出。这种付出特别残忍，特别虐心：女性一方面要面对和接受丈夫移情别恋，一方面还要协同丈夫去处理婚外情导致的焦头烂额的事态；一方面要去抚慰在婚外情里面情绪波动的丈夫，一方面还要支持、鼓励、陪伴丈夫，去处理与婚外情人的纠缠，以及丈夫回到婚姻的摇摆起伏。所以说，没有爱，是根本达不成这些认知、情感和行动的。

三、要建立夫妻的连接

陪伴丈夫，并不是陪伴在左右，一时半刻不离开，而是要建立夫妻连接。夫妻有了强连接之后，夫妻才会有依靠的力量，才有强相关性。陪伴要跟丈夫产生三个连接：首先是情绪连接，也就是要让丈夫意识到，你对于他的婚外情不是仅仅反对和要他回归，更是与他的出轨心理需要产生共情，理解他的匮乏及不满足；其次是爱的连接，要重新去梳理过往的感情基础，以及感情发展壮大的历程，确定彼此的感情需要和供给，确立虽然受到伤害，但爱依然存在两人心间；最后是同盟连接，这个同盟连接就是彼此都意识到婚外情的存在、夫妻的感情存在不足和匮乏，以及婚外情危机，但是夫妻两个人，或者女人愿意协同丈夫一起来面对和处理。尽管很多女人不太愿意跟丈夫来建立同盟关系，但是你得有同盟的观念，并逐渐渗透进男人动摇焦灼的心里，那么就会变成一个不结盟的同盟关系。

第九节　要不要离婚

发现了丈夫的婚外情，女性第一个念头常常都是完蛋了，整个天塌下来了；紧接着就会冒出来“离婚”的念头，不离婚，这个婚姻也没有办法继续了；然后又会冒出来“离婚了怎么办”，要去面对未来，面对社会，尤其要面对离婚之后的一个人，或者一个人带着孩子；最后就会纠结了。冲动的人纠结不了多久，愤怒情绪战胜了“离婚了怎么办”。闪电离婚、激情离婚之后，就开始冷静审视这个婚姻及离婚，产生一种莫名的后悔。有的女性会去要求复婚，有的女性骨头硬，尽管心里有后悔，但就是不复婚。

在女性遇到丈夫婚外情劈腿就要离婚的时候，我会问女人，你为何要离婚？也就是离婚的动力到底是什么？到底是在满足你内心的什么需求？我大致归纳出三个方面的原因。

第一是三个否定自我。三个否定自我是指否定过去的自我，丈夫从来就不爱自己；否定现在的自我，丈夫看你人老珠黄，身材变形，怎么可能还会爱；否定未来的自我，以后肯定也更加指望不了丈夫爱自己了。

女人大多是为了爱而存在于婚姻里面，既然丈夫都爱别人了，那么就是不爱自己了，因而婚姻存在下去没有意义，所以离婚好了。因而女性在此刻选择离婚，实际上是自我认同的丧失，也就是自己的价值被丈夫否定了。这种类型的女性常常是自尊心极强，但自尊感很低，她们的价值不在自身而在于丈夫的认同。这种女性离婚了之后，会更加迷失自己，一蹶不振，甚至痛恨所有的男人，很难再进入到爱情或婚姻里面。

第二是激烈痛苦的情绪发泄。任何女人知道自己丈夫搞婚外情，都会痛不欲生，除非是本来就已经移情别恋，或者对丈夫没有感情。这种情绪上冲到了极点，到了无法承受的绝望时候，有的女性就会选择去了结自己的生命，有的女性就会选择去了结这段婚姻。通过了结婚姻的激烈方式，来表达出自己的痛苦和愤怒情绪，来控诉丈夫搞婚外情对自己的伤害和对丈夫无情的反击。这类女性离婚之后，情绪发泄完了，感觉轻松了，也冷静了很多，但很快进入后悔的模式，有的会强烈要求复婚。

第三是情感完美主义者。情感完美主义者，对爱情怀着圣洁虔诚的心，很难容忍感情里面有一点瑕疵。丈夫搞婚外情，这几乎摧毁了她对爱情和婚姻的完美期望，于是一下就崩溃了，全然否定了这个男人的爱情或婚姻价值，当然也彻底否定了这段婚姻的意义。她们离婚之后，会继续追求爱情、婚姻，但是几乎很难再走进婚姻。

发现丈夫婚外情就立刻选择离婚的，基本上就是这三类心理或者是三类心理的组合。总的来说，我一向反对因为劈腿就立刻离婚，这是一种盲目冲动的选择。

婚姻不是不可存有瑕疵，不过是以家庭生活为基础的、两个人缔结的婚约民事合同。婚姻是需要经得起大风大浪的，面对婚姻里的矛盾冲突和危机，需要夫妻双方共同来面对和解决，否则这种爱就是脆弱、自私和冲动的。缔结婚约的爱需要坚韧、无私和发展的，是要能够渡过难关的。由于激情而撕毁婚约，是有害于相爱男女之间的感情的。

那么，丈夫发生婚外情之后，到底要不要离婚呢？我提炼了 5 个参考标准：

一、缔结婚约之时，本身没有感情基础，或者没有强需要的目的性

也就是说两个人是为了结婚而结婚，随便找个人就结婚了，这个结婚对象没有什么吸引力，自己也没有什么特别的期待。这种婚姻本来就是可有可无的，对双方都是无益、无情、无爱。

二、即使丈夫不发生婚外情，你也打算离婚

在丈夫发生婚外情之前，女人对丈夫的爱及感情已经变得寡淡无味，感情基础已经支离破碎。换句话说，婚后夫妻之间的双向供需失衡，彼此的满意度很低，直白说就是婚后夫妻之间缺乏恩爱。这种婚姻对双方来说，都是无益、无利、无能的。

三、夫妻之间矛盾、冲突、危机不可解决

夫妻之间有各种矛盾、冲突、危机，诸如消费、娱乐观念的冲突，生活习惯不一致，对孩子教育的冲突，房事不和谐，婚外情，等等，有些是可以解决的，有些是不能解决的，不能解决的冲突、矛盾和危机会不断消磨夫妻的感情。

婚外情这种婚姻危机，大多数情况是可以解决的。除非是本来没有婚外情的夫妻，都要坚决离婚，也就是说婚外情之前，夫妻感情就已经破裂，那么就是应该选择离婚了。

四、夫妻之间存在厌恶及恨，没有意愿在一起生活了

女性如果对丈夫产生了厌恶，那么基本上就很难拉回来了。女性对丈夫产生厌恶，会出现一些病态的表现，比如跟丈夫在一个屋檐下就感觉到恶心，比如对丈夫就完全提不起性趣，尽管她饥渴难耐，比如看到丈夫的各种行为都感觉厌恶。女人对男人产生厌恶，往往是把事情跟情绪联系在一起。所以，这样的女性几乎很难再跟这个男人在一起生活了。

发生婚外情之后，妻子短暂产生了厌恶感，是不是无法继续婚姻了呢？当然不是，这是婚外情创伤，但必须尽快疗愈，否则也会发展到离婚的程度。

丈夫常常对妻子产生恨意，而不会产生所谓的厌恶，也就是说，男人对妻子的感情，在负面的时候往往更加强烈，而且男人常常会抓住女人做了什么而导致他心生恶感，进而演化到厌恶，最后发展到恨。

夫妻之间产生了这些厌恶或恨，基本上是累积了几年之久，很难破除，需要比较长的时间进行创伤疗愈，尤其是男人的心结很难破除。这种婚姻会全面进入无爱无性、无益无利、无能无动的状态，而且彼此纠缠得非常深。

夫妻双方都没有意愿继续这段婚姻，或一方在理性状况下也是坚决要离婚，那么这种婚姻也就没有存续下去的必要了。

五、人生发展转向

人生发展的内容比较多，范围比较广，也比较抽象。我在这里简单给大家介绍几个方面：人生的追求、人生的意义、人生的动力、人生的层级以及人生的现实。打个比方，男人追求过个小日子，但女人追求奢华生活。这样的夫妻肯定要散。大家千万不要相信：喝咖啡的人生，能够跟嚼大蒜的人生协同发展。

离婚，是不是要求这五条都符合呢？显然不是。其中的每一条都可能导致离婚。离婚是非常私人的事情，也是非常理性冷静的选择。离婚是为了实现自己想要的婚姻，是为了追求自己的幸福，而不是为了报复和惩罚爱人。

最后想说的是，婚姻不易，遇到很难过的坎，真的要离婚，也最好进入离婚冷静期，给双方一个缓冲。夫妻双方最好能够接受婚姻辅导，以便看清楚这个婚姻和婚外情，做出正确而不后悔的决定。

婚姻一场，双方都努力过，也就不留遗憾了。

第六章
如何面对自己及其他人

小野找到我的时候，痛不欲生，曾经几度崩溃。她说他们夫妻一直都很恩爱，只是最近两年，由于她的事业发展非常快，超过了丈夫，并且在家里的时间少了，关心丈夫也不足，与婆婆关系也不太好。一次出差提前回家，结果撞见丈夫跟保姆在他们的主卧赤身裸体。她一下就发疯了一样，把保姆打了，把丈夫也打了，把家里的东西都砸了一遍。

小野深深懊悔，自己为何要请年轻的保姆？为何要去发展事业？丈夫跟保姆发生婚外情的这个事情要是传扬出去，怎么去面对孩子？怎么去面对亲朋？怎么去面对下属？怎么去面对合作伙伴？她一度觉得无脸见人，自己跑到酒店里面住了一个星期，不见任何人。

小野觉得自己做错了很多，她想挽救婚姻，挽回丈夫，又担心被丈夫看轻，也不知道到底该怎么办。

小野觉得自己在社会上是有地位的人，结果丈夫跟保姆搞婚外情，让她脸上无光，很难去出门见人。人家会怎么看她，怎么议论他们夫妻呢？带着这些问题，她找到我。我给她做了充分的辅导之后，她能够坦然去见人，婆媳关系也缓和了，跟丈夫的关系也在回暖，保姆已经离开了这个城市，一切都在向好的方向发展，但是他们还需要继续经营、管理他们的婚姻。

第一节　丈夫婚外情是你的错吗

一、婚外情的对错思维

对于丈夫搞婚外情，很多人一上来，就会进入对错的思维模式里，或者说很快进入道德审判的高地。女人面对丈夫搞婚外情：要么是觉得丈夫做错了，他怎么能够去搞婚外情呢？从来没有想到丈夫能够做出这样的事情，他是不是被婚外情人给勾引？他是不是没有把持住就下水了？丈夫要是愿意认错，我还是能够接受他。要么就是觉得自己做错了，觉得自己不够好，现在身材变形了，也没有以前漂亮了，脾气也不太好，婆媳关系也不够融洽，对丈夫有点忽略了，全是自己的错，现在只要丈夫肯分手回家，我一定好好改正这些错。要么就觉得夫妻两个人都有错，但再怎么错，丈夫也不应该去搞婚外情，丈夫要肯道歉，保证不再跟婚外情人来往，我能够接受他，同时，我也会努力改正。

我想和大家说，婚外情是婚姻发展阶段性的一种表现形式，是婚姻中夫妻关系不太好的一种外化表现，就犹如感冒了，发烧打喷嚏流鼻涕、头疼咽喉疼一样，本质还是体内遭受细菌或病毒的入侵。

但是我们必须承认，发生婚外情，是有受害者的，有施害者的。出轨方是施害者，忠于婚姻的一方则是受害者。同时，在婚姻里面，也许出轨者又是受害者，是婚姻生活的受害者，而守忠者却是加害者。

二、婚姻里面的对错观

夫妻之间价值观的火拼，社会道德卷入私人生活，会造成各说各话的局面。你觉得你是对的，丈夫是错的，而你丈夫却觉得他是对的，你是错的。俗话常常说，公说公有理，婆说婆有理，就是这个逻辑。

古话说，清官难断家务事，我个人认为这个家务事，实际上说的就是夫妻之间的那些事。清官之所以难断家务事，并非家务事多难断，而是公权力不应该入侵夫妻领地，夫妻领地由夫妻双方来掌控。清官来判断夫妻之间谁对谁错，就意味着夫妻必须要接受清官的关于婚姻的私人观念和评价系统。

因此，我在治理婚外情的过程中，或者在辅导婚姻管理的过程中，是不去论断谁对了、谁错了，而是去看谁受伤害了，谁是什么感受。每个人的感受都是真实的，那是他（她）的心理反应，任何人不得剥夺或者评价。所以，各位读者，不要试图从我这里获得观念对错方面的支持或反对，但是你的感受我是会尊重和支持的。注意，是感受，而不是观念。

社会道德在夫妻之间，或者在婚姻生活里，有不同的理解和诠释。社会道德是人存在于社会中的一种规范，而我们人的存在，分为私人领域、家庭领域以及社会领域。不同的领域要遵守不同的规范。

大家注意，社会道德是对人的高要求，超出了普通人的行为准则和规范。我们人在社会里面，应该遵守法律，这才是人的自由基准。社会道德常常是一种圣人要求，普通人可以追求，但无法强制执行。

三、夫妻之间对错思维的伤害

人与人之间，都容易因为对错之争而反目成仇，更何况夫妻之间呢？夫妻间的对错之争，更会因为积怨而深入骨髓。夫妻之间的对错思维，实际上是对对方边界的入侵，要使得对方让渡自己的领地，甚至是征服对方。这种战争是发生在人的心理层面的，最为激烈和残酷，因为几乎没有人会放弃自己。

夫妻之间的对错，常常会引发夫妻的“内在小孩”的争斗，激发个体的防御机制，从而产生夫妻之间的矛盾冲突。这是不受夫妻任何一方的清醒意识控制的。

夫妻的防御机制一旦开启，如果没有专业人士辅导，从而促进彼此心中的“内在小孩”的成长，那么这两个“内在小孩”一定会搞得你们夫妻家破人亡，妻离子散。

那么，夫妻二人为何有人会去出轨呢？

第一，婚姻的开始，有没有结婚的原始动力？彼此是喜欢的，彼此是有所图的，彼此是有激情的，彼此是有承诺的，彼此是满足的。

很多人的婚姻走了几年之后，走不下去了。这是因为婚姻的原动力就不足，当时就是凑合结婚算了。有凑合着的时候，那么必然有不凑合的时候。直到那个让你感觉有原动力的人出现，自然就劈腿了。

第二，你们夫妻之间的婚姻匹配吗？爱情在婚姻不匹配的状态下，一样可以发生，因为爱情遵循的是两个人的生物响应机制，也就是说，是否能够激发彼此原始的交配传播基因的动力。这就是我们常常说的是靠感觉，这个感觉其实可以细化为对方散发的生物信息，健康的外表特征，比如帅气和漂亮就是健康的外表特征，以及心中幻想的意中人形象等。但是，进入婚姻之后，夫妻两个人需要进入日常生活中，也就是亲密关系里面。此刻，就需要夫妻之间的婚姻匹配，这包括底层需要、核心需求，以及人生规划。

我特别解释一下底层需要，这往往是由你的原生家庭的婚姻模式、童年期的教养方式，以及个人的成长史所决定的。这个基本上在你六岁之前就已完成，进入你的潜意识，你基本上无法控制。这就是前面我所提到过的“内在小孩”，这是其中的重要部分。

即使夫妻之间的婚姻匹配度比较差，比如“内在小孩”在折腾你们的婚姻，比如你们的人生规划（追求）不一致，比如你们的人生需要及态度不一致，在恋爱的时候也是不容易产生矛盾冲突的，一旦进入婚姻里面，一切都会爆发出来。这时就要看你们的婚姻管理能力，也要看你们夫妻在婚姻生活里面是否能够快速成长，从而解决这些问题。

我特别提一下，对“内在小孩”而言，只要你能够做这个“内在小孩”的好父母，那么这个“内在小孩”就会得到满足，并健康成长，从而不会再给你的婚姻捣乱。但是，我们大多数人是没有这个能力的，而且我们大多数人也不会去找专业人士，来辅导自己进行婚姻管理，从而解决这些婚姻不匹配的问题。在这样的不匹配的婚姻里面，双方都不容易满足，而且矛盾冲突不断，甚至这些矛盾冲突在你们夫妻双方看来完全不可理解。这样的话，夫妻中的一方就只能在婚外去找跟自己匹配的人了。

第三，婚姻得到了发展吗？婚姻是需要夫妻共同花时间、花精力、花心思、花情趣、花金钱以及花情爱来建设的，不是单方面能维护、建设、支撑的。婚姻涉及夫妻之间的情感依恋、事业发展和情爱满足，也涉及子女的教养以及父母的赡养，尤其是夫妻之间和孩子的那些事更是婚姻的基石。

夫妻任何一方对婚姻的投入比较少，那么他（她）在婚姻里面的价值存在感就会比较弱，甚至认为自己在婚姻里面可有可无，那么这个人自然不容易被婚姻约束。我一向反对用社会道德来约束婚姻里面的夫妻。如果这段婚姻价值很大，就具有了约束力。那么容易出轨，是因为成本太小了。

第四，婚姻让夫妻之间的供需是否平衡，夫妻双方的满意度是否契合？每个人在婚姻里面都有自己的奉献，同时也有自己的需要。你的奉献是否能够满足对方的需要，对方的奉献是否能够满足你的需要？你的供需平衡了，对方的供需没有平衡，这就是满意度不匹配。具体地说，你的供需平衡值是90，而对方的供需平衡值才50，你说这样的夫妻能够维持长久吗？

这就是为何夫妻都需要不断增加自己的奉献，并且控制自己的需要。一旦你在婚姻里面的需要超过了对方的奉献，你就不会达到平衡，也就是对方无法满足你了。

这个背后需要做大量的工作，包括最重要的沟通。因为这种供需平衡，是需要用沟通来调整双方的供需的。夫妻任何一方在婚姻里面的满意度不契合，那么这个婚姻就失衡了，就很有可能导致夫妻之间不满足，并由此导致匮乏感，从而发生出轨，寻求外界的满足。

沟通不仅仅是说话，而是找到内心感受和需要，并准确正向地表达给对方，然后根据对方的反馈进行再表达。我们很多人以为夫妻沟通就是面对面说话，一旦说话不能正常进行，就认为是没有共同话题，认为对方漠视自己，从而导致夫妻之间的关系更加恶化。

通过这样的分析，你应该知道，夫妻之间有一方出轨，并非谁做错了什么，而是夫妻共同作用力的结果，里面没有元凶。有时候，你都看不出夫妻之间发生了那么多矛盾冲突，到底是因为什么；夫妻两个人在婚姻里面看起来挺好的，但却有一方出轨了。这个背后的原因，往往是双方父母的婚姻模式，而不是夫妻两个人本身的问题。

第二节　丈夫有婚外情，是你自己不好吗

在婚外情里面，男人对女人的伤害是巨大的，“三个否定”会让女人自动去找寻自己在婚姻里面犯的错，也会让女人自动去降低自己的价值。但实际上，丈夫的婚外情，既不能否定他过去对你的感情，也不能否定现在你在他心里的分量，当然也并不必然导致他选择跟你离婚。

一、男人婚外情后的三类心理：指责妻子不好、抱怨被妻子压制、自责

很多丈夫搞婚外情，最后闹到离婚，不是因为婚外情本身，而是因为纠缠着的婚外情，让男人要有一个当机立断的交代。事实上，任何一个婚外情，都是来得快，去得却很慢，所谓病来如山倒，病去如抽丝。正是因

为夫妻双方都受不了婚外情分离后的藕断丝连，或者如抽丝般的折磨，才会强化出这样一种心理：幸好发生婚外情了，这个婚姻确实不行，离婚是最好的选择。

很多男人搞婚外情，在被妻子发现之后，会有三类心理：

一是指责，都是妻子做得不好，对他不好，谈不来，性爱不好，身材不好，对他父母家人不好，所以他搞婚外情了；

二是抱怨，妻子对他太好，太能干了，什么都弄得很好，让他感觉在家里没有什么用，让他觉得被妻子压制了；

三是他自己不好，一时没有把控住，那个女人又很主动，就跟她发生关系了。

第一类指责，是想要表达你做的不是他需要的，或者你没有做到他需要的程度，并非真的是你做得坏，当然有些是你自己没有注意，比如在性爱中过于保守，或者伤害了他的需要。

第二类抱怨，是想要表达你剥夺了他在家里的决策、参与权及存在感，他想要在婚姻里面有价值感，而不是在婚姻里面任由你摆布，也就是在婚姻里面，你几乎不会支持他。比如有的女性会因为丈夫第一次没有给孩子换好尿布，从此就不再要求丈夫换尿布，以及诸如此类的家务活，一次不好，就彻底否定了这个男人的继续行为能力。

第三类自责自己不好，其实是在否定婚外情本身，也就是说他本来没有想要跟那个女人发展什么感情，只是因为那个女人的主动，或者实在太漂亮、太温柔、太有魅力了，从而把自己迷住了，而背后的信息还是想说，妻子没有这种能力拴住他，也就是指责妻子魅力不足。

其实，这三类心理，归咎起来还是夫妻之间的不满足，也就是妻子不能满足丈夫的内心匮乏。女人要知道，并非你好或者不好，而是你没有抓住丈夫到底匮乏什么，也就是说，你给予他的，并非是他真正需要的。

二、一起修复婚姻，能修复就一起笑傲江湖，不能修复就一别两宽，各自欢喜

男人在婚姻里面，常常不会真实地表达他的需要，你去问他需要什么，他会说什么都不要，他感觉挺知足的。花言巧语一点的男人会说，有

你就都满足了。

男人的很多满足，都是带有一定的创伤性的，比如他有一个非常强势的妈妈，或者暴力的爸爸，那么他渴望的就是一个温和的、能够把控他、但不强势的妈妈。你作为他的妻子，要起到这样一个他心目中的好妈妈的作用。这样的需要，他怎么能开口说呢？他就算这样说了，估计你也会嗤之以鼻，甚至会抱怨说，你才不要做他的好妈妈呢。但那就是他的一个创伤性需要，你不能满足他，他就会去找别的女人，但他不会告诉人家，他是感觉这个女人具有他的好妈妈的特征。

所以，当你发现丈夫搞婚外情的时候，第一时间不是原谅他，说只要他肯回来，你做得不好的地方都可以改，好像是你推着他去搞婚外情似的。他也不会相信你那么轻易就原谅了他，而且他更加不相信你能改变什么。他会理直气壮地跟你说，你改不了的，江山易改本性难移。

你只需要说，让我们夫妻俩一起来面对这个婚外情，一起来看看婚姻里面到底发生了什么，一起来修复婚姻。如果最终无法修复，那么咱们还是离婚好了。

第三节 丈夫婚外情让你丢人吗

丈夫搞婚外情，很多女人会认为很丢她自己的人。如果做妻子的去跟婚外情人对质，婚外情人的一些话会让做妻子的火很大：你自己管不住丈夫，怪我吗？你自己没有本事吸引丈夫，怪我吗？外面的人也有一些话，会伤害做妻子的心：你连丈夫都拿捏不了，你有什么资格来管我？管好你自己的丈夫吧，别来插手我们的事情。

这些话都在暗示，丈夫搞婚外情是因为做妻子的无能。也就是说，做妻子的得知自己丈夫搞婚外情的时候，会感觉自己被人否定了。一个女人被人认定为无能，感觉自己被否定了，这种否定和丧失感，会让女人自我保护，不去对外人说起。女性会认为暴露了丈夫的婚外情，就暴露了自己的无能。

在男权社会，丈夫搞婚外情常常并不是一个多么大的事情，人们反而会把矛头指向女性，认为是女性不好，才会导致丈夫劈腿。这种变相的谴责和归罪女人，是在为男人开脱。

最关键的是，这种社会偏见会以社会道德的形式出现，女性如果去控诉丈夫婚外情，会有违背了社会道德的感觉，甚至会被他人在背后指指点点。就算是女性忍气吞声，她们也会觉得自己低人一等，比别人矮了一截。

实际上，丈夫搞婚外情，作为妻子的，其实各色女人都有。就算是贵为第一夫人的希拉里，丈夫克林顿一样搞婚外情。贵妇也罢，小女子也罢，丈夫都有可能搞婚外情。

丈夫搞婚外情，是这个男人从损坏了的夫妻亲密关系里面逃出来，而不是女性在普通人际关系里面的个人形象崩塌。

女人在社会上感觉丢人，其实是把亲密关系的事件放到社会关系里面去评价，这是无意义的，也是错误的。

在当今高速发展的快节奏社会里面，没有几个人真正在意你丈夫搞婚外情。这顶多就是人们茶余饭后的一点谈资，还得是因为你跟他们的关系不一般，否则，投资或育儿才是人们的谈资。

很多丢人的感觉，只是因为女性被丈夫搞的婚外情，引发了前面说过的“三个否定”。

第四节　丈夫婚外情，你如何跟他人交代

丈夫搞婚外情，你第一反应是这个婚姻应该结束了，离婚。

因为这段婚姻要结束，所以需要跟人做解释，否则人家会说，你好好的婚姻怎么说结束就结束了，让人匪夷所思。但是你又有丢人的感觉，不想告诉别人。你们的离婚是因为丈夫搞婚外情，你又不想帮丈夫欺骗别人，说是因为其他原因，这样太便宜了他。所以，你会感觉必然要面对各色人等，他们期待你给出离婚的原因或答案。

你还担心离婚会对一些亲人造成伤害，比如自己的父母，他们可能会

无法接受女儿离婚。父母年纪大了，思想不开通，可能会想不开，会因为生气而伤到身体。再比如，你可能担心离婚会对孩子造成伤害。孩子在不完整的家庭里成长，会影响他们的心理健康。离婚对他们来说，是不公平的。但是，你有没有想过，不健康的婚姻的伤害，比健康的单亲家庭的伤害可能会更大。

如果丈夫搞了婚外情，而你并不想离婚，那你还需要向其他人交代原因吗？显然还是需要。我们这个社会，家庭内部的人际关系太紧密了，而家庭外部的普通关系人，又大多好奇心强，常常越界。

面对来访者，我常常会问，丈夫搞了婚外情，你要跟谁交代？

一、父母

这包含了自己的父母和丈夫的父母，即公婆。自己的父母要是知道了女婿搞婚外情，会伤心欲绝，会觉得自己女儿受到了巨大的伤害，这是被欺负了啊！父母会想要保护女儿，从而做出一些极端的事情。父母极少有能力处理女婿搞婚外情这样的事，多数父母只会把这个事情搞砸。

我辅导过不少案子，因为父母知晓女婿搞婚外情，导致小夫妻之间的矛盾冲突更加难以调和。多数父母都会发怒，会去羞辱女婿，会去指责女婿，甚至双方大打出手，还有个别的父母，把女儿接回去，坚决要求离婚。

当然，也有通情达理的父母，会去友好地劝说女婿，也会劝慰女儿，但是效果还是不好。因为丈夫会觉得未来难以面对他们。

也有一类极品父母，知道女婿搞婚外情后，不闻不问，嫁出去的女儿泼出去的水。有的本来就不同意这门亲事，现在更是浇凉水。

所以，有些人会对自己的父母隐瞒，不让他们知道。

我经常说，结婚的权利在你自己手里，离婚的权利也是在你手里，那么婚姻生活里面的事情，处置权显然也是在你们夫妻的手里面。但是，隐瞒并不一定能够隐瞒住。如果父母知道了，他们所需要做的，只是去坚决支持自己的女儿即可，安慰她，鼓励她，陪伴她，不必去跟女婿对质。

对于公婆而言，一旦知晓自己的儿子搞婚外情，有一类常常会有内疚感，觉得自己没有教育好自己的孩子，因而会劝慰儿媳不要离婚，隐忍一些，我们会支持你。还有一类，常常会反咬一口，责怪儿媳不好，从而导致自己的儿子出轨。这会引发婆媳之间的战争。还有一类极品公婆，他们会指使儿子去搞婚外情，去离婚。

无论是哪一种类型，其实公婆的内心是支持儿子的。所以，对于公婆，只要他们不来反对你，就已经是最大的支持了。

不论丈夫是否出轨，你都需要继续保持与公婆的友好邻居的态度。

二、孩子

孩子其实是最早感觉到父母关系不正常的人，只是他们不会说。婚姻不健康，不稳定，吵闹，或是冷战，孩子总是最先感觉到，他们会不安，烦躁，食欲减退，不能专注，变得内向，变得少言寡语，甚至会恐惧、害怕，做噩梦。

孩子在不同年龄段，对父母的婚姻危机的反应是不一样的，孩子的性别，以及排行也会影响这种反应。这方面的内容非常多，不是这本书关注的重点，我就不展开来详细讲了。但是，父母需要采取的方法和态度却是一样的，即积极关注孩子，坚定支持孩子，温暖陪伴孩子，无论什么时候，都不要把孩子卷入你们的婚姻危机中，更不要让孩子觉得你们的婚姻危机是孩子造成的，也不需要孩子来选边站队，来支持弱者，更加不要争夺孩子，以及在孩子面前诋毁对方，或者自卑自弃，哭诉命运不公，让自己可怜兮兮的。

如果孩子已经知道选边站队，做父母的也应该让孩子感觉那是为了生活方便，而不是跟谁而放弃谁，父母都会一如既往爱他（她）。

三、亲朋好友

丈夫搞婚外情，最早知道你的消息的，往往是你的闺蜜。闺蜜常常是就怕你过的比她好，所以她常常会出馊主意，然后再晒她的婚姻很幸福，夫妻很恩爱。所以，我曾反复说，丈夫发生婚外情，请远离闺蜜。当然，闺蜜偷你家丈夫的可能性也会有二到三成啊！

有些亲戚知道了你丈夫搞婚外情，常常会非常气愤，然后会想去揪出情人，和你丈夫理论一番，甚至暴揍你丈夫一顿。这种亲戚是好心办坏事，所以，尽量不要告诉他们。他们帮不了什么忙，只会添乱。只有个别关键人，才可以在关键时刻发挥作用。

最不好面对的，实际上是你的同事或商务伙伴。你的困境常常会变成你的一个软肋，甚至你的自我感觉，也会不如以前，好像在他们面前低人一等了。个别别有用心的异性，可能会趁机入侵你的感情世界。这种入侵，你不要以为是他好意来安慰你的。这可能会让你移情别恋，感觉这个人比丈夫好，甚至让你感觉弥补了丈夫出轨造成的缺憾或伤害，其结果常常都是恶性的。

其实，你对于这些人是没有必要交代的，除非其中的个别人能够影响到你丈夫。在这之前，我也反复论证，丈夫搞婚外情可能会导致你对自己的自我否定。其实，这是你丈夫的问题，而不是你自己出现了什么问题。

在这三类人里面，其实最应该要交代的，是你的未成年孩子。因为他们是需要依附在你的婚姻里面生活的，他们会受到你们的婚外情等婚姻矛盾冲突的影响，甚至会留下一辈子的阴影和创伤。

另外，我也想再次提醒，在婚姻里面，你最应该交代的，是你自己，你是这个婚姻的直接和核心的承担者。你自己在婚姻生活里面过得好不好，未来能不能再继续，这是需要你去面对的事情。婚姻生活尽管是人生的一部分，但是人生大部分也是在婚姻的这个平台上去推动、发展的。这个平台要是坏了，你根本无处藏身。

第五节　丈夫婚外情对你的伤害

婚外情对女人的伤害到底是怎么样的呢？

我们在网络上看到过，有女人隐忍数年，最后烧死情人的，有女人切掉男人的生殖器的，有女人自己愤而跳楼的，还有女人因此而得精神病的，也有女人怒而净身出户离婚的，也有女人你做初一我做十五，也去出轨的，也有女人视而不见听而不闻的。这些都是因为婚外情引发的女性采取的对自己或者他人进行攻击的行为。

通过这些表象，我们来看看，婚外情对女人到底产生了什么样的伤害：

一、三个“否定”

这三个“否定”，我在前面已经简单讲过，这里再从不同角度，重新阐述一下。

第一个“否定”是否定了过去的爱情和婚姻。过去你们两个人，爱得那么疯狂，爱得天昏地暗，爱得失去谁都无法活，然后你们说结婚吧。冲破很多困扰，你们两个人成功地结婚了。或许，你们没有那么猛烈激动的爱情故事，但也是有那么一点点动心，无论是稀里糊涂地结婚，还是理性地选择结婚，你们两个人后来结婚了，感觉很幸福或开心。一旦进入婚外情的状态，很多情况下，你丈夫会说从来没有爱过你，或者在你看来，丈夫过去的那些跟你发生的爱情故事，全是假的，全是欺骗，全都不真实。你们结婚之后，两个人一起生活，一起打拼，丈夫对你的宠爱，对你的迁就，包括你给予丈夫的那些付出，你会感觉过去的婚姻生活都很虚假，甚至连丈夫对孩子的爱、关心和付出，你都会觉得是假的！

事实上，这个否定是假的，你们过去的爱情故事是真正发生了的，海誓山盟也都是发自肺腑的，绝无半点欺骗。事实上，你们夫妻两个人这么多年的婚姻，看起来还是挺好的，你一定有过很多美好的回忆。

当然，对那些冲动急躁、胡乱嫁一个人，然后婚姻生活一地鸡毛，或者鸡飞狗跳的夫妻来说，婚外情显然是对过去婚姻和爱情的一种纠正，因为那时本来就没有爱，婚后也没有什么情。

第二个“否定”是否定了你的现状。你的现状是什么呢？也许你是孩子他妈，也许是家庭主妇，也许是经年的婚姻让你的脸色粗黄，或是眼角起皱，用一个冒犯的词，就是人老珠黄了。你觉得你不再年轻，不再具有吸引力了，你白白付出那么多，现在只是渣了，没有利用价值了，没有头脑，没有思想，甚至为了这个婚姻放弃了事业，也就没有事业，什么都没有了。因此，我们会发现社会上专门针对这一类已婚多年，然后遇到了婚姻危机的女性，开发出美容美体、服饰，以及妆容的服务项目。但我想告诉大家，你再容光焕发，穿着再华丽妖娆，也不会有什么作用。各位女性要知道，你丈夫搞婚外情，大多数情况并非不满意你的现状，而是多年的婚姻体验糟糕了，出现了匮乏和期望，还出现了新的需求，而你没有发现这些！

第三个“否定”是否定了你的未来。丈夫的婚外情，尤其是丈夫为了婚外情要跟你离婚，那你几乎就会感觉到绝望，觉得就是没有未来了，没有真爱了，也没有婚姻了，这个丈夫更是没有了。最后，即使丈夫回归了家庭，这个男人也是狗改不了吃屎，完全不可信，未来还会发生婚外情，会没完没了！你在内心会升腾起来这样的念头：我现在就是只能跟孩子相依为命了，只有孩子是可靠的。有个别女性甚至连财产都不要了，她们的一句话就是：“丈夫没有了，要财产干吗！”女性在丈夫发生婚外情之后，真是有杯弓蛇影的心理，也有“一朝被蛇咬，十年怕井绳”的心理。

我想在事实上击毁女性的一种奢望与幻想，那就是，孩子一样是靠不住的，因为他们有自己的人生，成功的父母都是为了把孩子养大，让他们能够离开自己，独立自主建立自己的家庭。另外，我也要给女性一个非常现实的希望：未来依然会有人爱你，依然会有男人疯狂地追求你，向你求婚，你依然会遇到让你动心的男人，你依然可以进入婚姻，享受人生的幸福。但是我知道，如果你不去疗愈婚外情创伤，你很难走出这种感情低谷！我要再提醒一下，只要你继续停留在婚外情的创伤中，你的孩子肯定也是十有八九好不了，很难幸福，甚至都无法爱人，或者一样会卷入婚外情里面。

二、毁坏你的婚姻和家庭

大多数女性知道丈夫发生婚外情后的第一反应，就是要离婚，这个婚姻没有办法继续了，这个家庭要撕碎了。在判决离婚的案子中，也是有六七成，是女性因为丈夫发生婚外情，而上诉到法院要求判决离婚的。

尽管女性对婚姻和家庭还是非常非常在乎的，很多女性为了家庭和婚姻是愿意牺牲自己的，比如放弃工作、个人爱好、身材等。为了家庭和婚姻，女性可谓做了她们能够做的所有的一切，只是因为她们常常把家庭和婚姻看得比自己的命还重要。因而我们也常常看到，有一些女性因为家庭破裂或失婚会选择自杀！

当丈夫的婚外情暴露在自己的眼前，丈夫的不忠，意味着丈夫不爱自己了，意味着丈夫不再在乎这个家庭了，意味着丈夫不在乎与自己的这段婚姻了。因而女性会常常感觉，丈夫婚外情就等同于婚姻结束和家庭破裂。

实际上，婚外情并不是婚姻结束或家庭破裂的标准。我先要说明一下，家庭是由人际关系构成的，包含了夫妻关系和亲子关系，还有外围的双边亲朋关系。因此，家庭并不存在严格意义上的破裂，仅仅是夫妻关系在法律意义上的破裂和解体。婚姻由夫妻构成，没有了夫妻关系也就没有了婚姻!

婚姻破裂是要基于感情破裂，也就是说，当前的婚姻是构建在夫妻有感情的基础之上的，夫妻没有感情了，这个婚姻也就应该结束了。而感情破裂要有三个衡量标准：一是夫妻之间没有情感交流，夫妻在语言、肢体，以及情感上不再有交集，彼此没有关心，甚至见到都觉得恶心（产生心理排斥），两个人同在一屋能够不说一句无必要的话，最多能够就孩子的事情交流；二是夫妻之间没有性爱了，宁愿憋着也不过夫妻生活；三是夫妻之间没有了经济往来，两个人经济完全分开，哪怕是对方需要经济支持，也都不再给予了。所以表现出来的就是形婚、分居，甚至仇视等。

三、伤害做妈妈的，也就是伤害了孩子

女性把婚姻家庭放在非常关键的位置，把孩子则是放在了婚姻之上，这也是丈夫出轨的原因之一。当丈夫发生婚外情之时，大多数男人对孩子的关注就会减少很多，甚至个别的男人还会故意对孩子不好或虐待孩子。其实，孩子往往是最早感知婚姻关系出问题的人。孩子是非常敏感的，他们就好像小动物一样有非常敏锐的感知觉。夫妻关系不好，孩子是最早感受到的，一旦爆发冲突，孩子会感觉到不安全，甚至会误以为自己做错了什么，加上有些父母会去责怪孩子，因而我们常常看到孩子会变得更乖，甚至会直接说出了“我要做个好孩子、做个好学生，爸妈不要闹离婚”。孩子受到伤害，往往是夫妻没有把孩子从你们的婚姻矛盾冲突或婚外情中隔离出来，没有积极去关注孩子，没有去安抚孩子不安的心。

但是，很多女性不会认为是夫妻双方的矛盾冲突，负面影响到了孩子，反而会一味指责是男人的婚外情伤害了孩子。她们常常指责男人搞婚

外情，完全不管孩子，甚至是丈夫为了婚外情使得家庭破裂。家庭破裂对孩子当然是有一定的影响，但是最大的影响还是让孩子卷入你们夫妻之间的婚姻纠纷中。

如果你真的爱孩子，那么请你把孩子从你们夫妻之间的矛盾冲突，甚至婚姻危机中隔离出来，给予孩子更多关注、陪伴、耐心和支持。请不要让孩子站队，来支持你们夫妻的任何一方！请不要跟孩子说：你爸不要我们俩了，你要乖，咱们娘俩相依为命，你要听话，不要淘气！

第七章

如何应对丈夫的婚外情

春节之后，小A感觉丈夫有点不对劲，但是说不上什么具体的原因，只是隐隐地感觉到危机。稍微留意丈夫的微信和短信之后，果然发现了踪迹，丈夫有外遇了，但丈夫就是不承认。通过公安系统的朋友，她把丈夫和婚外情人近一年的开房记录打印出来，果然发现了他们入住同一酒店的证据。面对证据，丈夫恼羞成怒，果决搬出去和婚外情人同住了。

小A采取了很多办法去挽留丈夫，找过丈夫的领导，结果整个公司都知道她丈夫有了婚外情人。找过丈夫的父母，找过丈夫的铁哥们，也找过婚外情人的领导，也找人去恐吓过婚外情人，并且计划找人殴打丈夫。总之，她采用了各种常见的非专业方法。她也找过心理咨询师，只是让自己不再失眠了。

所有这些方法都是用来对付丈夫或婚外情人的，她没有理清思路，去找寻这段婚姻是否应该继续；这个男人是否与她婚姻匹配；结婚这么多年，他们的婚姻到底共建了多大程度的婚姻共同体，是否值得他们两个人继续爱下去等问题的答案。

丈夫出轨，一旦出现，大多数女性都会出现情绪失控，有一脚踏空之感，感觉整个天要塌下来了一样，伴随着屈辱，自我否定，未来无望。在这种情绪状态下，女人一般都会慌了手脚，眉毛胡子一把抓，完全乱了方寸，只要丈夫回归家庭，也不管这个丈夫还适合不适合这段婚姻，也不管丈夫还适合不适合自己。

那么，面临丈夫出轨，女性到底应该如何正确应对呢？我下面分5个小节来具体讲述。

第一节　稳定情绪

在得知丈夫出轨的消息后，你要么是感觉完全不相信，要么是感觉天塌下来了，要么就是想要找丈夫去问个明白，要么是直接杀到丈夫那边去闹个鸡飞狗跳，弄得丈夫的婚外情公开于天下，要么默默承受、假装不知，但心中却翻江倒海、暴风骤雨，只是希望不挑破，丈夫能够良心发现，回归家庭。这些或崩溃、或激情、或隐忍的做法，对挽救婚姻都于事无补，甚至只是恶化了夫妻两个人的关系。

那么，怎么做对自己和挽救婚姻最有利呢？

现在市面上做辅导的，一般是叫你控制自己，转移注意力。我常常说，要是这些做辅导的人的爱人也出轨了，他们还能控制情绪吗？还有心思去做别的吗？实际上，婚外情造成的伤害，对受害者来说是三个“否定”，那是婚姻之癌。

我常常按照三个步骤来处理情绪，从而达到稳定情绪的效果。情绪稳定下来，才好来面对丈夫、婚姻和婚外情。

一、释放负性情绪

当妻子得知丈夫出轨，人会遭到重创，否定了过去的爱，否定了现在的婚姻，也否定了未来。

没有了过去，你会觉得被欺骗了，那是多么气愤。难道过去真的不爱，可那个时候表现的是爱的，这该是多么纠结啊！

这么多年的婚姻全盘推翻，夫妻之间美好的回忆，自己那么多的付出，任劳任怨一点回报没有。直到今天，自己人老珠黄，身材走形，为这个家操持了那么多年，结果还抵不上情人这一年半载的激情，得到的是“不爱你了”“对你没感情了”，这心中该是多么的委屈、悲哀、愤怒啊，眼泪不由得夺眶而出。

面对丈夫的出轨背叛，女性对未来常常都是焦虑的，不能期待的。未来无望了，哪里还有心思去面对现在的婚姻，只想尽快离婚，了结离开。只是因为还有感情，不甘心，因而还在徘徊，游移不定。离婚，还是继续，焦心死了。

对这三种否定，女性需要及时表达出有关的所思所想，释放出心中积累的负性能量，让自己轻松一些，否则这些负面情绪会像石头一样压在心里，日积月累就会出现心身疾病，比如抑郁症，焦虑起来心神不宁，暴躁不已，轻则影响工作和孩子，重则会导致癌症。

二、要认识婚姻现状

对于婚姻状况，我们的大脑里面有一个美好的期待，也有各种美好的记忆，这会让我们以为婚姻就是大脑里面的那个样子。因此，在得知或发现丈夫出轨后，女性常常不敢相信，会觉得“天塌下来了”“一定是被那个小妖精给缠上了”。实际上，婚姻早就不是大脑里面的美好和睦，丈夫早就出轨了。

一旦敢于正视丈夫的出轨，就能够走进婚姻现实，去发现夫妻之间的关系是怎么疏远的，理解夫妻之间的爱是怎么消失的，而不是一味地去抱怨、指责丈夫的言行并感到焦虑。

认识到当前婚姻现状是丈夫出轨了，才能去确定夫妻之间的关系，进而采取一步一步的措施，去调整婚姻内容和夫妻互动方式，避免夫妻之间关系才调整好了一点点，但还是感到失望，觉得丈夫回归家庭不彻底，觉得这个婚姻和丈夫都是欺骗自己的，看不到未来夫妻幸福的曙光。

当前婚姻现状是挽救婚姻的起始动力，没有当前婚姻的恶果，恐怕大多数女性都还以为婚姻挺幸福，丈夫很满意，很忠诚。女性做出挽救婚姻的决定，就是不满意当前的婚姻状况，就是要丈夫跟情人分手，回归家庭，就是要未来幸福。

一旦确定了婚姻现状，女性就不会再去纠结过去没有经营婚姻，没有注意到丈夫的变化和需求，也就不会去恐惧未来，人心就安定下来了，全力关注现状的改善。

三、要确定婚姻出路

没有出路是最让人绝望的，而出路不知道在哪里，则最让人迷茫揪心。何去何从会让人很纠结，取舍不定，左右为难，这就是煎熬。有几个人在煎熬中能够稳定自己呢？

遇到丈夫婚外情，很多女性都会忍着。离婚，还是继续婚姻，在这个事情上，折磨自己很长时间。有些人闹着离婚，却一直离不成，因为还想要挽救婚姻，但又无能为力。折腾了很多年，丈夫就是跟情人分不了手，回不了家，白白浪费了时间，错过了最佳的挽救婚姻的时机。等到找到我来辅导的时候，夫妻感情已经二次破坏很严重了，费时费力，还浪费辅导费用。

遇到丈夫出轨这件事情，大概就是三条路：第一条路是激情冲动去离婚，等激情过后，或者后悔，或者将错就错。第二条路是假装不知道，期盼他良心发现，能够回归家庭。但这是不可能的，结局常常会耗费数年而纠缠不清，就算是这段了结了，还可能再发生新出轨，弄到最后，把自己忍出心理疾病，或身体得了癌症。第三条路就是坚决挽救这段婚姻，当前这种婚姻模式坚决不过了，花时间挽救婚姻。努力了也挽回不了，那就离婚，再也不会后悔了。

第一条路立刻离婚，常常是第一应激反应的选择，略微冷静一点，大多数女性就会放弃，只有极少数女性会坚持到底去离婚。当然，要是这个时候丈夫也是积极要求离婚，那么就会一拍即合，就这么冲动地去离婚了。

离婚后，或者在去离婚的路上，就后悔了，就比较被动了。因为本来你还可以理直气壮地要求他跟情人分手，回归家庭，一旦离婚，你再要求他去分手，他可以不用搭理你，变成了你去求他了。

第二条路忍着不离婚，暗暗地做出很多调整，甚至去认错道歉，试图让自己变得更加美好，以求挽回丈夫，或者偷偷去进行美容，调整自己的衣着，甚至去做整容，搞二次吸引丈夫。这最终都还是会失败，因为你再美好，都美好不过刚恋爱的时候。婚姻多年，记忆深处全是各种不爽，以及矛盾冲突，而情人却是在你的基础上的升级版，你比得过情人吗？就算你比得过，那也是他们两个人进入了谈婚论嫁的阶段，产生了一堆矛盾冲突，你好像机会来了。但是，那其实也不是丈夫看到了你的美好，而是他在暂时疗伤，伤痛好点了，他还是会继续跑到婚外去寻找慰藉。

你的忍，只会让丈夫认为，他根本不重要，你根本不在意他。到最后，他甚至会责怪你为何不去挑明他出轨，为何不去拉他回归家庭，他多次想要回家，但看到你好像云淡风轻的样子，就又跑出去了。

第三条路坚决挽救婚姻，这条路才是关键的正确的路。无论你们的婚姻是否还有必要发展下去，挽救婚姻，都是在婚姻遇到危机的时候应该做的努力。努力的过程，是你重新审视这段婚姻和夫妻关系的理性过程，也是你来调整夫妻婚姻模式的新动力。努力可能会失败，但不会留下遗憾，而且它还能提升你个人的婚姻管理能力，有利于未来的婚姻质量提升，无论你是跟旧人继续旧婚，还是换新人开始新婚。

第二节 梳理婚姻生活

大多数女性遇到丈夫出轨，常常是乱了章法，或是不知所措，或是怪自己做得不好，或是怪丈夫没有良心，这些都是错误的，都会误导婚姻的走向。

妻子不知所措，会让丈夫洋洋得意，你拿不定主意，他就容易恣意妄为。妻子要是觉得丈夫出轨，全是自己的错误，那他就占据了心理优势，本来就想挑你的错，现在你主动承认了，那他就更加有理由出轨，而且可以继续出轨，让你来补偿他。妻子怪丈夫没良心，他会反过来责怪你为何不成全他，跟他离婚，他好另娶新欢。

因此，面对丈夫出轨发生婚外情，不找任何人的错，不指责抱怨任何人，理性地看待这段婚姻里面的人、事、情和房事，按照时间轴的顺序来梳理这段婚姻。

一、对人的梳理

对人的梳理，着重在家庭成员之间的人际关系上。一是要以你跟丈夫的夫妻关系为核心，如果不是这样，那么这层关系就薄弱了；二是你跟孩子的亲子关系，这个关系，是否凌驾在了夫妻关系之上？三是你跟公婆的关系，公婆是否入侵了你们的家庭，干扰了你们夫妻关系？四是你丈夫跟你娘家的关系，是密切的、普通的、怨恨的、冷漠的，还是不相往来的？五是你丈夫跟孩子的亲子关系，丈夫在亲子关系上没有话语权，冷漠或亲密，都会影响夫妻关系，或者说是夫妻关系好坏的体现。

二、对事的梳理

对事的梳理，一是梳理重要的事或印象深刻的事；二是矛盾冲突的事，或被忍受的事，或被多次提及的事；三是你和丈夫有认同差异的事，同一件事，夫妻双方彼此关注点不同，认知也会不同。

三、对情的梳理

对情的梳理，一是要确定恋爱的初心感情，夫妻之间基于什么感受相爱呢？又是基于什么感情要去缔结婚姻呢？二是在婚姻生活过程中，夫妻之间的感情在哪些方面遭到了破坏，破坏的程度如何？夫妻对这些破坏采取了什么样的方式应对？三是基于什么感情状态，丈夫出轨了，他是在满足夫妻之外的什么感情呢？四是丈夫发生婚外情之后，夫妻之间的感情在哪些方面遭到了破坏？夫妻感情处于什么状态？五是丈夫提出了离婚或者不回家，这个感情是不是真的破裂了？

四、对房事的梳理

对房事的梳理，一是要看房事频率，在什么时候这个频率被打破了？二是现在的房事处于什么状态，三是夫妻之间的肢体关系，仅仅是房事减少并不可怕，可怕的是肢体接触是互相排斥的、有距离的或僵硬的。

第三节　挖掘婚外情的根源

一、底层情感需求

何为底层情感需求?就是扒开你的浅表需求，比如外貌、身高、钱财、谈吐等，深入你的情感模式、情感缺失以及情感互动，在这个层面展示出来的情感需求。

比如小B，父母自她幼儿园时就分隔两地，父亲感情粗犷，很少关注到她，脾气暴躁，导致她压抑自己，不敢表达。母亲给予她很美好的记忆，但是很少给予，一年最多来看她一两次，导致她很渴望母亲的关心，但又很怕母亲来关心，因为来一次，就要撕心裂肺地分别一次，很长一段时间会很痛苦，很难受，宁愿母亲不要过来，反而好受一些。她这种底层情感需求，就是男人要给予她可持续性的爱和体贴，而且她接受这种爱是有一个过程的，她不善于表达自己，退缩、压抑自己，却渴望对方来懂自己。这是非常典型的回避型情感模式，情感给予模式是索取型的。

小B的丈夫，自小由母亲带大，父亲常年在外地做生意，甚至在小B的丈夫记忆里，都没有父亲，父亲是缺位的。他的妈妈是软弱无能的女性，当儿子不听话的时候，就暴力殴打，然后再抱着儿子哭，哭诉自己的无能，哭诉儿子不听话。他是无安全感型的，甚至他都没有感情模式的模仿，情感给予模式也是索取型的。

所以说，你是什么样的底层情感需求，丈夫是什么样的情感给予模式，是非常重要的。当然，丈夫的底层情感需求，与你的情感给予模式也是非常关键的。这就要求底层情感需求与情感给予模式要双方匹配，而不是单向的。

小B的底层情感需求是，男人要给予她可持续性的爱和体贴，男人要鼓励她，温柔对她，给予她积极关注。

小B的丈夫的底层情感需求是，渴望一个强势的女人，有魄力，有主见，能够独当一面，又渴望女人积极关注，温柔对待，不能唠叨，而且不能让他有被忽略感。

二、原生态家庭

原生态家庭，实际上就是自己的成长环境，父母的情感环境。很多人会在相亲过程中忽略这一点，其实人的情感是建立在原生态家庭基础上的，你的现在基本上都是父母感情的再现。

在我的婚恋研究过程中，我发现原生态家庭结构是由情感模式、教育模式和行为模式构成的。

小B的这个案例，其原生态家庭里，父母的情感模式是，母亲当时是基于生存原因嫁给父亲的，两者本来共同语言就少，父亲很难与母亲对话，母亲的孤苦，父亲很难体会到。父亲脾气暴躁，母亲性格较软，所以她的父母情感模式是避让型的，最后母亲干脆与父亲分居。在家庭教育过程中，小B并未感受到父亲的关心，而是经常挨骂，甚至挨打，父亲也仅仅是关心她的成绩，而母亲一年到头难得来看一两次，自然是温柔体贴，而且有求必应，给予很多礼物。父母从她上幼儿园开始就分居，直到她小学快毕业时，父母才正式离婚。小B也是看着父亲可怜，跟了父亲，但内心是渴望跟着母亲。因为父亲的火爆脾气和粗心，导致小B内心很讨厌父亲的一些行为，但是又只能压抑着，甚至尽量减少表达自己，以免引起父亲的不快。

小B的丈夫的家庭原生态是，父母感情互动缺失，妈妈无能柔弱，有暴力，好哭泣。妈妈几乎是在单亲家庭长大，因为妈妈的爸爸去世很早。母子的互动模式是，听话才会安宁，但也不会得到表扬，不听话则被殴打，然后母亲哭泣和抱怨。小B的丈夫缺乏父亲的榜样力量，也缺乏父亲的管束，因此会比较不受约束，但很讨厌唠叨和女人的哭闹。

三、表达模式

表达模式，是指在亲密关系中，自我情感流露，自我感受的表述，以及双向交流的形式。

小B的表达模式是，压抑自己，不愿意、不敢，也不能表达自己，遇到冲突，或丈夫的反驳，她都默默地忍了，有时候掉几滴眼泪，有时候只是嘴角动动，不发声，经常会要求对方给予自己暂时的空间，自己静一下。这种表达模式也是非常典型的，是自我压抑型的。她极度渴望对方能够读懂自己，能够鼓励她表达自己，需要丈夫给予温柔的交流，希望丈夫多多征求她的意见，希望他能体会她的感受。与小B交流，要特别注重非语言交流，她也许只需要一个坚定短句，加上一个拥抱。她特别渴望对等。

小B的丈夫的表达模式是开放的，不是太敏感，更多享受对方给予他语言上的关心。他也很擅长语言上的表达，但是他没有耐心，脾气比较大，他需要一个听从者，而不是一个对等者。

四、性爱模式

性爱模式，主要是指对性爱的渴望需求程度，性爱认知层次，对性爱活动的探索，性爱表达，性爱姿势以及性爱享受。性爱不畅，常常会导致婚姻冲突，甚至婚外情，而婚姻冲突又会导致性爱不和谐、婚外情，甚至会导致一方厌恶另外一方的性需求。

小B的性爱模式，比较传统，她对性爱兴趣不大，掌握的技巧有限，甚至被丈夫认定为木头人。她不会表达性爱享受，也很少主动索取性爱，对性爱姿势的变换比较反感。

小B的丈夫的性爱模式，比较日本化，因为看日本AV很多，甚至收藏了很多，因此小B总感觉丈夫比较淫荡好色。他喜欢探索各种方式，但因为小B不配合，都比较扫兴。

五、事业发展模式

婚姻只是人生的一部分，婚姻之外还有事业。事业发展模式，特指个人对自己的事业发展的追求、事业成就、事业企图心等。

小B也有事业心，希望自己能够有自己的一片事业天地，而且在事业发展中获得比较大的满足，但她也不想做女强人。

小B的丈夫事业心很强，很想有自己的公司，很想出人头地，对金钱非常渴望，事业发展很快，渴望有人能够协助他解决家庭问题。

六、互动模式

互动模式，特指男女亲密关系中的互动形态、形式和行为。

小B在与丈夫的互动中，会尽量去讨好丈夫，说话都会动脑筋，生怕引起丈夫不高兴，当然也渴望丈夫尊重自己，平等对待自己。当遇到与丈夫冲突时，往往会避让忍受，不会表达出自己真实的感受和想法，比较重视丈夫的感受。自己不高兴时，会哭，非常渴望丈夫过来及时安慰，不需要太多语言。当自己让丈夫不高兴时，会比较害怕，会及时去认错，讨好丈夫。在互动过程中，对丈夫的好很渴望，但是又很怕丈夫的好不能持续。同时，对丈夫的好是逐渐接受的，不会很快信任丈夫。很少用语言去沟通解决彼此的冲突，宁愿选择冷冻的方法，以为冷冻了，事情就解决了。

小B的丈夫在与妻子互动中，很享受小B的关心和体贴，有一点粗心，比较在意自己的感受，以自己为中心，要求妻子绝对服从自己。当有冲突的时候，极力说出自己的想法和感受，要求妻子服从自己。如果不能服从，就会不断说服，烦躁时会甩下妻子不顾不管。当自己让妻子不高兴时，他会暂时离开，过一段时间再过来，以搞怪来逗妻子开心。但是，妻子实际上很讨厌这种搞怪，因为完全不是妻子需要的那种安慰。

七、异性相处模式

异性相处，其实就是正常的男女关系，如果处理不当，往往会引起爱人的不满、猜忌，甚至冲突。夫妻双方，如果在这点上落差大，就容易出问题，起冲突，降低信任。

小B自从嫁给了丈夫，基本上在生活中断绝了与男性的交往，因为她认为，男女之间没有普通交往，也没有纯洁友情。

小B的丈夫很有异性缘，也很享受异性交往。无论在网络上，还是在现实生活中，小B的丈夫都不缺乏女性的交往。小B的丈夫认为，男女之间把握好度，就会很好，不存在跨界，而且都是公开交往，根本不会有问题，因此小B的丈夫有很多异性朋友，单身的有，已婚的也有。

小B因为丈夫的这种异性交往，没少跟丈夫吵架，但是丈夫就是不听，最后发展到小B去调查丈夫的电话通信记录，甚至请私家侦探。

当丈夫发生了婚外情时，不必着急去挽留丈夫，按照上述7个方面去探索一下，坚持一种缓和而坚决的姿态，这样更容易挽留男人。

第四节　婚姻匹配分析

婚姻走到婚外情的地步，甚至是闹到要离婚，都是有根源的，也都是一步步发展来的，归结起来，是婚姻匹配度的问题。遇到婚外情这种危机的时候，夫妻共同冷静理性下来，做婚姻匹配度分析，是非常有帮助的。如果不能一起做，女性单独来进行分析，也是非常有必要的。这可以帮助双方系统地把握夫妻之间的矛盾冲突，以及回忆以往的美好时光。

婚姻匹配度分析，是从心理健康、婚姻人格、婚姻模式、沟通模式、婚姻防御机制、矛盾冲突模式、亲子教育观、父母观、日常生活观、人际观以及房事态度等方面来进行的。

一、心理健康

心理健康常常是一个人心智成熟的表现。在婚姻中，夫妻任何一方的心理不健康，都会严重影响夫妻之间的交流沟通，导致双方很难能够达成一致。

心理不健康的人，跟心理健康的人自然是无法匹配的。诸如人格障碍、反社会、抑郁、躁狂、强迫、偏执和家暴等，是心理不健康的表现，跟这类有缺陷的人做夫妻，可以预见婚姻会成为什么样子。

二、婚姻人格

人格在我这本书中，特别是指婚姻中展现的人格，而不是一般场景中展现出来的人格特质，比如我在辅导案例当中就遇到过，丈夫对外人都是非常热诚大方，有求必应，但对妻子却是冷淡小气，爱搭不理的，这种在婚内和婚外展现出的不同的人格，会让爱人困扰和愤恨。婚内苛刻冷酷，婚外友善讨好；婚内自卑自负，婚外自信有力；婚内忍受压抑，婚外热情奔放；婚内强硬霸道，婚外软弱服帖；婚内内敛，婚外外向，这种类型的人确实存在。

三、婚姻模式

婚姻模式其实没有什么好坏之分，要么是从父母那里习得，要么是父母的反向，要么是自己觉醒后形成的。

婚姻模式，常常是说夫妻双方之间婚姻生活，是对婚姻的认知、夫妻角色、夫妻势能以及夫妻互动等范式的认知和行为的合成。

你对婚姻的理解就是严格的忠诚，而对方却认为婚姻并不是严格的忠诚，就算是在外面疯玩，但心中还可以是爱你的。

你认为男女平等，而对方认为男尊女卑。

你认为夫妻共同挣钱养家，一同抚养孩子，而对方却认为你就做家庭主妇，他把钱挣回家即可。

你想夫妻之间有什么事好商量，对方认为他说了算，有什么好商量的。婚姻生活其实就是两个人形成的婚姻模式，每天上演，你都无法回避，无法假装，因而在婚姻模式上不太一致，夫妻两个人每天都是矛盾冲突，每天都是不得劲、不舒服，这个日子怎么过下去？天天都是煎熬，那真是一个炼狱。

四、沟通模式

沟通模式特指夫妻沟通模式。每个人在亲密关系中都有自己特色的沟通模式，这个沟通模式，有从父母的沟通模式中习得的，也有在自己的人生成长过程中形成的，而父母的沟通模式则对子女的婚姻生活中的沟通模式影响巨大，而且是最核心关键的。我们现在只讨论父母沟通模式的延续。

有的是父亲一人说话，母亲全然没有说话的机会，也可以是父母调换的，这就是典型的一个核心压迫另外一方。

有的是父亲暴跳如雷，母亲也寸步不让，也可以是父母调换的，这是典型的双雄争霸。

有的是父亲低头不语，母亲喋喋不休，父母角色调换也一样，这是典型的冷热两重天；有的是父母都沉默不语，谁都懒得多说一句话，这是典型的冷冻夫妻。

也有的是父母有说有笑，啥事情都商量着办的，这是典型的默契夫妻。

当小夫妻的沟通模式在童年期受到父母的创伤型影响，那么必定对某种沟通模式产生防御机制，一旦另外一方的沟通模式引发了对方的防御机制，那么这对夫妻就会不得安宁，婚姻生活就无法幸福地过下去了。

五、婚姻防御机制

婚姻防御机制，常常是在原生家庭中被父母伤害，或者在个人成长过程中被其他人伤害，从而形成的在自己的婚姻中去找寻满足的内在需要。一旦爱人给予了相似的伤害或者场景，就会引发对爱人的攻击，而这种伤害或场景，其实只是一种感觉或者说日常的婚姻生活的矛盾，并不是实质意义上的有意伤害。比如，你的爱人在他原生家庭中，父亲对他非常严厉，导致他非常渴望自由，不喜欢被约束，而你对他提出了晚上要12点之前回家，而且严格执行这个要求，那么你爱人就会被激发这个防御机制，他会把你代入他父亲给他造成的伤害情景中，从而对你进行攻击。

每个人都会有自己的婚姻防御机制。如果双方的防御机制，恰好是彼此矛盾的防御机制，那么这个婚姻就会进入到莫名的，而且是无止境的相互攻击中。

六、矛盾冲突模式

这个矛盾冲突模式，一方面是从父母的矛盾冲突模式的过程中习得的，一方面也是从其自身成长的过程中养成的。男女之间的矛盾冲突模式，大致有互相攻击型、一攻一守型、一攻一避型、双方回避冷战型、纠缠型、歇斯底里型等。夫妻之间除了矛盾冲突，其实还有和睦相处，也即非矛盾冲突模式，所以还有协商型、服从型等。因此，矛盾冲突模式，其实跟非矛盾冲突模式常常更容易产生矛盾冲突。这些矛盾冲突模式和非矛盾冲突模式，是特指夫妻一方熟悉的，或善用、或厌恶的，一旦夫妻各自的模式配对起来，就会产生新的厮杀模式，或者幸福模式。

七、亲子教育观

亲子教育观，这基本上就是由养育方式、亲子期待和学习导向构成的。在养育方式上，就有散养、精养和溺养的养法，从养育观念的来源上，也可分为农村的、城市的和西方的。在亲子期待上，有高期待、中期待和低期待，甚至有冷漠对待、完全放弃的。在学习导向上，有重视学习成绩的、重视思维开发的和重视身体健壮的。

夫妻之间持有不同的亲子教育观，是很容易产生冲突的。如果某一方视自己的亲子教育观为唯一正确，那么夫妻之间很难在亲子教育上达成一致。

八、父母观

父母观，是指作为子女和配偶，在对待父母和配偶父母的方式上，可以分成愚孝型，父母说什么都要听从，按照父母意思办事；讨好型，不被父母待见认可，就想方设法讨好父母；冷漠型，跟父母的关系冷漠；怨恨型，跟父母产生矛盾冲突而心生怨恨；友好型，跟父母关系对等，彼此善待，相互支持；以及普通型等。

夫妻双方持有不同的父母观，尤其是对立的或泾渭分明的父母观，或者只对自己父母好，而忽视配偶父母，这种夫妻必定不得安宁。

九、日常生活观

日常生活观，是指日常生活的样子，可分为细腻型、粗放型、一般型、邋遢型以及无知型。比如，细腻型的就无法跟粗放型的人在一起，细腻型的付出那么多，粗放型会无感，而粗放型的没有那么多细节，对细腻型的人来说，则是完全的忽视，根本不把配偶当回事。但事实上，却根本不是这么回事。

十、人际观

人际观，是对人的理解和把握。人际关系中，可分成普通人际关系、血缘人际关系和亲密关系。这三种关系，我用了一个非常具象的边界来划分，在房子之外的叫普通人际关系，在客厅里的叫血缘关系，而在卧室里面的则是亲密关系。人因为自身成长的过程，而对这三种人际关系有不同的认知、感受和满足，因而会产生不同距离的人际关系。假使一方把普通人际关系看成非常重要的关系，甚至去尽力讨好、满足这层关系里的人的需求，这常常是因为这层关系满足了此方的认同和价值，常常是因血缘关系冷冻，导致自我认同匮乏，转而通过他人认同支持自我的发展。这种人常常在婚姻里面，把朋友看得比爱人重，把手足看得比爱人重，但就是不把爱人当回事，因为这种人最渴望得到别人的重视和爱。

十一、房事态度

夫妻生活是婚姻的三大基石，这一块缺失了，这个婚姻基本上就岌岌可危了。每个人都会持有不同的房事态度，分别是一般、保守、开放和探索四种。比如保守的跟开放的在一起，夫妻生活很难和谐，彼此都很煎熬。

第五节　婚姻抉择

面对婚外情挑战的时候，婚姻到底该何去何从？前面也讲过，有的人忍气吞声，将就着，就这么过下去了；有的人离婚，可能是激情离婚，也可能是理性离婚；有的人是坚决挽救婚姻。而这三条道路，最难的就是离婚，我们来讨论一个案例，看看离婚该如何选择。通过这个案例分析，大家会知道该如何抉择这段婚姻了。

S小姐，1987年出生，某五百强公司HR。H先生，1985年出生，某医药公司销售经理。两人结婚5年，目前有一个4岁的儿子。

前两年的婚姻，算是最甜蜜的时光，新买了房子，有了宝宝，老公下班按时回家，陪伴老婆和孩子。然而，到了第三年，一切似乎都不一样了，孩子上了幼儿园，H先生经常出差，孩子的接送，都由S小姐一个人承担，经常力不从心。而H先生一心扑在工作上，对孩子的生活和学习似乎从来都不过问。夫妻俩聚少离多，两个人的感情也慢慢变淡，随之而来的是一系列的争吵。

一天，H先生拎着手提箱回到家，S小姐说："这个月底孩子幼儿园毕业，老师通知让孩子的爸爸妈妈都来参加，别忘了。"H先生说："月底可能不行，要不你和咱妈一块儿去吧！"

S小姐说："我们的孩子，你一副漠不关心的样子，不是你的孩子吗？"H先生说："你什么意思？我不是说了吗，让咱妈跟你去。"S小姐说："难道孩子的教育，你一点都不关心吗？"H先生不想理论，关上卧室门去睡觉了。

接下来的半年，两个人不断地吵架、冷战，反反复复，矛盾逐渐升级。

S小姐的婆婆，是一个很强势的女人，在生活上，经常指责S小姐这样不对，那样不对，比如说："在我们老家，女人都是很精致的，衣服都要叠得很整齐的！""你这个菜这样烧是不对的"，或者"哎呦，我儿子其实是很辛苦的啦，只要他能赚钱，孩子的教育，有钱不就好了嘛，你不要老是跟他吵架，哪一天，他出轨了，我可管不了啊！”

事实上，H先生真的出轨了，对方竟然是多年未见的小学同学。S小姐知道后，一下子就火了，她和H先生大吵了一架。那一次，H先生一时失手打了S小姐，S小姐提出了离婚。可是七大姑八大姨纷纷劝阻，H先生也表示道歉，S小姐从最开始的坚定变得犹豫起来了。

S小姐的情形，只是众多糟糕婚姻中的一种。那么，面对离婚的困局，到底什么样的婚姻应该离，什么样的婚姻不应该离呢？

我们说，因为老公出轨，因为婆媳关系，因为子女教育问题，因为老公心理障碍，因为老公事业遇到瓶颈，以及各种各样的情况去离婚，作为女性也好，男性也好，当你的爱人提出离婚的时候，你的第一反应，都是可以理解的。没有几个人能在爱人向你提出离婚后，还能面带微笑、波澜不惊的，大多数都会崩溃的。所以说，当我们崩溃的时候应该怎么办？我们要冷静下来，要知道自己在做什么，我们是不是真的要离婚。

离婚有五个指标体系，我在前面的第五章中已经讲过，比较偏重于生活细节的描述，在这里，我从不同的角度，再重新归纳一下。

一、你们夫妻之间有没有感情基础

所谓感情基础是你们有没有自由恋爱，你们谈恋爱的时间长短。有些人今天见面，明天结婚，这是没有感情基础的。如果说你们谈恋爱有一年半载，或者更长，这种感情就不是儿戏了。

这种感情是因为大家相互之间有吸引，感觉对方有魅力，有能量的交换，有爱能的交换，就是说，我们有这么多交换的时候，我们才会去结婚，此时的感情是比较真诚的，也是比较稳固的。有人说，我们是相亲认识的。相亲没有关系，你不是今天相亲，明天结婚的，相亲是相中了彼此，我看你还不错，至少是不错，我看你还不讨厌，至少是不讨厌，能一见钟情最好，有很多人是再见钟情，也没有问题。有些人是被父母逼着结婚的，这就有问题了。有些人是觉得我自己生活没着落，再要找一个人，那就存在大问题、大风险了。所以，我们要清楚自己在做什么。

二、要看你们婚姻的发展、发育怎么样

有个客户结婚半年，老公嫖娼、劈腿，那你们的婚姻怎么发展发育？还有的客户刚结婚就吵架，蜜月期吵，怀孕期吵，生孩子期吵，没有一个时间是不吵的，整个过程，好多事情都办不成，各种各样的吵，你们的婚姻怎么发展发育？所谓婚姻的发展发育，是从你们结婚之日起，你们两个人完成了很多事情，比如买房子，装修房子，生小孩，共同抚养小孩，一起打拼事业；或者说你们一起游山玩水，一起看电影，一起做饭、吃饭，这些也是婚姻的发展发育。发展发育要有时间性，半年的婚姻和十年的婚姻，肯定是不一样的，有小孩的婚姻和没小孩的婚姻也是不一样的，两个人一事无成的婚姻，和诸多事情都办成的婚姻也是不一样的。

三、要看你们婚姻里的满足度、满意度怎么样

我们很多人的婚姻确实是满足度、满意度却很低。我们从哪些方面来讲满足、满意呢？

首先是底层的心理满足。就是说，你在原生家庭里有创伤，你在个人成长过程中有创伤，你有期待、有期许，你的婚姻能够给你提供这种期待、这种期许，这就是很好的事情。所以说，这是我们要去面临、面对的问题。有很多人对婚姻不满意、不满足，老公把兄弟放在第一位，兄弟一个电话，他可以放下老婆立马走人，和兄弟们在一起玩，不接老婆电话，这样的婚姻你能满意、能满足吗？还有一些夫妻，两人一直在吵架，你不认可我，我不认可你。所以说，好多婚姻里有问题就吵架，其实吵架是自我认同出现问题。你不认可你自己，你才会不断地和别人争吵。夫妻两人互不相让、自我不认同，都是比较虚弱、比较匮乏的人，成长过程中得到的贬低太多，得到的批评太多。所以，我们长大以后，就不能接受这种批评。

这是从我们原生家庭的创伤角度来说我们的满足。这里还有很多心理方面的，比方说每个人都渴望得到尊重，渴望得到支持，渴望得到赞美，渴望得到谅解，渴望得到礼物。

其次，核心需求。你想创事业，老婆说你别创事业；你想要开公司，老公说一个女人开什么公司啊；你想读博士，老公说你一个女人读那么多书干吗；你想要生小孩，老公却说生什么小孩。你的核心需求都得不到满足，那就要出问题。我们的人生规划里也有满足。你的人生规划是过普普通通的日子，如果对方的人生规划是轰轰烈烈，那也是要出问题的。

所以，我们婚姻里各个层面的满足、满意度如何，非常关键。还有经济上和养育后代方面的满意度，也很关键。有些人把父母放在最高的位置，你对我不好没关系，你对我父母也不好，那就不行。有这样愚蠢的男人，也有这样愚蠢的女人，自己不重要，父母排第一位。

我们说，尊重每个可以尊重的人，就好比我可以尊重一个骂我的人。你要骂我没关系，反对我也没关系，我有足够的自我认同，我对我的婚姻管理理论有足够的认可，我觉得这一套体系已经帮到了很多人。所以，你怎么骂我，都影响不了我自己，也不可能贬低我自己。这一点非常重要。

四、我们存在的这些矛盾冲突能不能解决，婚外情能不能解决

其实，大量的婚外情都能解决。我一直说，婚外情不是离婚的标准，感情破裂才是离婚的标准。婚外情会不会产生感情破裂？有的人会产生感情破裂，有的人不会产生感情破裂，有的人是感情破裂了，去搞婚外情，有的人是搞了婚外情，感情破裂了，还有的人，感情破不破裂，和婚外情没有关系。所以，我们要去看，出现的这些矛盾冲突能解决吗？婆媳问题能解决吗？亲子问题能解决吗？房事问题能解决吗？经济问题能解决吗？人生瓶颈能解决吗？如果这些问题都能解决，这个婚是不需要离的。

五、夫妻关系存续下去的意愿

尤其是在受到婚外情的干扰之前，是否就已经产生了主动的离婚诉求，是否分居了一年半载，甚至更长。很多夫妻表面上看，好像一定要离婚，可是总会有各种原因导致不能离婚，这其实是潜意识里就没有离婚的

意愿，或者自我无法打破婚姻的困境，婚姻一方面满足了自己的需要，另外一方面又不能完美，不能发展潜力，不能升华灵魂。但凡真正不愿意在一起继续婚姻生活的人，一定会意志坚定地离婚，不管多大代价，因为任何物质代价都没有比获得自我重要！

根据以上五个指标，大家可以对照分析自己的实际情况，最后做出自己的理性抉择。